城市社会学研究

2016

CHENG SHI
SHE HUI XUE
YAN JIU
2016

张宝义 主编

天津社会科学院社会学研究所
中国社会学会城市社会学专业委员会　主办

天津社会科学院出版社

图书在版编目（CIP）数据

城市社会学研究. 2016 / 张宝义主编；天津社会科学院社会学研究所，中国社会学会城市社会学专业委员会主办. -- 天津：天津社会科学院出版社，2016.12
ISBN 978-7-5563-0339-7

Ⅰ．①城… Ⅱ．①张… ②天… ③中… Ⅲ．①城市社会学－中国－文集 Ⅳ．①C912.81-53

中国版本图书馆CIP数据核字(2016)第326654号

出版发行：天津社会科学院出版社
出 版 人：钟会兵
地　　址：天津市南开区迎水道7号
邮　　编：300191
电话/传真：（022）23360165
　　　　　　（022）23075303
网　　址：www.tass-tj.org.cn
印　　刷：高教社（天津）印务有限公司

开　　本：787×1092 毫米　1/16
印　　张：17
字　　数：265 千字
版　　次：2016年12月第1版　2016年12月第1次印刷
定　　价：68.00 元

编 委 会

顾　　问　潘允康

主　　编　张宝义

编　　委　王小波　王光荣　李宝芳　张银峰

　　　　　张　品　李培志　丛　梅

执行主编　王小波

目　录

社区性质及发展趋势的争议：
从本质主义转向实践视角*

郑中玉

摘 要 滕尼斯之后的社区理论形成两种观念:实体社区和网络社区。实体社区强调地方性和场所对于初级纽带的意义以及在地域范围内对人口的管理;网络社区则强调应该从地方情感和团结转向关注个体关系的工具性价值,社区即个体社会网络。这两种社区观都具有本质主义的还原论特质,都基于现代化过程形成线性地思考社区与关系的变迁。从结构两重性的理论出发,可以发现现代化并没有形成一种一体化力量和不可逆的趋势,而是增加了个体选择的范围和能力,进一步研究应该从本质主义的社区特质转向实践视角下的"选择的社区",充分关注社区行动者的实践选择与策略。

关键词 实体社区;网络社区;选择的社区;本质主义;实践视角

作 者 郑中玉,哈尔滨工业大学社会学系,副教授。

一般来说,社会学中关于社区最早、最明确的界定来自于滕尼斯。他认为,社区或共同体表达的是一种在家庭、宗族和信仰基础上社会联结的类型。它的纽带可能是血缘关系,也可能是地缘关系和精神上的统一意向,而它的对立面是叫作"社会"的社会联结类型。后者是基于个人计算的理性原则的关系类型。这

* 本文系国家社会科学基金青年项目"社会转型过程中的社区治理研究"(12CSH039)阶段性成果。

种对比是历史维度的,粗略地看,农业社会人们的生活更倾向于是"社区"或"共同体"这样的社会结构,工业社会则是以理性的个人主义的"社会"为标志的历史阶段。在社会学的美国化之后,也就是经过芝加哥学派的发展,在美国社会学中开始倾向于将社区地域化。在中国,尽管原因不同于美国,但同样有一个将社区地域化的选择。行政部门以行政区划来作为社区的界限,进一步强调社区的空间或地域属性的一面。例如民政部文件就指出:"社区是指居住在一定地域范围内的人们所组成的社会生活共同体。"有学者称之为"行政管理上的社区",与所谓学理上对社区的界定相对。①

社区到底是什么? 滕尼斯百年之后的社会学基于对社会变迁的思考,或倾向于地域化或空间化的理解,或倾向于关系性的理解。基于对一个社区网的研究,我们倾向于认为,应该从对本质主义的社区争议转向实践视角出发对多元社区选择的关注。

一、实体社区:地域化社区的理解

在滕尼斯那里,社区和社会是对从传统到现代的社会转型过程的一种解释。"共同体是持久的和真正的共同生活,社会只不过是一种暂时的和表面的共同生活。因此共同体本身应该被理解为一种生机勃勃的有机体,而社会应该被理解为一种机械的聚合和人工制品。"②在这里,社区或共同体的类型主要是在建立在自然的基础之上的群体(家庭、宗族)里实现的,此外,它也可能在小的、历史形成的联合体(如村庄)以及在思想的联合体(友谊、师徒和宗教信徒关系等)里实现。因此,在这种理解中社区的含义并不专指一种场所化或地域化的概念。相反,它更关注的社区或共同体的实质含义,是一种对社会关系或社会联结属性的认识。除了家庭和乡村之外,他还指出了精神社区的范畴意义上的社区概念,例如宗教共同体。当然社区与社会在滕尼斯那里基本上是一种基于分析的需要而

---

① 徐中振、李友梅等:《生活家园与社会共同体》,上海:上海大学出版社,2003 年,第 122~123 页。
② 滕尼斯:《共同体与社会》,林荣远译,北京:商务印书馆,1999 年,第 54 页。

存在的"理想类型"。这两种状态更多时候可能是同时存在的。①

　　韦伯也区分了作为一种社会关系的"共同体"与"社会"。"'共同体'应该称之为一种社会关系,如果而且只有当社会行为的调节——在个别的情况或者一般的情况下或者纯粹的类型中——建立在主观感觉到参加者们(情绪上或者传统上)的共同属性上。"而"'社会化'应该称之为一种社会关系,如果而且只有当社会行为的调节是建立在以理性(价值或目的合乎理性)为动机的利益的平衡或者同样动机上的利益的结合之上。"②"社会"的行为通常建立在相互同意的、合乎理性的协议之上。比较典型的比如像市场交换和一切旨在实现实际利益的行为都属于"社会化"行为。而共同体可以建立在任何情绪或情感基础上,也可以建立在传统的基础上,比如宗教共同体、民族共同体、家庭共同体等。但是韦伯最终也强调无论是"共同体"还是"社会"关系都是一种"理想类型"。"大部分的社会关系部分地具有共同体化性质,部分地具有社会化的性质。任何一种哪怕是目的合乎理性地和冷静地建立的和有的放矢的社会关系(例如顾客),都能促成一些超出随意选择的目的的感情价值。……反之亦然,一种其通常的意向是共同体化的社会关系,也可能为所有的或若干参加者完全地或部分地以目的合乎理性为取向。"③这种理性化和"社会化"也在中国传统的家族共同体中有所体现。在政治和经济结构转型中,传统的家族共同体和乡土社会的社会关系也面临着理性化增长的过程。④ 用韦伯的话说,就是共同体的"社会化"。

　　总之,在滕尼斯和韦伯这样的古典社会学家那里,社区或共同体并没有地域化的含义,而是一种对于社会关系或社会行为以及社会联结属性的概括。但是社区(Gemeinschaft)概念被引入美国后,受到芝加哥学派城市区位学的影响,英文语境下的社区(community)逐渐与一种场所架构下的物理空间联系起来。在原初意义上具有的那种情感和团结因素开始淡化。类型学的分析让位于区位学

---

① 滕尼斯:《共同体与社会》,林荣远译,北京:商务印书馆,1999 年,第 42 页。
② 韦伯:《经济与社会》(上卷),林荣远译,北京:商务印书馆,1998 年,第 70 页。
③ 滕尼斯:《共同体与社会》,林荣远译,北京:商务印书馆,1999 年,第 71 页。
④ 唐军:《仪式性的消减与事件性的加强》,《中国社会科学》2000 年第 6 期;贺雪峰:《人际关系理性化中的资源因素——对现代化进程中乡土社会传统的一项评述》,《广西社会科学》2001 年第 4 期。

的研究。例如,帕克这样归纳社区的特征:一个以区域组织起来的人群;他们扎根于所居住的区域;相互依赖的关系。在帕克等芝加哥学派的社会学家视野里,社区可以从环境角度研究不同区位的功能如何相互作用和竞争。他们强调的是作为一种区域性社会的"社区"。"'社区'一词系对社会和社会集团的一种称述:当从地理分布来考虑社会和社会集团所含的个人和体制时,我们就把社会或社会集团称为社区。"①而在芝加哥学派之后,社区的理解被进一步场所化或地域化了。希勒里(Hillery)甚至在整理关于社区的定义后发现,在 94 个定义中有 69 个定义通常都包含地区这个因素。②

在实际研究中,社区地域化的一种表现是把社区邻里化,或者说是把邻里等同为社区。威尔曼认为,如今都市社会学已经沦为邻里社会学。一些原因导致邻里概念代替了社区概念③:首先,邻里是一个容易辨别的研究场所;其次,许多学者把邻里解释为城市的微观环境,把城市看作是邻里的聚合;再次,基于方便管理的考虑,行政官员已经提出邻里边界的界定,试图形成官僚单位,因此空间化的地区已经逐渐被看作是自然现象,被视为紧密的邻里;第四个原因是,都市社会学对于空间分布的特别关注,地域逐渐被看作在都市社会关系中最重要的组织要素;最后,也是最重要的原因是,由于对规范性整合和一致的持续的社会学关注,许多分析家已经沉迷于团结性情感所借以维持的条件。邻里正是被作为一种规范性团结(normative solidarity)的容器来研究。基于这些原因,邻里的强调已经对社区的定义、研究和理论化产生强烈影响。

社区被引入中国时便受到这种地域化理解的影响,这一定程度上归因于社会学引入中国过程中的路径依赖。社区研究引入中国与帕克有直接关系,因而受到帕克城市区位学的影响。根据费孝通先生的说法,受帕克关于 community 与 society 不同这个说法的影响,当时才把 community 翻译作一个新词——社区。④

---

① 帕克等:《城市社会学》,康绍邦、宋俊岭等译,北京:华夏出版社,1997 年,第 141 页。

② 转引印自张钟汝:《"社区"概念的由来、本质特点及其应用》,《社会》1984 年第 4 期。

③ Barry Wellman and Barry Leighton, Networks, Neighborhoods and Communities: Approaches to the Study of the of Community Question. *Urban Affairs Quarterly* . Vol14 No. 3. 1979

④ 费孝通:《学术自述与反思》,北京:生活·读书·新知三联书店,1996 年,第 212 页。

其中的"区"就体现和突出了地域或区域特征。老一代社会学家受到英国人类学传统的影响，非常关注当时中国乡村这种典型的地域社区的研究，甚至上升到研究方法论的层面上。这种状况导致此后这种翻译和理解延续下来。因此，从社区概念进入中国开始，滕尼斯和韦伯的类型学含义就没有扎根。结合社区和社区研究的这种状况，有学者进一步认为社区一词在中国一直是中性的概念、一种社区研究方法，强调研究对象的区域性和具体性。① 当然，对于强调社区概念中"区"的地域性，也可能还有其他原因，例如，中国理论话语中，对社区的区域性质的强调可能也与传统中国农耕文明意识形态和中国现代化进程中的种种复杂因素（例如户籍制度）有关。这些因素导致中国人格外重视地域属性。②

威尔曼也注意到，行政的力量也是社区研究沦为邻里这种强调地域因素解释的原因。在中国，这种从管理单位的角度出发的社区界定的影响恐怕更加明显。就中国而言，强调社区的地域边界特征的一个重要原因就是政治或行政管理的因素。基于这种原因，社区在中国倾向于被等同于辖区，甚至等同于居民委员会的组织。③

我们可以把这种社区的理解称为"实体的社区"。它们都强调社区的地域边界和一个具体的地方边界内群体，它们形成的互动或稳定的社会关系，以及在这个组织单位内对这些群体和互动的管理。20 世纪中国社会学重建后，社区概念和研究重新开始受到关注。基于管理的方便，社区在政府的话语里是这样界定的："社区是指居住在一定地域范围内的人们所组成的社会生活共同体。"它突出的是地域或区域的边界特征。到了 80 年代，尤其是 90 年代以来，社区逐渐成为行政和大众媒体熟悉的词语。而这种行政管理的话语在这些"社区"概念的使用中占据着主导地位。其中包括大量旨在为公共政策和政府社区管理提供理论支持的社区研究者。当然有学者认为理论界与社区工作领域对社区的理解还是有不同之处。例如理论界更关注社区作为"共同体"的方面，而社区实践部门则关

---

① 徐中振、李友梅等：《生活家园与社会共同体》，上海：上海大学出版社，2003 年，第 165 页。
② 李晓非：《拿来、创造、中国式运用：社区概念中国化的思考》，《学术探索》2012 年第 9 期。
③ 同上。

注"区域"。①

二、网络社区：关系化社区的理解

共同体通常作为一种传统的社会关系的类型。在滕尼斯那里，尽管社区与社会有社会变迁的视角，但他也强调社区与社会并存于同一社会背景中。社会学家通常认为，在西方的现代化过程中，受到工业化、城市化和官僚化等进程的影响，社区这种社会关系受到破坏。

威尔曼总结出三种社区观：社区消失论、社区存活论和社区解放论。② 社区消失论（community lost）认为，许多都市现象是工业化官僚社会完全而集中的体现。劳动分工弱化了集体团结，城市中的初级关系已经成为"非人的、短暂的和片段化的"。威尔曼认为，这种观念认识到在工业化劳动分工与初级纽带结构之间的潜在关系。"他们假定强的初级纽带自然而然地只存在于那些紧密结合、自我维持的团结（densely knit，self-Contained solidarities）中。③"在社区存活论（community saved）看来，社区并没有消亡。邻里和亲属团结这些纽带关系仍然存在于工业化社会系统中。城市中仍然持续存在丰富而有活力的初级关系和地方团结。人们仍然可以从邻里和社区关系中获得各种社会支持。社区解放论宣称初级纽带的普遍性和重要性。坚持认为，大多数纽带现在并不是被组织成紧密结合、非常有限的团结，而是居住和工作场所以及亲属群体的分割使都市卷入多重社会网络。这些网络可能倾向于以弱关系为主，便宜有效的交通和通讯手段使得分散的初级纽带的维持更容易，初级纽带在空间上的分散和城市的异质性使他们之间不太可能形成团结性社区（solidarity community）。概括来说，解放

---

① 卢汉龙：《发展社区共同体 推进社区建设——兼谈基层组织重建中的理论与实践分歧》，《现代领导》2001 年增刊。

② Barry Wellman，The Community Question：The Intimate Networks of East Yorkers，. *American Journal of Sociology*. Vol. 84，No. 5. 1979；Barry Wellman and Barry Leighton，Networks，Neighborhoods and Communities：Approaches to the Study of the of Community Question. *Urban Affairs Quarterly* . Vol14 No. 3. 1979.

③ Barry Wellman，The Community Question：The Intimate Networks of East Yorkers，. *American Journal of Sociology*. Vol. 84，No. 5. 1979

论不再把本地区作为分析社区问题的起点,而直接研究初级纽带的结构。认为现在的初级纽带倾向于形成稀松结合、空间上分散的网状结构,而不是限制于一个唯一的、紧密结合的实体内。这种结构的网络可以提供广泛的资源支持。①

总之,威尔曼认为社区消失论和存活论都忽略了这样一个事实,即工业社会中不是初级纽带被削弱了,而是它们在结构上发生了变化。尽管社区存活论一定程度上质疑了消亡论的结论,但是他们忽略了劳动分工可能已经造成初级纽带的结构的变化,只是寻找并关注在邻里和亲属系统以及工作场所中集体团结的持续存在。总而言之,在许多社区分析中,对于社区问题的根本的结构关怀已经与两个其他社会学问题相混淆:一个是聚焦于团结性情感得以维持的条件,另一个是对本地区域地方化初级纽带的聚焦。前者反映了社会学对于规范性整合和一致的持续关注;而后者则反映了社会学对于空间分布(spatial distributions)的特别关注。② 如此一来,结构性的"社区问题"就转化为一种对地方团结的研究,而不是初级纽带如何运作。许多研究关注本地区边界内集体互动和情感的范围,预先假定都市的社会纽带大部分是在本地组织起来的。这种地域性视角尤其适用于根据共享价值来评价社区团结。因此当人们观察到地方性组织起来的团结性行为和情感的消失,就会自然而然地假定"社区"已经衰亡了。

所谓网络社区(the network community)观念则来源于社区解放论。解放的社区观倾向于认为,社区已经从地域空间中解脱出来,表现为更大空间范围中建构的社会网络。这种关系的建构基于人们超越时空限制的能力之上。费舍尔(Claude Fisher)认为,可以从社会关系选择的限制角度来解释,为什么过去的共同体关系更多存在于法团群体(corporate group)中,因此体现为一种地域社区(local community)。总而言之,人们之所以参与到法团群体里,主要是因为有限选择(limited choice)问题。③ 关系选择的限制越大,个体就必须更加依赖于小团

---

① Barry Wellman,The Community Question:The Intimate Networks of East Yorkers, .*American Journal of Sociology*. Vol. 84, No. 5. 1979

② Barry Wellman,The Community Question:The Intimate Networks of East Yorkers, .*American Journal of Sociology*. Vol. 84, No. 5. 1979

③ Claude Fisher, et al. *Networks and places:Social Relations in the Urban Settings*. New York:the free press. 1977.

体,与他们互动和交换。这种持久性、互动频率和物质依赖形成了共同体纽带。费舍尔的言外之意就是,当人们的工作和生活越来越可以突破空间局限,那么地域社区的价值也就越来越小。相应的就是,人们可以在更大范围内建立联系和获得资源。

不过,威尔曼则认为,解放论并不是唯一的社区事实。他所研究的加拿大多伦多的社区证明了一种解放论和存活论的综合。威尔曼对社区的理解实际上是从个体中心网络的视角出发,强调社会变迁过程中社区私人化的趋势。或者说他们把社区看作一种"私人社区"(personal community),也就是一种从社会网络意义上、以个体为中心的非正式的关系来研究社区纽带的变迁。在这种观点看来,社区就是社会关系的集合,因为网络方法聚焦于关系,所以它是最合适的视角。此时,社区指的是自我中心网络中的关系,这些关系提供了"友谊和支持性资源"。[1] 个体在实现自己目标的时候依赖于社会支持,而个体网络就是获取这些支持的渠道或方法。网络分析不是以假定的邻里团结作为起点,也不是一开始就寻求发现和解释团结性情感的存在或缺席。网络分析使得分析者可以去寻找跨越群体或地方的纽带。威尔曼认为,一旦分析者采用这种视角,他就会发现社区、组织和世界体系不过都是社会网络而已。[2] 一系列研究似乎表明,在西方发达社会里邻里关系面临解体。例如,威尔曼和他的研究团队从个体获取社会支持和资源的角度发现,他们的研究对象中,强的初级纽带定位于一个多伦多以及多伦多之外的广阔地域。只有少部分人(13%)的熟人住在同一个邻里,四分之一的熟人住在多伦多之外。[3] 尽管距离仍然是互动限制的因素,但现代的通讯和交通工具进一步推动了这种个体关系状况的变化。在这种意义上,网络互动或虚拟社区不过也就是这种趋势的新的表现形式而已。互联网也是一种社会网

---

① Barry Wellman,Studying Personal Communities, . *Social Structure and Network Analysis*, . Beverly Hills: Sage. 1988.

② Barry Wellman, The Network Community: An Introduction, *Networks in the Global Village*: *Life in Contemporary Communities*, . Westview Press,1999.

③ Barry Wellman,The Community Question: The Intimate Networks of East Yorkers, . *American Journal of Sociology*. Vol. 84, No. 5. 1979

络,并延伸了社会网络的范围。①

威尔曼进而认为,我们应该从个体网络关系,而不是从邻里团结或集体情感出发来研究社区。他确定了几个个体社区的构成要素:直接的亲属和朋友、联系频率、社区的范围(规模、密度和异质性)、社区中亲密关系的数量和比例(亲密性)。② 研究者可以从这四个要素来分析某个社区到底是哪一种类型的网络结构。这种网络社区观念不关注个体如何确定他们的偏好和需要,只从相当工具性的角度考虑个体网络关系。从这种视角看来,甚至同情地理解也要根据供需而定。当然,威尔曼可能也忽略了网络结构变化的原因和方式。在布洛克兰德看来,个体网络并不构成社区。他认为,在网络分析中,网络中的人被描述为缺乏历史和社会背景,具有特定需要、欲望、目标或兴趣的存在,而社区是实现这些固定的个体目标的工具而已③。但问题是这种人的抽象概念是否是合理的。在社区和人之间的关系因此是更复杂的。有意义的社会行动可能基于资源的需要,但更应该从一种社会学视角出发把注意力从关系类型转换到被体验的内容。网络分析者通常倾向于只去探讨社会关系的工具性。网络分析的另一个潜在问题是,他们容易低估了制度和制度化的重要性。同时,网络理论家们只专注于个体社会关系,结果他们倾向于不注意群体形式或群体目标及其差异,也忽略了社区所具有的那种"共有感"(common sense)。这种抽象的含义是用网络分析难以测量的。也许我们确实可以把社会网络分析方法引入对社区的研究,但是社区网络与社区可能并不是同一个概念。

严格意义上,滕尼斯对社区的理解实际上是对社会关系在社会变迁过程中发生变化的一种历史和过程的理解。但是这里的社会关系并不专门指直接的个人关系,而是一种泛泛的人与人之间关系的状态。网络社区概念则是以个体网络视角来分析个人关系网络如何作为摄取资源的渠道或基础。可是我们认为尽

① Barry Wellman and Milena Gulia, Net-Surfers Don't Ride Alone: Virtual Communities as Communities, . *Networks in the Global Village: Life in Contemporary Communities*, . Westview Press,1999.

② Barry Wellman and Stephanie Potter,The Elements of Personal Communities, . *Networks in the Global Village: Life in Contemporary Communities*. Westview Press. 1999.

③ TaljaBlokland, . *Urban Bonds*, Polity Press, 2003,P58－60.

管这涵盖了社区这种社会关系的根本含义之一,但是忽略了对于社区而言,并不是只包括你所直接认识的个体。如果非要从关系网络的角度来理解社区的话,我们宁愿从"网络之网络"的角度出发,而不是个体中心网络的视角来分析社区结构。比如,格兰诺维特就提到弱关系对于社区组织的作用。他认为,社区内可以作为信息桥梁的弱关系越多,社区可能越有凝聚力,集体行动或统一行动能力越强。① 格拉诺维特的这个社区动力学的假设实际上就是一个"网络之网络"的结构。作为信息桥梁,弱关系使得社区关系结构更加具有开放性,从而在整个社区形成一个"网络之网络"。当社区遭遇集体困境的时候,这种结构能够尽快地并在最大范围内传递信息,同时实现集体动员。以强关系为主的网络结构尽管会在群体内部保证强的凝聚力,但是它同时具有强的封闭性和排斥性。所以如果一个社区的网络结构大多数是封闭性网络的话,那么社区结构实际上是碎片化或"支离破碎的",不利于社区的集体动员。由于威尔曼关注的更多是直接关系,所以通常他看到的是缺乏直接"关系"下地域社区的疏离。

三、实践视角下的"选择的社区"

无论是实体社区还是关系社区的立场,都倾向于从本质主义的角度思考社区及其变迁。前者认为,社区就是一种特定区域内的集体团结和共同情感,它们强调边界清晰的空间属性和特定群体的存在形式及其行政管理问题。这种实体社区最终走向强调物理空间及其特定的社会生活单位。关系社区则强调社区最终体现为行动者的直接关系。双方都体现了一种总体化的理解理性化结构趋势下的现代日常生活。我们认为,总体化的本质主义社区理解可能过于简单化和极端。他们倾向于从线性的理论视角分析工业化、城市化和官僚化社会发展的结构性力量对于社区的影响,似乎社区只能接受一种终极的命运、一种单一的结局。行动者面对这种大趋势或者无所选择、无能为力,或者通过个体网络提供社会支持。

① Mark Granovetter, The Strength of Weak Ties. *American Journal of Sociology* . Vol. 78 , No. 6. 1973

确如社区解放论者所看到的那样,人们的社会关系正在从"地方性的场景"中挣脱出来,进而在去地域化的空间中重新组织。① 当"速度"的提高开始消解"地点"对于互动的首要意义,地域性的传统社区本身可能就被"脱域"了出来,日益受到远距离事件的影响。② 这种"脱域的社区"展示出社区解放论的景象。需要注意的是,空间的社会意义并没有消解,反而可能根据不同人群而有所不同,下层阶级或民众而言,"地方"的意义仍然是重要的。他们倾向于被束缚或集中在"本地事务"上。③

结构性力量和趋势也并不能简单被理解为一种不可扭转的约束性因素。在吉登斯那里,结构具有"制约性"和"使动性"的"两重性"属性。④ 它既是行动的中介,也是其结果。而在吉登斯看来,未来不是预先给定的,⑤其中包含着行动或能动的作用。结构和权力同时也是一种可以动员的"资源"和行动的"媒介"。这就为面对结构性力量的行动者的策略空间提供了理论上的解释。

分析结构性力量、行动者与社区变迁问题时,我们需要首先明确一点,现代性和理性化并没有形成一种"一体化的力量","现代社会并没有局限在伦理实践与规范秩序的排他性选择中……不能忽视现代社会的复杂性,正是这种复杂性构成了现代性的关键特征。"⑥那些结构性的力量并不能决定行动者实践的选择。就像波兰尼批评自发调节市场经济学理论时所强调的,始终存在一种市场的"脱嵌"与社会自我保护的反向运动,⑦这种"双重运动"才是市场和社会真正的关系场景。市场经济的发展始终伴随着社会力量的反抗以避免市场带来的社会危害。我们应该从这种"双重运动"立场出发去观察和思考容易被总体化的社会结构力量的影响。例如,一般而言,人们倾向于认为现代化造成了宗教的衰落,形

---

① 吉登斯:《现代性与自我认同》,赵旭东、方文、王铭铭译,北京:生活·读书·新知三联书店,1998年,第19页。

② 吉登斯:《现代性的后果》,田禾译,南京:译林出版社,2000年,第95页。

③ 鲍曼:《流动的时代》,谷蕾、武媛媛译,南京:江苏人民出版社,2012年,第90页。

④ 吉登斯:《社会的构成》,李康等译,北京:生活·读书·新知三联书店,1998年,第89~90页。

⑤ 贝尔特、席尔瓦:《二十世纪以来的社会理论》,瞿铁鹏等译,北京:商务印书馆,2014年,第200页。

⑥ 李猛:《论抽象社会》,《社会学研究》1999年第1期。

⑦ 波兰尼:《大转型》,刘阳、冯钢译,杭州:浙江人民出版社,2007年,第66页。

成世俗化过程。但是伯格[1]认为,现代化也同样导致一场"反世俗化"的强烈运动。宗教机构在很多方面失去了权力和影响力,但是宗教信仰仍然继续广泛存在,可能采取新的组织形式,有时候还会导致宗教热情的剧增。总的来说,伯格认为,宗教与现代化之间的关系比较复杂。

同样,即使瑞泽尔认为作为理性化在 20 世纪的标志——麦当劳化是难以逆转的趋势,但是人们仍然可以采取行动修正和限制麦当劳化的消极后果,比如人们可以选择其他替代性生活方式和工作方式等对麦当劳化进行抗争。[2] 而一些人类学家则提供了一种关于麦当劳的微妙和复杂的田野描述,进而超越了关于麦当劳的瑞泽尔式简单化的分析。在这些人类学研究中,麦当劳在改变亚洲生活方式与行为的同时,也不断受到东亚本土文化的改造和抵抗。这种本土化的过程是双向的:它既改变了本土文化,也被本土文化改变。而本土化的进程也不是线性的过程,没有一致的终极目标。[3] 例如,很多麦当劳的产业模式在本土化过程中被拒绝,尤其是关于时间和空间的相关理性化安排。在东亚,消费者将麦当劳改造成休闲中心。"快"仅仅体现在食物供应方面,而与消费无关。

总而言之,波普尔相信,趋势可能是存在的,但是趋势不是规律。[4] 历史决定论"相信变化是可以预见的,因为它受一个不变规律支配"。[5] 但是,恰如波普尔所说,历史不存在不可扭转的进程。无论它表现为理性化,还是市场化等貌似不可抵挡的力量。基于如上的分析,我们对社区的思考应该转向在社会发展的结构趋势之下行动者如何通过实践的策略性展示出复杂而微妙的社会生活之生产和再生产。

社区最终在于一个人群基于共同的生活需要和旨趣的群体实践,而不是仅仅基于共同的居住区域,因此即使是地域性社区也应该从人们的共同生活实践的角度来理解。这个人群中的个体并不一定都建立有直接的关系,间接的关系

---

① 伯格等:《世界的非世俗化》,李骏康译,上海:上海古籍出版社 2005 年,第 3 页。
② 瑞泽尔:《汉堡统治世界》,姚伟等译,北京:中国人民大学出版社,2014 年,第 215 ~ 242 页。
③ 华生主编:《金拱向东》,祝鹏程译,杭州:浙江大学出版社,2015 年,第 48 ~ 49 页。
④ 波普尔:《历史决定论的贫困》,上海:上海人民出版社,2009 年,第 91 页。
⑤ 波普尔:《历史决定论的贫困》,上海:上海人民出版社,2009 年,第 91 页。

同样发挥着重要作用。仅仅从个体网络的角度来理解社区是不合适的。而长期以来我们习惯于从静态的和结构的角度理解社区,通常忽视社区的生产过程以及行动者的社区实践。从动态的行动视角出发,我们强调从实践过程视角来理解社区的本质和社区的生产。

我们在对北京市 H 社区的研究中发现,同一个社区空间会有不同的社区实践或使用。总体上,基于对社区网的使用可以发现三种社区实践:嵌入、脱嵌和越位。① 嵌入者是以社区青年为主体,他们的社区生活从根本上依托于虚拟社区而形成对社区的参与和使用;脱嵌者则以社区中的中老年人为主,他们的社区生活以物理空间的实践为主,其社区参与表现为传统的形式,比如依靠居民委员会组织起来的各种社区老年社团;越位者则是一些跨越边界的社区参与者,他们尽管从行政上并不属于这个社区空间,但是却通过虚拟社区作为社区行动者而存在。对于脱嵌者而言,除了社区中大多数中老年人外,其中有一部分就是威尔曼所描述的"私人社区"的践行者。他们的个体网络倾向于主要分布在整个城市甚至跨地域的空间。不同人群对社区有不同理解、选择和使用,进而形成多元社区实践。这种多元社区实践充分表现为一种"选择性"。我们可以称这种社区实践为"选择的社区"。它不再因为同居一地而具有某种必然的集体属性,而是取决于行动者的选择并需要通过某种方式被社会地生产出来。

"选择的社区"倾向于打破道德共同体与美学共同体的边界。鲍曼从流动的现代性出发,似乎认为全球性精英们失去了对道德共同体的兴趣,而是倾向于偏爱康德的"美学共同体"。后者放弃了稳固的和长期的承诺,而是保持一种"弹性"状态,其建立和解体取决于主体"选择",一种持续的身份认同的建构和重构。② 这些共同体是基于"事件"和"问题"而形成,其特征就是"参与者之间的联系的草率、敷衍以及短暂",缺乏成员之间的"道德责任之网"和"长期承诺之网"。③ 相对而言,传统的道德共同体则需要"长期承诺、不可剥夺的权利和不可

---

① 郑中玉:《个体化社会与私人社区》,《学习与实践》2012 年第 6 期;郑中玉、梁本龙:《非线性视角下的社区实践与变迁》,《社会科学战线》2016 年第 1 期。

② 鲍曼:《共同体》,欧阳景根译,南京:江苏人民出版社,2007 年,第 72～75 页。

③ 鲍曼:《共同体》,欧阳景根译,南京:江苏人民出版社,2007 年,第 81～82 页。

动摇的义务"而形成。前者的特征是解除承诺和自由选择,而后者相对而言就是提供一种"确定性、可靠性和安全感的保证"。① 似乎在鲍曼看来,这两种共同体体现了"自由"和"确定性"之间的深刻矛盾。② 道德共同体是用牢固的承诺和责任提供了确定性,但是通常牺牲了自由;而美学共同体则提供了充分的自由和自主,又是以确定性为代价。人类社会历史就处于两者之间"摇摆似的过程"中。

当然,我们需要注意到的是,如果确实存在这两种共同体的话,它们也有阶层属性上的区分。流动的精英倾向于美学共同体的自由,而底层阶级倾向于道德共同体的保护。但是,这种区分在鲍曼那里可能没有非常清晰地说明,处于一种"似有还无"的状态。比如有学者就认为,鲍曼的分析不仅忽略了不同阶层和宗教身份等社会学变量面对所谓"流动的现代性"可能有不同的反应这一事实,同时也忽视了向现代性过渡存在不同方式,单一现代性是错误的。③

改革开放之后,单位制的改革等开启了中国个体化的进程。中国人也在工作和生活层面上不断面临做出自己的"选择",而不是等待"单位"或权力的集中计划。中国人开始了在各种复杂层次上塑造自己的生活,包括所谓"生活政治"问题。人们从传统的结构和阶级属性中被解脱了出来,需要以个体的方式寻求社会地位的获得。社区的选择与建构也正是这种中国人生活政治的重要表现。当然,这种"选择的社区"之选择一方面可能表现为贝克所说的"制度化个体主义",④个体被困在由"劳动力市场、福利国家和制度所编织起来的规则、条件和条款组成的网络之中",⑤经历一种被迫的也是必需的"选择"过程;另一方面,也存在选择能力上的阶层差异或限制性因素。

中国人的社区选择和建构仍然受到传统伦理和义务体系的限定。在个体为自己的生活而"选择"和"计算"的同时,也仍然"嵌入"到传统的义务体系之中。"在道义经济中算计必须在人情伦理的约束下进行,从而提供了与经济理性并存

---

① 鲍曼:《共同体》,欧阳景根译,南京:江苏人民出版社,2007 年,第 83 页。
② 鲍曼:《共同体》,欧阳景根译,南京:江苏人民出版社,2007 年,第 17~18 页。
③ 贝尔特、席尔瓦:《二十世纪以来的社会理论》,瞿铁鹏等译,北京:商务印书馆,2014 年,第 332~333 页。
④ 贝克、伊丽莎白·贝克-格恩斯海姆:《个体化》,李荣山等译,北京:北京大学出版社,2011 年,作者自序第 30 页。
⑤ 贝克、伊丽莎白·贝克-格恩斯海姆:《个体化》,李荣山等译,北京:北京大学出版社,2011 年,第 3 页。

的文化因素。"①比如，在个体化过程中，中国农村青年对自己和家庭的理解一方面强调家庭是至关重要的集体，另一方面又坚持力争作为个体的利益、权利和抱负。② 选择的社区还包含着其他结构性限制条件。例如，在我们的研究案例中，嵌入型社区实践基于虚拟社区及其对社区传统的构建过程而完成社区的想象，但是对于社区的中老年人而言，则被信息技术所屏蔽，进而他们的社区生活和建构仍然保持传统的方式，表现为对物理空间的使用和面对面互动。而除了信息鸿沟技术能力之外，这种选择能力差异因为个体所处的社会结构的位置和历史而不同。③ 例如，收入就可能是决定人们选择能力和突破地域限制的重要因素。移动速度的提高和地域意义的降低之影响最终取决于人们的"选择能力"（the degree of choice）和拥有的资源。④ 与此相似，鲍曼也曾提到，流动的现代性和个体化社会，对于"流动性"和选择的能力也表现出全球精英们和底层阶级的巨大差异。前者正在"脱离"地方承诺和义务，享受流动带来的自由，而后者则必须依赖于地方社区提供的保护和确定性。⑤

前文提到的 H 社区中嵌入、脱嵌和越位型多元社区实践选择并不完全属于强调承诺和确定性的"道德共同体"，也不完全属于强调选择和自由的"美学共同体"。相反，嵌入型和越位型社区实践反而在自由和选择的基础上形成了对确定性、道德义务和信任的建构，通过社区传统的生产实现了社区的想象。⑥

总而言之，本文认为，对社区性质及发展趋势的理解需要从对社区本质主义的立场转向实践视角，关注社区行动者的多元社区实践如何构建一种"选择的社区"。当然，需要注意的是，尽管个体化社会打开了社区"选择"的空间，但是我们必须关注的是在"多元现代性"⑦视角而非鲍曼从单一现代性角度理解"流动的

---

① 阎云翔：《中国社会的个体化》，上海：上海译文出版社，2012 年，第 255 页。

② 贺美德、鲁纳：《"自我"中国：现代中国社会中个体的崛起》，许烨芳译，上海：上海译文出版社，2011 年，第 42～67 页。

③ Claude Fisher, et al., *Networks and places: Social Relations in the Urban Settings*. New York: the free press, 1977, P12.

④ 第 176～177 页。

⑤ 鲍曼：《共同体》，南京：江苏人民出版社，2007 年，第 89～90 页。

⑥ 郑中玉：《基于互联网的都市社区自组织》，中国人民大学博士学位论文，2008 年。

⑦ 艾森斯塔特：《反思现代性》，北京：生活・读书・新知三联书店，2006 年。

时代"和"个体化社会",①转而充分关注中国社会中"选择的社区"和"多元社区"的独特路径和表现。

The Controversy About the Nature and Change of Communities：From Essentialism to Practical Perspective

Zheng Zhong-yu

Abstract：After Ferdinand Tonnies, two kinds of community ideas, the physical community and the network community, are raised in sociology study. The physical community emphasizes the meaning of locality and the place for making primary ties, and pays attentions to population management in the related region. As to the network community, many scholars believe that the community is an individual social networks, and then further researches should focus on the instrumental value of individual relations instead of local solidarity. These two kinds of essentialism theories have properties of reductionism, and are based on the linearly modernization thought of the vicissitude of communities and certain social relations. Based on the duality of structure, we might found that the modernization did not produced total power and irreversible tendency, but promoted the extent and abilities of individual choices. The further study should pay more emphasizes on practical choices and strategies of community actors from essentialism to "the community of choice".

Keywords：Physical Community；Network Community；the Community of Choice；Essentialism；Practical perspective

---

① 贝尔特、席尔瓦:《二十世纪以来的社会理论》,北京:商务印书馆,2014 年,第 332～333 页。

城市化现象的空间研究路径

——方法及其价值的探讨

叶涯剑

摘　要　在运用空间研究方法考察城市化现象的时候,有方法论和具体论题上的特殊要求,本文认为空间研究的方法论重在探讨社会行动与空间结构的互动,并以"空间实践—空间知识—空间意义"的三重概念体系来阐释相关变量,舍此不足以确保空间研究的社会意义。同时本文还以城乡人口流动、空间经济、城市景观和城市空间的心理功能为专题,分别展示了如何在具体的城市化现象中运用空间研究方法。

关键词　城市化;空间研究;研究方法;方法价值

作　者　叶涯剑,社会学博士,华南农业大学公共管理学院社会学系讲师,研究方向:空间社会学,社会变迁与现代化,城市社会学。

空间研究是当前较为前沿的社会科学研究方法,从这种方法诞生开始,就与城市研究有密不可分的关系,城市作为一种特殊的人类聚落和社会组织方式,具有以下几个天然适合于空间研究的特征:(1)单位空间里社会行动的高密度;(2)行动者之间极高的空间冲突可能性;(3)空间结构强大的外部性;(4)空间里高度的权力集中。在著名的空间研究者如列斐伏尔、卡斯特尔、哈维、索佳的作品里,无不体现出以上这些特征与空间视角和方法的结合。本文将对城市化研究中空间方法的运用进行系统的展示,也方便学界了解空间研究在社会科学中的价值所在。

一、空间研究的方法论

社会科学中的空间研究当然与自然科学的空间研究不是一回事,自然科学针对的只是自然空间,例如天文学对地球之外的天文观测、物理学对星球星系之间关系的考察等。但这并不等于说自然空间与社会科学研究完全无关,也许社会科学的其他研究门类可以毫不考虑自然空间的问题,甚至把"空间"一词与"自然空间"画等号,这也使得长期以来空间并不被视为社会科学的研究对象,但如果要在社会科学中进行空间研究,就不可避免地要涉及自然空间的问题,即我们在进行社会现象的空间讨论的时候必须把自然空间作为研究的必要条件之一,这是空间研究的第一个基本立场。正如在探讨城市贫困人口的居住状况时不可能不涉及居所的区位、面积、结构,在评价城市扩展时不能不对其功能区划、土地利用状况的变迁给出描述。这样做的原因在于,任何社会活动的开展不可能脱离自然空间,我们习惯说的"社会空间"最终也要以自然空间为基础,否则"社会空间"就只是一种比喻式的说法,而不具备专门研究层面上的实际意义。正因如此,很多带有"空间"字样的研究或文章其实并不属于空间研究的范畴。

人类社会活动所及之处,纯粹的自然空间也就转化为社会空间,空间研究的基本任务就是要澄清这种转化的过程及其结果,要达成这一任务,应该挖掘空间现象之中的潜在秩序或结构,所以空间研究并不局限于表面的经验和观察,还要涉及对空间实践者所处情境和行为约束条件的深入考察。正是在结构研究之中,才能确保空间研究不会过分偏向于空间的自然维度与要素,空间研究才具备了真正的社会科学属性。

空间研究作为社会科学的一个分支,自然也要用到传统的社会学理论、概念和研究方法,但如果据此认为空间研究只是简单采用时间—空间语言转述社会现象或者理论观点,那就失去了空间研究作为一种专门研究门类和方法的意义。其实空间研究具有自己独特的解释体系和解释功能,能够使它产生其他研究方法所不具备的解释能力。空间解释体系的核心在于,任何社会行动都能用"空间实践—空间知识—空间意义"这种三重概念体系进行分解和阐释,这样的解释是在两个互相对应的方向上——即社会的空间性与空间的社会性——同时进行的。由此可以揭示社会行动之中的因果关系,而由于空间的固定性与不可磨灭性,在空间解释中建立起来的因果链条更有基础性和持久性,这种功能是其他非空间的研究方法所不具备的。这也是空间研究存在与发展的必要性前提。

二、乡—城人口流动的空间呈现

城市化的基本表现是一个国家的人口从乡村向城市的流动,直接后果就是城市人口占总人口比重的提升,如果要从空间上描述这种人口流动的全貌及其对城市发展的影响,还需要更为细化的分析。

从宏观上来说需要考察流动方向、流出地与流入地的人口增长率和密度变化、流动人口的区域分布。流动方向既包括国内较大分区(如中国的华北、西南、华东,美国的新英格兰、落基山区、大西洋沿岸南部等)之间的流动,也可以包括行政分区(省、州、市、县)之间的流动,从中可以分析区域发展差异和人口流动的驱动力指向;流出地与流入地的人口增长率和密度变化能够体现人口流动带来的人口空间分布变化。流动人口的区域分布体现出人口聚居的均衡性变化。

从微观上需要考察人口从乡村流入城市的方式,包括流动路径的选择、交通工具的选择、流动人口在流入城市的定居空间选择。流动路径和交通工具的选择决定了人口空间移动的成本,体现了城乡结构对城乡人口流动的促进—阻碍作用。而流动人口在流入城市的定居空间选择体现了新移民的职业和生活方式对城市不同区域空间特征的影响,例如某些特定聚居区的形成、某些区域功能的转变。

城乡人口流动直接带来城市原有规模与结构的根本变化,从规模上来看,城市建成区和行政管制范围出现空间扩张,随之而来的是城市包围农村的现象,不断形成大量的城市化地带,并连片构成了大都市区和城市群。城市自身的结构更为强调功能分化,空间分异现象日益突出,不同人群对城市内部空间的分割占用反映出城市人口的生物选择和经济选择是决定城市空间特征的重要力量。

三、城市发展的动力——空间经济

任何城市的运作都以经济为其基本的动力,而城市经济既受到城市特殊的空间结构的影响,也会有意识地利用城市空间创造出特殊的产业,这种经济类型可以称之为空间经济。

从经济意义上来看,城市空间的特殊性体现在以下几点:(1)城市土地相对于农村来说是稀缺的,土地供应的有限性逼迫使用者和投资者必须集约化经营土地,并不断追加投资,也使城市土地能产生极高的超额利润;(2)城市土地的使用受到城市政府的高度控制,使用者难以随意变更土地的用途,起码要符合政府的宏观经济政策和规划要求,对不同区域土地用途的严格限定客观上在城市里形成了很多边界明确但又彼此密切毗邻的经济功能区,形如马赛克的拼贴,成为城市空间社会分工的基本结构;(3)经济功能分区使市民的居住空间和工作空间出现明显的分离,在社会分工趋于细化的现代城市里,还带来不同经济组织之间(如金融企业与实业企业、批发商与分销商之间)以及经济组织内部不同部门之间(例如总部与下属分公司、管理机构与生产机构、销售部门与仓储部门之间)在空间上的分离,这使交通成为城市经济内部极为重要的一个成本因素,通勤成本成为劳动力价格的一大组成部分,物流成本也成为商品价格的一大要素;(4)城市不同空间的经济价值取决于土地的经济集中度,集中度最高的区域经济价值最高,周围区域按照与其距离的远近形成经济价值的梯度变化,这也决定了城市中很多产业的基准成本。

人是具有主动性的,针对城市空间以上的经济特殊性,经济行动者也并非只能被动接受,总会结合空间约束条件开发出适应环境的经济类型与增长点。

首先,针对城市土地集约化利用的客观要求,土地利用者会随产业结构的变化而改变投资重点和主营业务,例如在重工业化主导时期会针对工业生产及再生产进行投资,而在后工业化时期转向服务行业,总之,以主流利润增长点为投资和利用的风向标。这也使土地利用呈现出与经济增长或衰退中产业调整相一致的周期性改变。

土地集约化利用的附带效应是空间产业集中度极大提升,这一点很类似于经济学中的霍特林模型(Hotelling Model)在解释企业空间竞争时给出的企业行为选择——相互竞争关系的企业也会在一定区域内集中活动,或者说得通俗一些,扎堆经营。从城市空间的经济需求来说,这也是一个必然的结果,集约化使用土地必然要求使用者在有限的空间里容纳最大数量的经营者,这是实现空间经济效益最大化的最为简明的方式,这也创造出了城市里才有的产业空间集中现象——步行街、商店连绵带、专门产业区等,摩天大楼和超大体量的综合性购物中心这种建筑形式也是为了满足产业集中而出现的。

城市功能区的形成体现的是城市空间的劳动分工,不同的功能区各自承载不同的产业和市政功能,但彼此又紧密相邻,互相协作,这为各种类型的服务业提供了温床,特别是对物资、人员、信息、资金、技术的相互传递与交流具有很大需求,由此物流、公共交通、互联网、金融、技术中介等行业就成为使城市空间分工得以可能的黏合剂,特别是在后工业时期和后福特生产体制下,这种作用更为明显。

城市级差地租的存在使区位成为价值的吸附体,城市经济也就等同于区位经济,经济行动者会立足于区位开展经济活动,常见的有两类方式,一类是把区位租金作为产业成本的一部分来计算整体盈利水平,以此为基础进行产业建设与经营;另一类是直接把区位作为业务对象,区位就是商品,区位的价值就来自于其特定的空间位置,例如城市中的旅游景点,就是旅游业的主营产品,也是其周边各种产品定价的核心依据。地产行业中的圈地而不建设现象其实也可以算是以区位为商品的一种表现,虽然这更多体现的是投机经济的特征,但也说明城市环境特别适于催生投机性的空间经济行为。

四、景观之中的城市化

我们可以从两个层面来理解城市景观的内涵,从浅层来说,景观是空间物理结构的视觉呈现,以各种城市建筑、设施、道路、植被的组合变化给观看者展示出城市的整体形象,这也是大多数人心中最为熟悉的城市的再现方式。从深层来说,景观是城市政治经济结构运转过程的映射,是城市社会状态的视觉化镜像。深层景观并不像浅层景观那样容易被人发现和理解,但却比其他任何一种表达方式更能揭示城市社会状况和导致这些状况的内在机制,即使隐蔽性较强的机制也概莫能外。

当然对城市景观进行以上的区分并没有对两个层面进行高下之分,应该说无论是在日常生活还是在学术研究之中,两个层面的景观都具有同样重要的认识意义。浅层景观是深层景观的基础与证据,深层景观则是浅层景观的内涵与升华。这样的关系是如何形成的呢?

浅层景观是城市形态最直白的呈现,房屋的高矮、街道的宽窄、建筑的造型、街区的格局、地形的起伏、植被的疏密等,构成了浅层景观的外貌。它不仅是城市形象的外在表现,也是激发观看者产生城市意象的触媒,就像凯文·林奇讨论城市环境的可印象性时所说的:"对象的色彩、形状、排列促成了特征鲜明,结构坚固和相当实用的环境心理图像……也可以称之为可识别性(legibility)或可见性(visibility),就是说,目标不仅可见,而且鲜明地呈现在感觉之中。"①景观的不同组成部分也从视觉上对城市空间整体进行了划分,例如大量厂房和仓库展示出工业区的所在,林立的写字楼和购物中心说明这里是城市的中央商务区,渐趋低矮和稀疏的建筑则是城乡接合部的标志。景观为城市人的活动提供基本的空间线索和导航依据,当人们在城市里活动的时候,各种物理性的地标及其空间组合方式成为最重要的方位依据,使人们对自己的空间移动具有明确的预期而不

---

① 凯文·林奇:《城市意象》,项秉仁译,中国建筑工业出版社,1990 年,第 8 页。

会陷入焦虑之中。对浅层景观的重视最终体现的是空间研究方法论之中对自然空间的重视,对浅层景观各方面要素全面准确地掌握是对深层景观展开恰当研究的前提。

景观的物理结构并不是纯粹的自然空间,而是与社会行动相结合的社会产品,深层景观体现的正是空间的社会性,与之相对应的,景观之中各种组成部分的排列组合就具有了显著的社会意义,城中村的房屋为什么毫无间距可言,甚至有"握手楼""亲嘴楼"之说,取决于村民地权和房租利润;政府大楼的奢华或简朴,是政府权力大小和权力观所决定的;某些区域的兴盛或衰落,是市场经济与政府行为共同作用的结果……在深层景观当中,各种空间元素的分布运用主要不是按照物理规律,而是按照社会意识形态和政治经济结构的要求,正如埃菲尔铁塔不可能出现在中世纪的城市,因为它是现代工业社会的产物。而后工业社会和全球化时代的来临使城市景观趋于后现代风格,展示出城市社会的全面转型。深层景观是超越于浅层景观之上的,各个城市的浅层景观千差万别,但深层景观却完全可能是一样的——只要它们处于相同的社会形态之下。

深层景观大多数不是以直接的方式呈现出来,人们必须借助各种类型的知识和话语才能对其进行展示。常见的手段如宣传媒介,传媒上景观照片的内容与构图首先不是为了展示摄影技术和艺术,而是表达摄制者的价值观和社会倾向,正因如此,同一个景观在不同的观察者手中可能呈现出完全不同的面貌,这当中观察者的景观记忆起着十分重要的路线指引和价值判断功能,早在 20 世纪 70 年代,洛温塔尔就指出人们总是通过记忆来重建今天的景观,目的是为今天的行动提供依据。[1] 多伊尔和阿德尔曼在这个领域更进一步,强调记忆和景观的相互建构性,特别是纪念性景观,不仅表达历史,还给予历史以合法性。[2] 建筑知识也是常用的手段,如建筑的结构、用材、造价、质量可以体现建造时期的社会经济状况和建造者的追求。当然今天要全面客观地呈现深层景观,社会科学知识的

---

[1]　David Lowenthal, *PAST TIME*, *PRESENT PLACE*: *LANDSCAPE AND MEMORY*, Geographical Review, Vol. 65, No. 1 (Jan., 1975), pp. 1 – 36.

[2]　Owen J. Dwyer and Derek H. Alderman, Memorial landscapes: analytic questions and metaphors. *Geo-Journal*, Vol. 73, No. 3, Collective memory and the politics of urban space (2008), pp. 165 – 178.

作用日益显著,对某些群体的构成、就业、消费等状况的考察可以说明其居住区面貌的成因;考察某些商业区商家比例、主营业务、客流数量、交易数额的变化可以说明商圈形成发展的过程。芝加哥学派近百年前给出的那个同心圆空间模型也是运用社会科学知识展示出来的城市深层景观。

五、城市空间的社会心理功能及文化后果

人对空间环境是具有感情的,法国哲学家加斯通·巴什拉尔认为人的内心总是会产生某种空间形象,这些潜藏在意识深处的形象决定了空间对于人们来说的人性价值,家宅就属于容易产生舒适感与认同感的空间,以至于当记忆附加到居所之上以后,居所就不只是一种单纯的物理结构,而具有了某种隐喻,房屋通过人们的身体和记忆而具有了生命,因此他把居所称为"世界上属于我们的角落""我们的第一个宇宙"。① 应该说,这种感情整体来说是空间给予人们的意义,空间意义不是人类纯粹的空想,而是空间功能的组成部分,城市空间从其诞生之时起就以其特定功能带来的意义为人所感知,并在人心中产生指导行为的意识,这就是空间的社会心理功能。城市空间由于其结构复杂、功能多样、利益交织、视觉冲击力强,其社会心理功能更为丰富和强大。

我们所说的城市空间的意义并不是抽象的孤立的存在,实际上空间的意义是与具体的对象联系在一起的。对于空间的设计者和使用者来说,空间的意义是不一样的,设计者从自己的价值观、意识形态和政治经济目的出发,赋予空间以意义,这些意义蕴含在设计者采用的建筑语言、空间符号、功能性结构之中,期望对其他人产生预期的影响。但对于使用者来说,他们与空间的接触首先是感知性的,通过视觉、触觉和方位感形成初步印象,然后以联想的方式产生关于空间意义的观念,但这种联想与设计者的设计总是存在差异,使用者未必能够理解

---

① G. Bachelard, *Poetics of Space*, translated by Maria Jolas, Beacon Press; Reprint edition (April 1, 1994) p5.

设计者想表达的意义,甚至也可能不认同这种意义,而是创造出满足自身需要与认可的意义。城市中一个历史名人的旧居,对于政府来说是历史文物,对于名人的后裔来说是记载家族历史和成长记忆的载体,而对于旅游业商人来说则是吸引游客的商品,也就是说,同一个空间造物可以混合多种类型的空间意义,其社会心理功能也是复合的。

为此,当我们研究城市空间的意义时,对设计者和使用者两方面的意义都要关注,空间设计者相对于使用者来说人数较少,但却是掌握较多社会资源和具有强大话语权的群体,例如政府机构、地产商、设计师、规划师,不论他们设计的空间是否为大众所认同,只要这些空间形成,其意义也就成为社会意识的一部分,总会影响到社会中的一部分成员。而人数较多的使用者虽然话语权较少,但在日常生活中的活动却能形成独立于设计者计划之外的空间意义,两种意义的协作或对立构成了城市空间意义的概貌。

空间意义不仅有不同的形式,也有不同的层次,这一点可以借鉴拉普卜特关于环境意义的层次区分,他在《建成环境的意义》一书中把环境意义分为三个层次:高层次的意义涉及宇宙论、文化图式、世界观、哲学体系和信仰;中层次意义涉及对身份、财富、地位和权力的表达;低层次意义指日常的、效用性的意义。①按笔者的认识,理解高层次意义的只是少数人,这一层次的意义表现为意识形态、宗教、学说等方式,对社会成员的影响是间接的和无形的。中层次意义体现了人际互动形式的空间化,人与人的交往大多数不是直接的,而是通过身份、阶层等间接的方式进行,比如公司员工与老板的交往并不是抽象个体层面上的,而是在各自身份层面上进行交往,员工为老板工作,老板给员工发工资,都来自各自身份的规定性,而这些交往形式必定具有空间的意义——员工在隔板隔开的工作位上工作,老板则在单独的办公室里工作,员工走员工通道,老板则有单独的电梯,诸如此类正是空间展现出的社会分层的含义。低层次的意义弥散于社会每个角落,所有人为了能够在环境中恰当地活动,都需要具体的空间线索与记忆,低层次的意义就在于它是人们日常行动的指引,正因为如此,它被所有人认

---

① [美]阿莫斯·拉普卜特:《建成环境的意义》,黄兰谷译,中国建筑工业出版社,2003年,第179页。

识和理解。应该说,拉普卜特的意义层次区分阐明了空间意义的复杂性,这种复杂性也转化为多样化的文化后果,从这些后果中我们可以看到城市化对社会成员的心理影响。

城市空间意义带来的文化后果大致有以下几类:

城市形象的构建——任何城市都会在观察者心中形成某种形象,大多数这种形象最初是在浅层景观的基础上构建起来的,城市建筑的整体形态、城市天际线的起伏、城市夜景以及某些代表城市的标志物都是在观察者心中触发城市形象的元素,当城市的经济、文化资源渗入其中之后,城市形象就会从视觉的层面转为心理层面,直接成为观察者世界观、价值观、空间观的一部分。

意识形态的构建——不论哪个阶级与群体,都在为城市空间注入自己认可的意义,这种行为都有各自理念与价值观的表达,我们可以把这些统称为意识形态,统治阶级会用宏大的宫殿来表达自己的政治观念和社会目标,并要求被统治者的服从,底层社会也会以破坏或摧毁宫殿来作为反抗的表达,空间在这里是意识形态的组成部分,而空间意义就是意识形态本身。

历史传统的构建——每个文明都用空间造物承载自己的历史,空间对历史的塑造在物质层面是建筑的构成,而在精神的层面就是空间意义,空间意义对历史进行了符号化的阐释,并铭刻于空间造物之上,实现历史的传承。城市化过程中城市的空间变迁就是这种传承的空间过程。

小　结

以上展示了空间研究在城市化研究中的一些运用领域和具体方式,可以看到,城市化这种社会过程是宏大的空间过程,对社会的空间改造效应极其显著,而人们往往被空间的巨变带来的外在形态所蒙蔽,难以发现背后隐藏的意识形态、利益格局、权力结构,但所有这些改变都或多或少有其空间的痕迹,此类痕迹具有难以磨灭性,只是被各种因素掩盖,空间研究的价值正在于适合揭示社会变迁的空间痕迹,向我们呈现出社会变迁中潜伏的脉络。在城市化浪潮席卷中国社会的时代,空间研究期望能从不同侧面展示中国城市空间结构的变化、空间意义的叠加与更替、空间实践的博弈与争斗。

Spatial Research Approach to Urbanization: Interpreting of Methods and Values

Ye Ya Jian

Abstract: Spatial research is a kind of advanced research method of social Science. From the beginning of birth of this method, it has a close relationship with urban research. As a special pattern of human settlement and social organization, city has several natural characteristics fit for the spatial research as follows: 1. high density of social action in spatial unit; 2. great possibility of spatial conflict between agents; 3. strong externality of spatial construction; 4. highly concentrated power in space. In the works of famous spatial researchers such as Lefebvre Harvey Castells and Soja, etc. we can see the combination of above features and spatial perspective and method. This thesis systematical presents the application of spatial research methods and its values.

Keywords: urbanization; spatial research; type of method

体制分割下的地位获得影响因素比较研究

——基于 CGSS2013 的数据分析

文 敏

摘 要 立足于体制分割视角,基于对 2013 年中国综合社会调查数据的实证分析,探讨了不同劳动力市场中职业地位获得与经济地位获得的影响因素。发现体制内劳动力市场中先赋性因素影响较为显著,而体制外劳动力市场中后致性因素的影响较为显著。在市场化背景下,体制分割依然是塑造中国社会结构的重要机制。

关键词 地位获得;体制分割;先赋性因素;后致性因素

作 者 文敏,北京工业大学人文学院社会学系研究生。

一、问题的提出

1978 年以来的中国社会变迁中,社会流动是令人关注的变化之一。社会流动机会的放开,使人们有了改变命运的机会,激励人们通过奋斗去实现向上层社会流动。但是,在过去十多年里,社会上出现另外一种声音——社会流动在下降,即社会流动的概率与流动的距离出现缩小,诸如"富二代""官二代""农二代""贫二代"等各种"二代"现象的出现,社会地位似乎开始发生代际传承。他们认为,在目前的劳动力市场中存在体制壁垒,而且这种壁垒在中国特有社会体制下很难打破,因而社会不公平现象很难改变。有学者表示反对,认为中国城市化、工业化、市场化还处于推进过程中,大规模的社会流动依然在发生。所谓的"二代"现象没有充分理由,是个别现象被舆论放大的说法。在经过近 40 年的改革后,中国社会流动究竟发生了什么样的变化,是维持还是下降,抑或是上升? 目前中国的劳动力市场中体制壁垒是否依然存在? 地位获得机制存在何种差异? 这是本研究试图回答的问题。

二、理论分析与研究假设

(一)地位获得研究

关于地位获得的最早研究,可追溯至邓肯和布劳于 1967 年做的关于职业地位获得的影响因素研究,即经典的地位获得模型研究,采用多元线性回归统计方法和二元路径分析方法,集中探讨了先赋因素和后致因素对职业地位的影响。这一研究的基本思路是:第一,在分层体系中,社会经济地位是有差别的、不平等的,而个人获得、保持、改进社会经济地位,是其生命历程中的基本事件。第二,个人从家庭或血缘关系中继承某种社会经济地位,是继承机制;个人通过自身努力谋取社会经济地位的改善,是自致机制。第三,继承和自致两种机制的消长变化,受工业化逻辑的制约。这种地位获得模式的研究是以西方社会为背景的,是对西方工业化过程中分层机制的一种解释,突出的是职位晋升方面的能力原则。国外许多社会学者在此基础上从别的视角来深化探讨个人职业地位获得的因素,先后产生了不同的理论流派:以林南、格兰诺维特为代表的社会资本理论流派,以布迪厄为代表的文化资本理论流派,劳动力市场分割理论等。

总而言之,目前社会学界是从个人因素、社会结构因素和社会网络因素三个方面来分析影响社会地位获得的因素或机制的。[1] 也就是说,他们主要探讨在个人因素和社会因素中,哪个是影响社会地位获得的决定性因素。在个人因素里,

---

[1] 刘群:《关于中国社会流动与地位获得的研究综述》,《理论导刊》2007 年第 9 期。

是才能学识、好运气、机遇起作用,还是家庭出身、家庭背景起作用;哪些宏观的社会结构因素会影响社会地位的获得;制度安排、历史变革和社会资本、社会网络等因素是否会起作用;如何起作用。综观地位获得研究的古典模型和扩大模型,可以看出所谓地位获得研究基本上就是看个人的出身对今后的地位获得具有什么程度的影响。

基于本土化的视角转换,目前中国学界关于劳动力市场分割的研究,主要在户籍、学历、单位性质以及行业等的劳动力市场分割下的地位获得机制方面,认为不同的劳动力市场、地位获得机制不同,先赋性与后致性因素的影响呈现显著差异。随着反腐倡廉的力度加大,体制改革与转型进程加快,体制内外的差异是否变小,在体制分割下体制内外的劳动力市场是否仍然存在差异,其地位获得机制是什么,这些问题是本文的另一个研究重点。

(二)体制分割与地位获得研究

目前,学界关于体制分割与地位获得的研究中,主要是以单位性质作为分割的标准,以行业为标准的作为体制内外的划分研究则相当少。本文将以单位和行业这两个体制分割标准梳理我国劳动力市场的横向分割状况。

1. 单位分割下的地位获得研究

尽管从 20 世纪 80 年代以来的改革给非公有制经济带来一定的机会,但是职业流动以及基本的分层机制变化极其有限,再分配机制依然影响职业流动,个人的社会地位与单位的地位密不可分,单位组织仍是研究中国城市居民社会地位分化的不可忽视的重要因素。再分配体制下,单位是控制和运用资源的主体;在市场体制下,单位控制着资源,其多寡由经营能力决定,往往与产业类型和规模相关。事实上,大多数国内学者在研究中国社会流动和地位获得机制的时候,都将单位所有制作为重要的制度性因素引入到模型中。国内学者所使用的数据既有几次全国性综合社会调查的数据,也有来自地方的抽样调查数据。他们将单位性质划分为私营部门、集体部门、国营部门和机关事业部门,并且在布劳和邓肯的地位获得模型基础上,考察父亲的单位性质对于儿子的单位性质的影响,发现工作单位的部门分割是中国社会分层的重要准则。

1978 年以来,特别是八十年代以来,国家相继出台了一系列针对单位体制改革的政策,加紧单位体制转变。边燕杰、李煜、李路路和郝大海等人通过对2003年中国综合社会调查数据的分析证明,单位壁垒效应仍然存在,但市场经济的发展正在弱化这种作用。单位壁垒的作用表现在:单位作为资源控制和运用主体,单位地位比职业地位更凸显,同类职业在不同的单位类型,其收入含量相异,父代职业对子代地位获得没有影响,而父代的单位地位却影响着子代的地位获得。有学者发现个人在进入什么样的单位过程中,起主要作用的是其父母的单位特征,父母单位与子女单位之间存在极强的相关性,而作为自致因素的教育和政治面貌的作用极其有限。这说明即使"顶替"和"内招"政策废除后,单位在招收员工时,单位子女仍享有绝对优先权,单位成员的轮替基本上是内部循环,单位制并未随着单位职能转变而衰落。①

综上所述,单位体制的代际继承在子代就业过程中仍然发挥着重要的作用。体制内员工子女凭借其先赋性的因素,更容易进入体制内工作。臧小伟研究发现国有部门的人力资本回报显著低于非国有部门;李实、丁赛以及王甫勤的研究亦得出相似结论。同时,所有制分割中,姓"公"或者姓"私"的单位职员适用不同的游戏规则,相互间不能自由流动。②

2. 行业分割下的地位获得研究

由于产业开放与限制政策,到20世纪90年代初期,中国行业间形成了"开放—垄断"的产业格局。在开放产业中,企业的竞争促进了劳动制度的改革和劳动力市场竞争,国企职工在收入、就业、福利方面的原有优势正在消失,他们成为在劳动力市场上与"体制外"的劳动者平等竞争的劳动主体。在垄断产业中,国有单位没有或者很少有来自非国有企业的竞争压力,享受着来自行政性垄断的超额利润,维持着旧有的劳动安排体制,"大锅饭""铁饭碗"还在一定程度上保留,单位内部的正式职工收入不菲。由于在职职工占据工作岗位,这类国有单位构成了对外部劳动者的排斥,垄断产业成为阻碍城市劳动力市场重新整合的领地,从而形成劳动力市场的分割。

---

① 余红、刘欣:《单位与代际地位流动:单位制在衰落吗?》,《社会学研究》2004年第6期。
② 李实、丁赛:《中国城镇教育收益率的长期变动趋势》,《中国社会科学》2003年第6期。

有学者认为,20 世纪 90 年代以来,在城乡分割和部门分割弱化的同时,向非国有经济开放的产业和由国有单位垄断的产业所构成的非农产业划分已经成为分割劳动力市场的新结构。劳动力市场的产业分割意味着就业机会的不平等。[①]张展新将市场划分为开放产业和垄断产业两个分割市场,证实在城乡分割、部门分割和产业分割的共存情况下,不同劳动人口进入垄断产业就业的机会差别。这一分割也分化着劳动人口群体,降低流动劳动力,特别是农村劳动力进入城市垄断产业的机会。改革开放以来,我国在对大多数行业引进市场竞争机制的同时,仍对某些行业实施行政垄断,开放与垄断行业的劳动用工、工资福利制度不同,收入水平差异日趋明显。同时,行业工资与其垄断程度明显相关:行业国有化程度越高,其工资水平越高。受高工资的吸引,教育程度水平高的人员趋于流向高垄断部门,行业垄断程度与教育程度也呈正相关。分析显示,行业工资除受人力资本影响外,还受到行业垄断程度的影响,这充分说明行业劳动力资源的市场配置受到行政垄断的干扰。[②] 因此,劳动力市场存在行业分割,人们的地位获得机制不同。

(三)研究假设

本文同样基于经典的地位获得理论,结合劳动力市场分割理论的视角,并在此基础上进行改进,探讨在中国特色社会主义经济体制下,比较先赋性与后致性因素的作用哪个更为突出,在体制分割下的劳动力市场中又会存在怎样的差异。综合以上研究,本文将从单位分割和行业分割这两个标准划分下的体制内和体制外的劳动力市场进行具体的比较研究,在不同劳动力市场中,地位获得机制不同,先赋与后致性因素发挥的影响呈现显著差异。

由此,本文提出两个假设:

假设一:职业地位获得与经济地位获得存在不同影响机制,先赋性因素对职业地位获得的影响较大,而后致性因素对经济地位获得影响较大。

假设二:目前劳动力市场存在体制分割,即在体制内(国有部门和垄断行

---

① 张展新:《劳动力市场的产业分割与劳动人口流动》,《中国人口科学》2004 年第 2 期。
② 聂盛:《我国经济转型期间的劳动力市场分割:从所有制分割到行业分割》,《当代经济科学》2004年第 6 期。

业),个人先赋性因素作用更强;在体制外(非国有部门和开放行业),后致性因素
作用更强。

三、数据与变量分析

(一)数据与变量说明

1. 因变量

本研究所要分析的是先赋性与后致性因素对地位获得影响的强弱作用,主
要比较职业地位获得机制与经济地位获得机制的差异性。两个因变量的操作
如下。

(1)经济地位获得。为定序变量,以个人的全年收入的对数作为参考标准。
根据 2013 年 CGSS 中的关于"您去年的总收入是多少?"这一题中,筛选出有效的
变量数作为本文研究的变量值,同时将收入取对数处理进行回归操作。

(2)职业地位获得。与现职收入相对应,以目前职业作为划分标准,并将
2013 年 CGSS 中国际职业标准分类进行转换,分为七个层次:分别是党政机关及
国家企事业负责人员、专业技术人员、办事人员及有关人员、商业服务业人员、农
林牧渔水利生产人员、生产运输工人、初级职业。

2. 自变量

本研究中自变量主要有三组,先赋性变量与后致性变量为主要变量,再加上
控制变量。具体操作如下。(见表1)

(1)先赋性变量主要包括以下五项:父亲的教育程度、父亲的政治面貌、父亲
的行政职务、父亲的就业单位、户籍。教育年限变量以目前受教育程度作为参考
标准,筛选有效变量,转换为受教育年限。政治面貌为虚拟变量,划分为党员和
非党员。行政职务为定矩变量,分为无任何职务、一般行政人员、副科级、正科
级、副处级、正处级、厅局级(及以上)。就业单位为虚拟变量,分为国有(集体)
部门、非国有(集体)部门。户籍为虚拟变量,分为非农和农业。

(2)后致性变量主要包括个人受教育年限、个人政治面貌、工作年限(工龄)

以及工龄的平方。

(3)控制变量主要包括性别、年龄、地区。地区变量的划分标准根据"十一五"期间提出的四大经济板块(东部、中部、西部、东北),将东北合并入东部地区,东部地区包含 12 个省市,中部地区包含 8 个省市,西部地区包含 11 个省市。

表1　变量及定义

职业地位①	依据职业地位排序处理为定序变量:党政机关及国家企事业负责人员 =7,专业技术人员 =6,办事人员及有关人员 =5,商业服务业人员 =4,农林牧渔水利生产人员 =3,生产运输工人 =2,初级职业 =1
经济地位	依照个人收入取对数。
性别	定类变量:女 =0,男 =1
年龄	连续变量:将 2013 年减去出生年份所得。
地区	定类变量:东部地区 =1,中部地区 =2,西部地区 =3
教育年限②	定类变量:其他 =1,未受过任何教育 =3,私塾 =4,小学 =6,中学 =9,高中 =12,职高/技校/中专 =13,大专(成人)=14,大专(全日制)=15,本科(成人)=16,本科(全日制)=17,研究生(及以上)=20
政治面貌	定类变量:非中共党员 =0,中共党员 =1
行政职务	定距变量:无任何职务 =1,一般行政人员 =2,副科级 =3,正科级 =4,副处级 =5,正处级 =6,厅局级(及以上)=7
就业部门	虚拟变量:非国有(集体)=0,国有(集体)=1
工龄	连续变量:受访者现职工作年限

(二)变量的描述性分析结果

本文实证研究的数据为 2013 年中国综合社会调查(CGSS),③该数据是中国

---

① 姚芳斌:《国际职业标准分类体系更新及与中国的比较》,东北财经大学 2011 年硕士学位论文。

② 王甫勤:《人力资本、劳动力市场分割与收入分配》,《社会》2010 年第 1 期。

③ 本论文使用数据全部来自中国人民大学重大项目《2013 年中国综合社会调查》(CGSS2013)。该调查由中国人民大学中国调查与数据中心执行,项目主持人为李路路。感谢上述机构及其人员提供数据协助,作者对本论文(书)内容负责。

第一个展开全国性、综合性的社会调查项目,由中国人民大学"中国调查与数据中心"负责收集。该数据采用多阶层概率抽样得到具有全国代表性的样本,先在全国一共抽取了100个县(区),加上北京、上海、天津、广州、深圳5个大城市,作为初级抽样单元,然后再抽取480个村/居委会,每个村/居委会调查25个家庭,每个家庭随机调查1人,总样本量约为12000人。在统计中,对问卷中问题回答为"不知道""不清楚""拒绝回答"的样本进行了缺失值的处理,以本人地位获得作为因变量筛选出样本4139个数据(见表2),该数据收集了被调查者非常详细的信息,包括职业、教育程度、政治面貌、单位性质等信息。

表2　样本人口学统计　　　　　　　　　　　　　　　　(单位%)

N＝4139		N	比例	累计	平均	标准差
性别	男	2533	38.8	38.8		
	女	1606	61.2	100.0		
年龄					41 岁	15.5 岁
工龄					15.27 年	10.76 年
教育年限	未受过任何教育	99	2.4	2.4	11.4 年	3.67 年
	私塾	9	0.2	2.6		
	小学	470	11.4	14.0		
	中学	1250	30.2	44.2		
	高中	633	15.3	59.5		
	职高/技校/中专	461	11.1	70.6		
	大专(成人)	233	5.6	76.2		
	大专(全日制)	387	9.4	85.6		
	本科(成人)	163	3.9	89.5		
	本科(全日制)	378	9.1	98.7		
	研究生(及以上)	55	1.3	100.0		

续表

N = 4139		N	比例	累计	平均	标准差
职业	初级职业	23	0.6	0.6		
	生产运输工人	1189	28.7	29.3		
	农林牧渔水利生产人员	50	1.2	30.5		
	商业服务业人员	1249	30.2	60.7		
	办事人员及有关人员	409	9.9	70.5		
	专业技术人员	819	19.8	90.3		
	党政机关及企事业负责人员	400	9.7	100.0		
年收入					39704 元	47240 元
户籍	城镇	2390	57.7	57.7		
	农村	1749	42.3	100.0		
政治面目	非党员	3571	86.3	86.7		
	党员	549	13.3	100.0		
单位性质	非国有部门	1255	51.1	51.1		
	国有部门	1200	48.9	100.0		
地区	东部	2469	59.7	59.7		
	中部	837	20.2	79.9		
	西部	833	20.1	100.0		
行业	开放	2397	64.8	64.8		
	垄断	956	25.9	90.7		
	混合	40	1.1	91.8		
	农业	305	8.2	100.0		

（三）回归分析结果

1. 宏观视角下的地位获得模型分析

本小节将从筛选出的样本库中,导入自变量和因变量进行多元线性回归分析,主要考察两个因变量的影响因素,职业地位获得(以目前职业状况为测量标准)和经济地位获得(以现职收入为测量标准),分别建立模型。

表3　地位获得的多元线性回归模型（标准系数）

	职业地位获得模型（现职地位）	经济地位获得模型（现职收入）
性别（男＝1）	−.174***	.206***
年龄	.041+	−.169***
地区（参照项:西部）		
中部	−.035*	.041*
东部	−0.58**	.221***
户籍（农业＝1）	−.051**	.005
教育年限	.415***	.323***
政治面貌（党员＝1）	.114***	.009
工龄	−.076	.494***
工龄平方	.115	−.347***
父亲的教育年限	.016	.021
父亲的政治面貌	−.008	−.008
父亲单位性质	−.012	.009
父亲行政职务	.004	.037*
父亲职业地位	.083***	.045**
常量	1.840***	8.936***
Adjust R^2	.280	.298
N	3512	3512
F	98.706***	107.424***

注: $+p<0.1$, $*p<0.05$, $**p<0.01$, $***p<0.001$

　　从表3中看出,教育年限这一因素均对两个因变量产生非常显著的作用。即人们在劳动力市场中,要获得更高的职业地位和经济地位,提升自己的教育程度是最关键的要素。从先赋性和后致性因素影响来看,发现以父亲职业地位为代表的先赋性因素和以个人教育为代表的后致性因素的作用均有显著影响。同时,发现性别、年龄和地区这三个控制变量,都对两种地位获得有一定的影响。越是经济发达的东部沿海地区,影响作用更为显著。从两种不同的地位获得机制来看,发现先赋性和后致性因素的作用机制存在明显差异。在职业地位获得过程中,先赋性因素如户籍变量对职业地位的获得有显著影响,而在经济地位获得中,该变量作用并不明显。同时,父亲的职业地位对于子代职业地位的获得要比在经济地位获得的影响作用高出4%;在后致性的因素当中,本人的教育年限的作用比经济地位获得中高出近10%,政治面貌对职业地位的获得也发挥着极其显著的作用,但是在经济地位获得过程中,这一因素并不发挥显著影响。而工龄这个变量则对于经济地位的获得产生显著影响,但是对于职业地位的获得并不产生影响。说明工作经验的积累对于人们收入的提升产生显著影响。从控制变量来看,也可以发现性别对于两个地位的获得是呈现相反方向的。职业地位获得过程中,女性职业的提升比男性高出17.4%,而在收入提升上,男性比女性要高出20.6%。年龄对于收入的提升呈反向关系。意味着劳动者随着年龄的增长,收入的提升优势越来越不明显。

2. 部门差异下的地位获得模型分析

本节从微观视角下分析部门差异下地位获得机制的影响因素。首先,从职业地位获得模型来看,教育年限这种后致性变量在非国有部门的作用高出国有部门近4%,而政治面貌的作用在国有部门的显著性高于非国有部门,达到13.8%。先赋性因素如父亲的职业地位这一变量在国有部门发挥着非常显著的作用,且这种作用达到15.4%,而在非国有部门,父亲的职业地位对子代的影响作用并不十分显著。这说明目前劳动力市场,体制分割仍然存在,体制内、代际间的流动要明显高于体制外。而从年龄上看,在国有部门这一变量发挥着积极的正向作用,而在非国有部门,这种作用就不存在。说明体制内职业地位的获得与年龄呈正向关系,年龄越大,在体制内越容易获得较高的职业地位。从地区来看,越是靠近东部地区,对在体制内的职业地位获得更加明显,而在体制外,地区因素对于职业地位获得影响并不显著。其次,从经济地位获得模型来看,在非国有部门,教育年限这一先赋性因素影响要显著高于在国有部门,高出近5%,而工龄这一变量在非国有部门的影响作用也高于在国有部门近20%,这说明在体制外,工作经验的积累能更加有利于本人收入的提高,但是年龄则对收入的提升并不产生影响。父亲的行政职务和职业地位在体制内虽然都有一些影响,但是影响并不大,这说明在经济地位的获得过程中,代与代之间的影响作用并不显著,个人的教育以及工龄等后致性因素发挥着更为显著的积极作用。在性别因素上,发现男性在经济地位获得过程中比女性的优势在非国有部门中更为明显,高出女性近10%。(见表4)这也说明,在体制外的劳动力市场,男性在收入的提升上比女性更具有优势地位。党员在非国有部门的经济地位获得更有优势。

表4　部门差异下的地位获得的多元线性回归模型(标准系数)

	国有部门		非国有部门	
	职业地位获得模型(现职地位)	经济地位获得模型(现职收入)	职业地位获得模型(现职地位)	经济地位获得模型(现职收入)
性别(男 =1)	$-.183^{***}$	$.172^{***}$	$-.107^{***}$	$.257^{***}$
年龄	$.155^{**}$	$-.098^{+}$	$-.014$	$-.111^{**}$
地区(参照项:西部)				
中部	$-.041$	$-.032$	$-.058$	$.004$
东部	$-.169^{***}$	$.165^{***}$	$-.053$	$.195^{***}$
户籍(农业 =1)	$-.012$	$-.007$	$-.050$	$.042$
教育年限	$.419^{***}$	$.349^{***}$	$.456^{***}$	$.383^{***}$
政治面貌(党员 =1)	$.138^{***}$	$.043$	$.087^{**}$	$.058^{*}$
工龄	$-.108$	$.508^{***}$	$-.115$	$.690^{***}$
工龄平方	$.098$	$-.301^{**}$	$.164^{+}$	$-.562^{***}$
父亲的教育年限	$.025$	$.125^{***}$	$-.020$	$-.021$
父亲的政治面貌	$-.022$	$-.024$	$-.011$	$-.042$
父亲单位性质	$-.085^{**}$	$-.039$	$.049$	$.042$
父亲行政职务	$-.021$	$.005$	$.003$	$.050^{+}$
父亲职业地位	$.154^{***}$	$.009$	$.063^{*}$	$.069^{*}$
常量	1.256^{***}	8.771^{***}	1.858^{***}	8.936^{***}
$Adjust\ R^2$	$.294$	$.249$	$.278$	$.363$
N	1012	1012	1048	1048
F	31.064^{***}	24.995^{***}	29.816^{***}	43.533^{***}

注:$+p<0.1$,$*p<0.05$,$**p<0.01$,$***p<0.001$

3. 行业差异下的地位获得模型分析

本节从微观视角分析行业差异下的地位获得机制的影响因素。本文从样本数据中的四种行业中选择其中的垄断行业以及开放行业作为研究对象,进行对比分析。这一分割的出发点在于,认为垄断行业在我国很大程度受制于政府的宏观调控,因此这一行业也可以划在体制内,因而将行业分割纳入体制分割也可以成为研究地位获得的一个新视角。首先,从职业地位获得模型来看,教育年限在体制内外的作用均非常显著,但是体制内的作用高于体制外12%。政治面貌的影响作用在垄断行业极其显著,达到13.9%,而在开放行业,这一作用就不明显。父亲的职业地位这一后致性因素对体制内外均产生影响,但是在开放行业的作用则更为显著。其次,从经济地位获得模型来看,教育年限在体制内外的作用相差不多,均发挥着极其重要的作用,工龄在垄断行业也发挥着极其显著的作用,工作经验每提高一年,收入等级提升的可能性达到55.3%,高于在开放行业13%。先赋性变量父亲的教育年限在垄断行业中也发挥着显著的影响,而在开放行业中父亲的教育年限的作用则不明显。同时,在户籍变量上,发现户籍在垄断行业中也发挥显著影响。非农户籍的劳动者在垄断行业中收入的提升比农业户籍更为有优势,达到9.8%,而这一因素在开放行业则不发挥作用。说明相对于垄断行业,农民工更集中在体力密集型的非优势行业。排除个人禀赋因素,仅从户籍歧视角度来看,优势行业对农民工的封闭,使得农民工被限制狭窄的行业领域,这是造成工资差异不可忽视的方面。① 年龄在开放行业产生显著的负相关性。即年龄越大,在开放行业中经济地位获得的优势越不明显。而这一因素在垄断行业的影响并不明显。同样,从性别因素来看,男性在体制内外都有显著的优势,但是在开放行业,这种优势高于垄断行业近9%。(见表5)地区间越靠近东部地区,收入的提升越有优势,这也解释了如今社会大量劳动者涌向东部沿海特大城市现象。

---

① 胡建国:《中国城镇劳动力市场工资差异的城乡户籍歧视问题探讨》,《财经论坛》2009年第1期。

表5　行业差异下的地位获得的多元线性回归模型(标准系数)

	垄断行业		开放行业	
	职业地位获得模型(现职地位)	经济地位获得模型(现职收入)	职业地位获得模型(现职地位)	经济地位获得模型(现职收入)
性别(男=1)	−.141 ***	.189 ***	−.119 ***	.210 ***
年龄	−.050	−.095	.020	−.154 ***
地区(参照项:西部)				
中部	−.121 **	−.047	.002	.070 +
东部	−.133 **	.151 ***	−.005	.232 ***
户籍(农业=1)	.098 **	−.098 **	−.047 +	.021
教育年限	.425 ***	.331 ***	.304 ***	.330 ***
政治面貌(党员=1)	.139 ***	.023	.057 **	.023
工龄	.189	.553 ***	−.057	.426 ***
工龄平方	−.021	−.379 ***	.071	−.307 ***
父亲的教育年限	.001	.112 **	.026	−.008
父亲的政治面貌	−.036	−.012	−.007	.002
父亲单位性质	−.032	−.031	.007	.024
父亲行政职务	−.061	.015	.023	.026
父亲职业地位	.064 +	−.002	.087 ***	.045 *
常量	3.381 ***	8.705 ***	2.034 ***	8.867 ***
Adjust R²	.213	.298	.153	.292
N	815	815	2036	2036
F	16.770 ***	25.727 ***	27.166 ***	60.914 ***

注:+ p<0.1, * p<0.05, ** p<0.01, *** p<0.001

四、结　　论

基于经典的先赋——后致性的地位获得研究模型,研究这些因素是否均对地位获得产生影响,进一步研究影响程度差异以及不同地位获得的影响因素的差别。在先赋——后致性的社会流动的一般逻辑下,本研究基于地位获得理论以及体制分割理论视角提出相关研究假设,对现阶段中国社会流动试图进行本土化的解释并进行理论对话。主要发现包括以下两点:

第一,从上述的模型建构分析中发现,职业地位获得机制和经济地位获得机制存在显著差异。首先,父亲的职业地位和户籍等先赋性的因素对职业地位获得影响显著,而在经济地位获得中,代与代之间的传承性并不显著。其次,政治面貌在职业地位获得中仍然发挥着重要作用,但是在经济地位获得中,政治面貌几乎不产生影响。最后,工龄因素在职业地位获得过程中的作用并不显著,而在经济地位获得过程中,工龄的作用相当明显。这说明先赋性因素更加影响职业地位获得,而后致性因素更加影响经济地位获得,[1]但是,教育年限这一后致性变量对两者均有显著作用,因此本文的假设一得到检验。

第二,从体制分割来看,部门差异和行业差异下的地位获得机制影响因素也存在差异,说明目前劳动力市场仍然存在体制壁垒。整体上,体制内先赋性因素影响更强,体制外后致性因素影响更强,假设二基本得到检验。具体情况存在一些出入。首先,教育年限在非国有部门的作用强于国有部门,在垄断行业中的作用明显高于开放行业,说明随着市场化的逐步推进与完善,体制内外对于高素质的劳动者需求越来越多,体制外的竞争激烈化,越来越多劳动者通过提升自己的教育程度来实现自己的地位提升。其次,政治资源的获得对于体制外更加有收入优势。在工作经验对收入的影响上,非国有部门高于国有部门,垄断行业高于开放行业。说明虽然在体制分割下,在部门和行业的划分标准差异下,工龄对收入的作用效果有差异,但是不能直接判定体制内的工龄作用高于体制外。

---

① 张顺、郭小弦:《求职过程的微观分析:结构特征模型》,《社会》2012 年第 2 期。

A Comparative Study on Status Attainment in System Division ——Based on the Data of CGSS(2013)

Wen Min

Abstract: Based on the data of CGSS(2013), on the status model and the perspective of labor market segmentation theory, this study focused on the differences in the influence between professional status and economic status mechanisms. This study found that occupational status is more influenced by factors of priority in natural and acquired factors do more effect on economic status; moreover, people in System, is more influenced by factors of priority in natural. Yet, acquired factors do more influence to who outside the system. But segmentation still plays a very significant role in social structure.

Keywords: Status Attainment; System Segmentation; Priority Factors; Acquired Factors

城市基层治理进程中的逆行政化趋势研究[①]

刘 凤 孙 涛

摘 要 随着国家新型城镇化战略的进一步推进,我国城市基层治理中国家治理力量和社会治理力量出现此消彼长的态势,这同时也代表了基层治理中的逆行政化趋势,而国外的"反行政"理念为这一现象提供了解释和分析框架。经验分析证明,业已改变的治理环境和潜在的治理优势将促使城市基层治理走向逆行政化的方向。对照现实,城市尤其是城市基层还需在政府角色、社区性质、治理结构、治理模式等方面做出适应性调整,以期满足城市治理和城市未来发展要求。

关键词 城市治理;基层治理;逆行政化

作 者 刘凤,南开大学周恩来政府管理学院行政管理博士研究生;孙涛,南开大学周恩来政府管理学院教授、副院长。

进入 21 世纪以来,我国城镇化率每年以大约 1% 的速度增长,2014 年达到 54.77%。简新华、黄锟在 2010 年推算我国 2020 年城镇化水平将达 59.17%,城镇化任务基本完成,进入平稳发展时期。[②] 张乐勤、张勇在 2015 年测算 2030 年

---

① 国家社科基金重大项目《基于大型调查数据基础上中国城镇社区结构异质性及其基层治理研究》(编号:15ZDB173);英国经济和社会研究理事会(ESRC)与自然科学基金国际合作项目:中国城市社区的形成与重塑机理:空间规划、社会转型与公共服务(编号:71561137003),河北省社科基金项目《后现代公共行政理论比较研究及其当代价值》的阶段性成果。
② 简新华、黄锟:《中国城镇化水平和速度的实证分析与前景预测》,《经济研究》2010 年第 3 期。

中国城镇化水平饱和值为84%,有望达到高级阶段。① 我国城镇化正处于从扩张期向成熟期的转折点。城市基层治理场域中,国家力量与社会力量出现此消彼长的态势,逆行政化趋势显著。实践中也发现,城市基层治理效能的提升并不能只依靠行政力量,它需要多元参与、协商互动来建立公共目标认同,进而通过共同行动达到善治目标。

一、城市基层治理进程的阶段分析

城市基层治理发展进程也是逆行政化趋势产生发展的背景。通过梳理中华人民共和国成立以来城市基层社会结构、治理主体、治理结构、居民结构、意识类型、利益结构、自治形式以及公民参与等治理要素的发展情况,可以清楚地看到城市基层治理中行政力量的收缩以及社会力量的增强,城市基层治理逆行政化已成为显著趋势。(见表1)

1.城市基层治理初级阶段

就全国范围而言,改革开放之前为城市基层治理的初级阶段。一些研究国家与社会关系的学者将这一阶段定义为"强国家——弱社会"的总体性社会或依附性社会。这种社会是以国家对几乎全部稀缺资源的垄断为前提,通过一系列制度安排构建起来的,组织结构主要体现为城市中的单位制。这一阶段传统社会的差序格局开始被打破,单位格局成为主导,基层社会的独立性、自主性和自治性被压缩至最小,单位的权力发挥到极致。社会结构变现出典型的国家—单位—个人的高度组织化特征,街道办事处和居委会的主要作用是实现单位领域之外社会空间的准单位化管理。在这种单位格局下,城市基层社区居民个人意识被压抑在集体意识之下,一个区域内的居民大致属于同一单位,同质性高,利益结构单一且利益矛盾容易协调。这一时期的居民自治被吸纳到国家体系之

---

① 张乐勤、张勇:《基于 Logistic 模型的中国城镇化快速演进期时长、速度及启示》,《河南大学学报》2015 年第 5 期。

中,补充单位和政府管理的不足,表现为吸纳型居民自治,"国家犹如一个巨大的'蜂巢'一样将一个个单位吸附于其中,而单位又如'类蜂巢'将一个个社会成员吸附于其中",①因此,公民参与更多是表演式的,实质性作用不明显。代表国家治理能力的行政化力量处于绝对优势,社会力量被压制至最小。

2. 城市基层治理发展阶段

城市基层治理发展阶段大致出现在改革开放之后,市场经济的冲击和单位制的解体带来了城市人口结构、空间结构、组织结构的多元化,这些多元化在一定程度上意味着城市基层治理生态异质性的加剧和治理难度的提升。整个城市基层社会处在裂变和碎片化过程中,个人的原子化和流动性增强,社会的单位格局被打破,各种新的社会空间属地不断出现。这种不断处于分异状态的城市社会结构可称为属地格局,它是介于单位格局和团体格局之间的过渡性社会空间格局。属地格局下城市基层社区居民结构呈现异质、流动和匿名等特点,社区关系愈加疏离。基层自治属于建构型,更多停留在文本层面,没有产生实质效果,即"有制度而缺行为,制度并未'落地'和'运转'"。② 公民参与更多体现为维权式参与,这也与公民的业主意识逐渐提高有关。在这种社会结构中,一方面城市基层利益主体和利益诉求更加多元,社会矛盾日益复杂;另一方面城市基层街道与社区、社区与居民之间产生了大量或大或小的结构性治理空洞。物业公司、业主委员会以及其他一些社会组织在原有的城市基层治理结构中嵌入和成长,作为结构性治理空洞的替代和补偿开始登上基层治理的舞台。此时的城市基层变成一个愈加复杂的治理场域,不过城镇化扩张阶段国家一体化的治理模式刚刚解体,政府、市场与社会慢慢开始分离,逐步明晰责任边界并开始尝试多种形式的合作,但是还未达到高度协作状态,总体而言,依旧是政府主导下的治理格局,不过逆行政化趋势开始显现。

3. 城市基层治理成熟阶段

根据诺瑟姆逻辑曲线规律,城镇化率高于70%就标志着国家城镇化进入成熟

---

① 徐勇:《论城市社区建设中的社区自治》,《华中师范大学学报(社会科学版)》2001 年第 3 期。
② 徐勇、贺磊:《培育自治:社区自治有效实现形式探索》,《东南学术》2014 年第 5 期。

阶段。国内学者据此进行推算，时间节点基本锁定在21世纪20或30年代。目前国内一些发育成熟的大中型城市开始出现城镇化成熟阶段的种种迹象，不同于扩张阶段中个人原子化并逐步脱嵌于社会的现象，城镇化成熟阶段的个人开始追寻新的群体以期获得归属感和认同，进入再同质化阶段，相应地属地格局会慢慢地转变为团体格局，这在一定程度上也代表了社会再组织化的完成。费孝通将团体比喻为田里捆柴，每根柴在整挑里都属于一定的捆、扎、把，"团体是有一定界限的，谁是团体里的人，谁是团体外的人，不能模糊，一定得分得清"。① 在这一阶段，社区居民结构开始朝向多元稳定的状态发展，居民的业主意识开始升华为公民意识。基层自治开始真正出于居民的自身意愿和需求，表现为内生型自治，公民参与开始发挥实质性作用。政府、居委会、业委会、物业公司以及其他一些社会组织经过磨合适应期，基本明晰了各自的责任边界和权力范围，进入高度协作状态。在这一阶段社会治理能力得到充分发挥，逆行政化也从趋势变为常态。

表1 城市基层治理进程的阶段特征分析

城市基层（社区）	城镇化初始阶段	城镇化扩张阶段	城镇化成熟阶段
社会结构	单位格局	属地格局	团体格局
治理主体	单位、街道办事处、居委会	街道办事处、居委会为主，企业、社会组织开始介入	政府、居委会、业委会、物业公司以及各类社区社会组织
治理结构	国家主导的一体化模式	政府、市场、社会相对分立状态	政府、市场、社会高度协作状态
居民结构	均质、稳定、熟悉	异质、流动、匿名	多元、稳定、熟悉
意识类型	集体意识	业主意识	公民意识
利益结构	单一、可协调	多元、冲突	统一、可协调
自治形式	吸纳型	建构型	内生型
公民参与	表演式参与	维权式参与	实质性参与

---

① 费孝通：《乡土中国》，上海：上海人民出版社，2013年版，第24页。

二、城市基层治理逆行政化趋势的基本意涵

逆行政化这一理念是结合目前中国城市基层治理状况,并进一步参考国外反行政理念的基础上提出来的。值得注意的是,不同于反行政理论内在激进的无政府主义倾向,"逆行政化"的内涵更倾向于"重塑""再造""突破"这类公共行政理论界常用的渐进改革词语,强调基层治理场域中传统意义上的被管理者力量的崛起。

作为一个重要的参考,后现代公共行政理论中的反行政理念能够帮助我们更好地理解当前城市基层治理中的逆行政化趋势。反行政理念最早由法默尔提出,本意并不是反对或拒绝行政力量的参与,而是强调将公共行政的决断权从管理者转移到公众。法默尔认为公共行政的传统模式应该有所变革,尤其是在后工业化时代到来之际,而"这些变革意味着行政应以我们呼吁的反行政的方式和态度来发挥它的作用"。① "反行政"理念颠覆理性在公共行政中的基础性地位,以"想象"为支撑,解构官僚制的等级结构、客观叙事以及效率观念,在后现代的"他在性"的分析中加以阐释,主要包括四个方面的内容:开放性、差异性、反元叙事以及颠覆已有秩序。康尼汉姆和施耐德认为,"反行政并未明确或强调某种特定的治理关系形式,它开放而不是关闭了对话"。② 麦克斯怀特认为,"反行政所做的是寻求激发人际关系纽带——这一最古老的人际联系,反行政作为一种旨在支持社会纽带的公共行政,将在当今世界的治理中发挥引人瞩目的作用"。③法默尔呼应这一观点,认为"反行政的转向包含了一种朝向完全不顺从的政治的

---

① [美]法默尔:《公共行政的语言——官僚制、现代性和后现代性》,吴琼译,北京:中国人民大学出版社,2009 年版,第 352 页。

② Robet Cunninghamand Robet Schnelder, "*anti-administration redeeming bureaucracy by witnessing and gifting*". [C]// , Administration Theory & Praxis,2001(4)。

③ O. C. McSwhite, "*the psychoanalytic rational for an-administration*". [C]// , Administration Theory & Praxis,2001(4)。

进步,这种政治不是在国家—公民关系中,而是在公民—公民的相互关系中寻求心理能量"。① 由此可见,反行政理念致力于保持政府与社会之间的张力,虽然产生于西方国家的社会发展和行政实践之中,却也十分契合我国城市基层尤其是社区共同体建设的本质要求。如伯克斯所言,反行政并不是一剂万能药,也不是最富有建设性的举措,但通过这个独特的理论视角可以形成关于逆行政化趋势的有效解释和分析框架,帮我们更好地把握城市基层治理的未来发展方向。

结合我国城市基层治理进程中的实际状况,逆行政化趋势的基本意涵主要体现在三个方面:第一,逆行政化倡导多元治理,关涉行政力量的弱化。"反行政的态度瞄准的是弱化行政和行政人员的范围和作用",②逆行政化也是如此。虽然政府能够代表广大人民的根本利益,但城市基层尤其是社区中的实际情况是政府很难确定和代表公民普遍利益,因为它们经常是多元、多变和相冲突的。有效治理的途径之一就是弱化行政力量的强制干预,让渡更多的治理空间给更多的利益相关者,通过参与和协商达成共识,这既能节约政府资源又能提升治理效能。第二,逆行政化倡导差异共存,关涉实质性的公民参与。伯克斯在法默尔分析基础上总结了反行政箴言,即"要求管理者把每个人看作个体而非一个种类,避免用一种固定的、总体性的视角来制定政策和规划,并鼓励公民参与治理"。他还进一步规定了反行政的尺度,"人们能够在不畏惧公共部门的管理行为损害其生活质量的前提下过私人生活"。③ "让他们(公民)介入到自上而下的决策过程,让他们做自己想做的事情,甚至是他们的愿望与'来自上面的计划'或行政专业判断相冲突时"。④ 第三,逆行政化倡导自治治理,关涉地方层面的微观政治。法默尔认为反行政必定是以地方共同体的方式行动的微观政治,伯克斯认为反行政更多体现在政府与人民直接交互层面,即社区层面而不是国家或者全球的

① David · John · Famer, "*The Discourse of Anti-Administrative*". [C]//, Jong S. Jun. Rethinking Administrative Theory:The Challenge of the NewCentury. WestportPraegeer, 2002。

② [美]法默尔:《公共行政的语言——官僚制、现代性和后现代性》,吴琼译,北京:中国人民大学出版社,2009 年版,第 352 页。

③ Richaed Box:《私人生活与反行政》,载[C]//戴泰,/牛美丽等:《公共行政学中的批判理论[M]》,北京:中国人民大学出版社,2008 年版,第 71 页。

④ [美]法默尔:《公共行政的语言——官僚制、现代性和后现代性》,吴琼译,北京:中国人民大学出版社,2009 年版,第 364 页。

政策层面,与此对应的逆行政化现象也只出现且只适合出现在城市社区治理层面。

逆行政化理念十分开放,可以从不同的视角加以阐释,可以看作是一种管理方法,它否定科层制的管理模式,赞同一种多元的、合作的、网络化的治理;也可以看作是一种行政精神,它要求决策开放,人们以平等的身份参与到公共事务中,包容和倾听他人;还可以看作是一种伦理态度,它倡导公民道德,强调道德自我通过对道德责任的自觉意识和自觉承担来实践公共责任。

三、城市基层治理逆行政化趋势产生的原因分析

相对于其他治理主体,政府的行政手段具有独特的优势,例如资源使用的规模优势、公共物品供给的公平优势以及行动动员方面的时效优势。但在城镇化高速发展的后期,社会不确定性和风险的增长使得行政力量无论如何扩张也无法做到全面控制。事实证明,行政力量的扩张导致控制力的下降,"从政府管理设施所触及和达到的范围来看,政府在今天比以往任何时候都更有力量,但是却不能有效地调节其管辖范围之内的人力和物质资源的配置"。① 在城市发展的成熟阶段,基层治理结构逐渐优化、治理资源逐渐丰富、基层社会异质性降低等现象促进基层治理的逆行政化发展;反过来,基层治理的逆行政化能够进一步帮助基层社会减少治理成本、回归自治本质、强化社会资本。简言之,业已改变的治理环境及潜在的治理优势将促使城市基层治理以逆行政化的方式发挥作用。

(一)改变的治理环境

首先,治理结构逐渐优化。治理结构的逐渐优化首先表现为治理主体的多元化。目前国内学界普遍认同的治理主体有政府、企业、自治组织以及各类社会组织。根据民政部的统计,截止到2014年底,我国社会组织达到60.6万个,基层

---

① [美]沃尔特·W.鲍威尔,保罗·J.迪马吉奥:《组织分析的新制度主义》,姚伟译,上海:上海人民出版社,2008年版,第268页。

群众自治组织共计68.2万个,各类社区服务机构31.1万个,覆盖率达到45.5%。其次表现为协作程度的逐步提升。政府、企业与市场的协作已经开始从购买公共服务逐渐提升到合作治理。购买公共服务主要指企业、社会组织等其他治理主体逐渐进入公共服务供给体系中,实现公共服务的生产与供给的分工与协作。合作治理则侧重于政府与企业、社会组织、居民等对基层社区公共事务的共同治理,主要是多元治理主体通过制度化的渠道进入到公共决策和实质性治理过程之中。

其次,治理资源逐渐丰富。吉登斯将治理资源分为配置性资源和权威性资源。配置性资源"是对物体、商品或物质现象产生控制的能力,或者更准确地说,指各类形式的转换能力";权威性资源"是对人或者行动者产生控制的各类转换能力"。① 国内也有学者将治理资源分为运作性资源(物质资源)和治理性资源(更多体现为一种知识、观点或认同)。"运作性资源指组织自有的可完全交换的资源","治理性资源指组织在与环境互动过程中所获得的一种交互状态和能力,只能部分地为组织所拥有和交换"。② 每一个治理主体都有独特的资源优势,共产党作为执政党有组织优势和政治优势;政府拥有财政资源和权力资源;企业拥有专业能力和效率优势;自治组织拥有广泛的群众基础和动员能力;社会组织拥有公益精神和服务能力,主体多元化带来的直接影响就是治理资源的多元化。逆行政化趋势下这些社会性的资源将会被有效吸纳到治理过程中,以解决行政治理与外部需求不匹配的问题。

再次,基层社会异质性降低。在中国传统社会的差序格局以及城镇化初级阶段的单位格局下,城市基层社会结构的同质性很强,随着城镇化扩张阶段的到来,单位制解体、流动人口增加、住房开始商品化,城市基层的人口、空间以及组织的异质程度迅速加剧,社会认同感随之降低,社会交往开始呈现出表面化、匿名化以及非人情化的特征,这种情况下政府主导的治理模式优势显著。城市发展成熟阶段,团体格局下的社会通过各种形式的再组织化进一步提高同质性。

① [英]安东尼·吉登斯:《社会的构成》,李康、李猛译,北京:生活·读书·新知三联书店,1998年版,第98~99页。

② 敬乂嘉:《从购买服务到合作治理——政社合作的形态与发展》,《中国行政管理》2014年第7期。

学界普遍认为,一定社群内成员同质性越高,越能激发心理认同,信任水平就越高,社会资本的存量就越高。就城市基层社区而言,异质性越低越能降低治理难度,行政力量介入的必要性减弱,自治就成为首选。

(二)潜在的治理优势

首先,减少治理成本。城市基层治理面临的一个重要挑战就是治理规模增大以及治理成本扩张的问题。在城镇化扩张阶段,基层治理场域中社会事务增加、社会关系复杂、利益冲突激化,政府在寻求与其他治理主体合作、达成契约、保障合作稳定与契约有效性的过程中需付出更多的时间、精力、物质等方面的代价。城市基层治理逆行政化趋势下,各个治理主体平等参与,最大限度发挥作用,治理资源相对丰富、治理结构逐步均衡,治理生态基本能够达到奥斯特罗姆所说的自组织状态,此时的治理成本会降低,保持良好治理状态的维持费用也较低。此外,从边际成本和边际收益的角度考虑,政府每增加一项基层社会治理内容所增加的成本远远超过增加这项基层社会治理内容所得到的收益,相对于政府的行政手段,市场化、社会化或者自治化等逆行政化的手段更能降低成本的同时高效地达到目的。

其次,回归自治本质。我国基层自治制度在一定程度上源于政府的积极推动和主观建构。在城镇化初期以及城镇化扩张时期,政府的行政权力下沉至社会各个角落,并试图通过居委会来缓解社会转型所带来的管理压力;同时,居委会为了获得政府的权威、财政等资源主动或被动地接受大量基层政府的行政性工作,产生行政依赖。二者形成一种类科层的组织体系,居民在一定程度上被排斥在外。虽然 20 世纪 90 年代以来基层自治制度改革颇具创新、成绩突出,但本质上仍是一种行政推销,始终因为缺乏居民参与而显得动力不足。不可否认,政府拥有合法权威以及大量治理资源,但是基层公共事务尤其是社区公共事务的分散性、地方性以及特殊性决定了自治的必要性和必然性,也只有当地居民才能全面深刻理解社区,更有可能富有建设性地施加深远影响力。所谓自治"即自主治理,意味着个人或者共同体自行管理本人或本共同体的私人或者公共事务"①,

---

① 王建勋:《自治二十讲》,天津:天津人民出版社,2008 年版,第 1 页。

其本质在于社区内形成理性交往的公共领域以及居民之间形成平等、开放、对话的生活方式,这也恰恰是逆行政化所能实现的。

再次,强化社会资本。学界普遍认为,当前我国社区只有"区"没有"社",究其原因就是城市基层社会资本薄弱。对治理而言,社会资本是促进主体间有效协作的重要条件,布迪厄认为社会资本是实际或潜在的资源结合体,以成员间的相互认识和认知为基础。科尔曼认为,社会资本不仅可以增加个人利益,且有助于解决集体行动困境。帕特南则进一步指出,社会信任、互惠规范和公民参与网络是构成社会资本的要素,而社会资本是解决集体困境的一条捷径,也是民主得以运转的关键。逆行政化中的城市基层治理体系,将不再是边界清晰的相对封闭体系,而是一个充分开放动态体系。在这里,治理者和被治理者都是相对的,即在不同的时间和空间上,治理者也是被治理者,这种多维互动尤其有助于社区居民之间沟通、形成心理认同,进一步增强归属感。

四、逆行政化趋势下城市基层治理的适应性转变

社会力量崛起、行政力量弱化已成为城市基层治理扩张阶段后期以及即将到来的成熟阶段的必然趋势。在这一趋势下,城市尤其是基层应当在政府角色、社区性质、治理结构和治理模式等方面做出适应性转变,以期顺应城市发展规律,有效满足城市治理需求。

(一)政府角色的适应性转变

后治理时代中央政府的角色转变为制度供给者和权力下放者。在基层治理过程中,多元主体的介入在优化治理结构的同时也带来一系列利益冲突,如何协调各个主体的行为偏好,实现激励相容,是中央政府顶层设计亟待考虑的事情。权力下放的基本理念类似于格里·斯托克的新地方主义,"在达成某种国家最低标准和政策优先权的共识框架内,将权力和资源从中央集中控制向一线管理者、

地方民主实体和地方消费者及社区转移"①。

后治理时代基层政府的角色转变为服务者,尤其是区级以下的行政机关以及派出机构更应将工作重心转移到公共服务和社会治理层面。2015 年上海"一号课题"及相关文件明确街道剥离招商职能,日常运作经费由各区县财政预算全额拨付,以确保基层服务水平,提升民生满意度。针对一直困扰着城市基层社会的"行政整合过度与社区自治能力不足"的问题,深圳率先实施"居站分离"政策,将居委会从繁复的行政事务中解体出来,恢复自治本质。这些尝试一定程度实现了基层治理格局的重构,也是城市基层治理逆行政化的重要实践。

(二)社区性质的适应性转变

公共领域是"在国家和社会的张力场中发展起来的,但它本身一直都是私人领域的一部分"②。社区本质上属于私人领域一部分,但在前治理时代以及治理时代的前期,行政权力扩张的本性导致政府对私人领域的全面渗透和干预,城市基层中的一切公共事务都被纳入其运作体系中,社区成为公共权力领域的一部分。城市基层治理逆行政化的主要任务之一就是将社区从私人领域和公共权力领域中挣脱出来,使之成为真正意义上的公共领域。

社区公共议题的形成是社区从私人领域转化为公共领域的前提。所谓的社区公共议题主要指关乎社区发展、影响社区认同并受到社区居民广泛关注的话题。一个有意义的社区公共议题能在一定程度上吸引公民参与,同时也是基层自治运转的契机。公共空间是社区场域性质转变的关键。不同于私人生活领域的封闭以及公共权力领域的专制,公共空间自由、开放、包容,社区居民在此对社区公共议题表达意见、建立共识。作为介于私人领域与公共权力领域之间的中间地带,具备公共领域性质的社区能够在居民与居民之间、公民与政府之间架起一座理性沟通的桥梁,及时化解不满情绪,减少社会矛盾和冲突。

(三)治理结构的适应性转变

城镇化扩张阶段城市空间、人口和组织等多方面呈现的异质性逐步加剧了

---

① Gerry Stoker, "*New localism*, *progressive politics and democracy*", Political Quarterly,2004(7)。

② [德]哈贝马斯:《公共领域的结构转型》,曹卫东译,北京:学林出版社,1999 年版,第 170 页。

社会治理难度,行政力量随之出现强化趋势,其中最具代表性的是基层管理网格化,这也是目前国内最为普遍的基层管理模式。网格化主要指以城市街道和社区为基础,以一定的区域为基准划分网格单元,对单位网格内居民诉求以及存在问题进行专门化管理,一般表现为市、区、街道以及网格监督员四级联动的管理模式。网格之下社区的共同体性质消失殆尽,逐步沦为行政权力支配的空间,居民成为管控的对象。直接后果是两个尴尬局面:一是行政整合过度以及社区自治能力逆向萎缩;二是治理成本逐年增加以及治理效果持续下降。

后治理时代的基层治理结构应当突破网格走向网络化治理。网络化治理模式下,政府、企业、社会组织、个人之间更多体现为平等的合作关系或伙伴关系,表现为一种复合多中心的治理结构,其中政府是主体却不再是主导。网络化治理打破网格化管理只注重上下互动的局限,突出的是多元行动者的多维度互动,能在一定程度上削弱行政力量的刚性,恢复社区结构的弹性,释放基层社会活力。

(四)治理模式的适应性转变

中央和地方层面由于政治稳定的考虑,其治理格局一般鲜少创新。但城市基层尤其是社区层面则具有更多的灵活性,为了有效供给公共服务、节约治理成本以及激发社会活力,可以考虑突破行政主导的治理格局,探索尝试新的治理格局。目前,符合我国城市基层治理发展趋势并开始尝试的创新治理模式主要有两种:以深圳桃源居社区为代表的社区基金会运行模式和以武汉百步亭社区为代表的企业参与社区运行模式。不同于 20 世纪 90 年代以来政府推进的基层管理体制创新与变革,二者均是结合本地治理生态自发形成的创新模式,在优化整合社会资源的同时对城市基层治理产生了积极深远的影响。

社区基金会主要通过接受本地居民、政府、企业、其他非营利组织或基金会捐赠的资产,成立由社区居民组成的董事会负责管理,保证运营过程公开透明,在服务捐赠者实现公益目标的同时促进本地社区的发展。深圳桃源居公益发展基金会在社区治理过程中将公益服务、公共服务与市场服务融为一体,"输血"和"造血"并行,实现了社区治理的可持续发展。企业社区参与(Corporate Community Involvement,简称 CCI)作为企业履行对顾客和社区社会责任的方式之一,是指企业与社区内行政组织、居民组织及居民共同解决社区社会问题的行为及过程,①目前,国内具典型性的社区参与企业是百步亭和万科。与传统行政主导的社区治理模式不同的是,企业尤其是房地产企业在建商品住宅区时秉承建、管、育相结合的理念,实行规划、开发、建设、管理、服务一条龙,同样取得了卓有成效的治理效果。这两种模式均是城市基层治理过程中逆行政化发展的典范,虽然在现阶段很难对这类模式的普适性做一个刚性的判断,但它们确实拓宽了城市基层治理思路,一定程度上也代表了城市基层治理的发展方向。

五、结　　语

城镇化进程改变了城市基层治理环境,城市基层治理环境的改变催生了逆行政化趋势,反过来逆行政化趋势又会促使城市在政府角色、社区性质、治理结构、治理模式等方面做出适应性转变来顺应城市发展规律和发展要求。需要注意的是,城市基层治理进程以及逆行政化趋势之间并非单一地决定与被决定、影响和被影响的关系,而是一种相互建构的关系。城市基层治理逆行政化趋势代表的是一种多元主体共治、公民实质参与、决策民主开放的治理图景,目标是实现城市基层公共服务的有效供给、公共事务的民主决策、社会矛盾的及时化解、社区活力的充分激发,本质是实现社区共同体价值的回归。可以预见未来城市基层治理图景中,自治是根本,共治是趋势;政府是主体,但不一定是主导。

---

① Frances Bowen, AloysiusNewenham-Kahindiand Irene Herremans, "*When Suits Meet Roots*: *The Antecedents and Consequences of Community Engagement Strategy*", Journal of Business Ethics, 2010(1)。

Study on the Retrograde Administration in the Process of Urban Grass-roots Governance in Contemporary China

Liu Feng, Sun Tao

Abstract: With the further advance of the national strategy of new-type urbanization, city grass-roots governance also began to enter a new era. Administrative power represents the ability of national governance and the retrograde administrative power represents the ability of social governance. Comparison of their strength changes in the process of Urban Grassroots Governance. The emergence of anti – administrative concept in foreign countries has proved this reality. The fact provesthe changed governance environment and the potential advantages of governance which are bound to inverse administrative means of grass-roots governance. In order to meet the requirements of the city's future development, the role of government, the nature of the community, governance structure, governance pattern and other aspects need to make adaptive adjustments.

Keywords: Urban management; Urban grass-roots governance; Retrograde administration

"空间贫困"研究综述

袁 晶

摘 要 对已有空间贫困领域的研究成果加以综述,综述内容包括研究背景、研究方法和研究内容。城市居住空间的分化和贫困的空间集聚成为中国城市发展中不容忽视的现象,由于该现象的一系列不良影响,且现有扶贫政策没有做出回应,无法消除不良影响,中国城市空间贫困现象亟须进一步的关注和探究。研究方法综述表明已有统计数据和二手资料不能满足研究者的需求,其多采用问卷调查法或访谈法补充搜集资料;该领域的研究中定量研究方法仍占据主导地位。当前研究的内容主要有:其一,贫困的空间分布特征;其二,空间贫困现象的形成机制;其三,空间贫困现象的政策启示。国内三类研究的完善程度存在差异:贫困空间分布领域的研究已经较为完善;空间贫困形成机制的探究也形成了初步的体系;对策建议部分的研究成果匮乏。究其原因:前人对于空间的定义局限于地理空间;"空间"与"贫困"这两个核心概念在政策启示研究中的结合度不高;缺乏对现有扶贫政策的梳理和评估。空间贫困的政策启示意义应当成为今后的研究重点。

关键词 空间贫困;城市贫困;扶贫

作 者 袁晶,复旦大学社会发展与公共政策学院,人口学专业,博士在读。

一、研究背景综述

(一) 空间贫困

空间贫困(spatial poverty)自 20 世纪 90 年代起引发了研究者的关注和重视。[1] 伴随着经济全球化、国际化,资本与劳动力的流动加速,促成全球生产活动的分散化重组,西方国家普遍出现了产业转型。产业结构的变化带来职业结构的调整,造成社会结构极化,即社会构成的两端膨胀而中等收入的人群相应减少。[2] 收入差距的扩大导致贫富分化,城市贫困阶层迅速形成、扩大和多元化。[3] 社会结构的极化和城市贫困群体的形成作用于城市社会空间,相应带来城市居住空间的分化、贫困的空间聚集和贫困区化。[4] 前人对这些现象的关注意味着空间视角开始被纳入贫困领域的研究中,逐步形成空间贫困理论。

(二) 中国的空间贫困现象

改革开放后的中国逐步与世界经济接轨,在由计划经济向市场经济体制的转型过程中,同样面临着社会经济结构的转型。制度和社会经济结构转型对贫困空间的形成带来影响,这一影响至少可以从以下三方面来解读:

第一,制度转型带来社会收入差距的扩大,为城市贫困现象的产生提供了前提条件。计划经济向市场经济体制的转轨,意味着平均分配制度被打破,按劳分配为主体、多种分配方式并存的劳动产品分配制度逐渐形成。劳动力市场中,个体的劳动能力、劳动机会存在差异,从而导致不同的劳动者所获得的劳动产品(即工资性收入)有差距。并且,职业结构的调整带来劳动力市场的二元分化,从而使得劳动者之间的收入差距进一步扩大,贫富分化愈加悬殊。

---

[1]　Jalan J, Ravallion M. Spatial poverty traps? [M]. World Bank, Development Research Group, 1997.

[2]　李志刚、吴缚龙、高向东:《"全球城市"极化与上海社会空间分异研究》,《地理科学》2007 年第 27 期。

[3]　王婧:《全球化背景下的上海市贫困社区,空间分布与形成机制》,复旦大学,2011 年。

[4]　Marcuse P. "Dual City": a muddy metaphor for a quartered city [J]. International journal of urban and regional research, 1989, 13(4): 697 – 708.

第二,住房体制改革使得贫困的空间聚集具备现实可能性的同时,对城市空间的分化起到推动作用。改革后,住房分配体制由依据行政手段统一分配转变为货币分配制度,职工根据自身的经济承受能力,向市场购买或租赁住房解决住房问题。同时,双轨制的住房供应体系建立,即以中低收入家庭为对象的、具有社会保障性质的经济适用住房及廉租住房供应体系和以高收入家庭为对象的商品房供应体系并存。满足住房需求的房地产交易市场建立。因此对住房生产方来说,逐利心理使得房地产投资商更多地投资商品房和富人区住宅建设,这为居住空间的分化提供了现实可能性;从住房需求方来说,具备足够经济条件的家庭可以选择通过购买商品房离开原有居住区。住房体制的改革使得贫困阶层留在破旧的公有住房中,富有阶层迁入新建的商品房住宅区,[①]城市居住空间分化。

第三,体制改革产生的两个群体构成城市贫困的主体,进一步形成城市贫困空间。一方面,社会主义市场经济体制下,竞争性的市场化运作和现代化的企业制度被引入经济发展中。20 世纪 90 年代开启的国有企业改制中伴随着大量国企破产、转卖,原有依附于单位的大批国企职工下岗失业,1998 年至 2000 年,中国国有企业的下岗职工达到了 2137 万人。[②] 同时,单位福利体系也随之瓦解,新的社会保障体系建设却相对滞后,改制产生的大规模失业群体既失去了收入来源,又在新的社会保障体系中所获甚少。[③] 据 2000 年 6 月底的统计数字,国有企业下岗职工中有 22 万下岗职工至今仍然未被纳入保障范围,有 17 万人没有领到生活费,33 万人未足额领到生活费。[④] 该群体生活水平急剧下降,成为城市新贫困群体的主体,[⑤]由于改革前实施的单位统包住房体制,该部分群体在住房商品化改革后又无足够能力购买商品房迁居,进而形成下岗工人聚居区。[⑥] 另一方

① Li Z, Wu F. Tenure-based residential segregation in post-reform Chinese cities: a case study of Shanghai [J]. Transactions of the Institute of British Geographers, 2008, 33(3): 404 –419.

② 中华人民共和国劳动与社会保障部,2002 年。

③ 吴克领:《社会转型与城市新型贫困的空间聚集化》,《学海》,2013 年第 4 期。

④ 唐钧:《当前中国城市贫困的形成与现状》,《中国党政干部论坛》2002 年第 6 期。

⑤ Liu Y, Wu F. The state, institutional transition and the creation of new urban poverty in China [J]. Social Policy & Administration, 2006, 40(2): 121 –137.

⑥ Wu F. The poverty of transition: From industrial district to poor neighbourhood in the city of Nanjing, China [J]. Urban Studies, 2007, 44(13): 2673 –2694.

面,改革开放后,中国城市化进程不断加快,城市的发展对劳动力数量产生了新的需求,限制城乡人口流动的户籍管理制度有所放松。因此,大量农村劳动力流入城市,成为外来务工人员。由于文化水平较低,外来务工人员以从事本地人不愿意从事的低端体力劳动为主。同时,由于城市住房福利和住房供应体系与户籍制度紧密相关,外来流动人口只能居住在城市边缘地区,形成以"城中村"现象为代表的外来人口聚集地。①

贫富差距的扩大、城市贫困群体的涌现、城市居住空间的分化和贫困的空间集聚成为中国城市发展中不容忽视的现象。

（三）中国的空间贫困问题

由于以下两方面的现实因素,中国城市的空间贫困现象亟须进一步的关注和探究：

一方面,空间贫困现象会对社会发展带来一系列不良影响。Lewis（1975）指出贫困空间固化直接带来社区衰退,首先是物质空间衰退、公共设施和服务水平低下,进而影响到就业水平、教育成就、犯罪骚乱和公共健康状况；②长远来看,贫困空间固化更会在家庭和社区中产生贫困文化,成为贫困再生产和代际延续的机制。③ 袁媛（2011）的研究表明居住空间分异导致社会资源的分配不公,不同阶层和群体间的社会空间由于地理空间结构的阻隔而逐渐固化,进而形成社会群体间的隔离和内卷化,放大了阶层之间的不平等状态,不利于城市及社会整体的和谐发展。④

另一方面,现有扶贫政策没有针对这一现象做出回应,无法消除空间贫困带来的不良影响。对现有中国城市扶贫政策的研究表明,当前的扶贫政策仍然属于传统的个体或家庭政策范畴,且以建立、完善收入保障体系向贫困和低收入者提供最低生活保障金、失业补助金、工伤保险金等经济援助手段为主,对于解决

① Zhang L, Zhao S X B, Tian J P. Self-help in housing and chengzhongcun in China's urbanization [J]. International Journal of Urban and Regional Research, 2003, 27(4): 912−937.

② Lewis O. Five families: Mexican case studies in the culture of poverty [M]. Basic Books, 1975.

③ Wilson W J. The truly disadvantaged: The inner city, the underclass, and public policy [M]. University of Chicago Press, 2012.

④ 袁媛:《社会空间重构背景下的贫困空间固化研究》,《现代城市研究》2011 年第 3 期。

贫困人口的效果有限。①

基于此,本文梳理、总结前人在该领域做出的探究,结合中国的城市空间贫困现象,借鉴前人研究的同时,探究前人在该领域研究的不足之处。

二、研究方法综述

前人的研究中,资料来源主要有四类:第一类,已有统计数据,包括人口普查数据、年鉴数据和各政府部门统计数据;第二类,二手资料,也即他人通过研究得到的资料;第三类,问卷调查获取资料;第四类,访谈获取资料。由于第一类数据能够提供的类别有限,第二类数据不能很好地满足研究者自身的研究需求,当前国内空间贫困领域的绝大多数学位论文研究中,研究者都会采用问卷调查法或访谈法搜集资料。

在该领域资料分析所采用的方法上,前人已经做过相关的梳理工作。本研究依据国内最新的研究成果(参见表1),在前人研究的基础上做了补充。相较于国外的研究(参见表2),当前国内在研究方法的应用上逐步趋向于完善。综合前人的研究方法可以看出,尽管学位论文中以访谈法为基础的定性研究已经较为普及,但目前该领域的研究中定量研究方法仍占据主导地位。并且从对研究方法的梳理中也可以得出与前文类似的结论,该领域的研究侧重于空间分布状态和关联性研究,政策性研究成为被忽视的部分。并且,倘若我们将空间的概念由地理空间扩展至社会空间,关注重心将转移至空间中的"人"和"事"。以定性为基础的资料搜集方法必然要被引入,资料分析方法也有待新的探索。

---

① 洪大用:《中国城市扶贫政策的缺陷及其改进方向分析》,《江苏社会科学》2003 年第 2 期。

表1　国内空间贫困主要研究方法和代表成果①

研究方法	代表作者
区位商分析	袁媛,陈果,李志刚
回归方程,主成分分析法	丁文广
GIS,空间模拟,人工神经网络	许月卿,曾永明,李双成
多元回归分析	李双成,许月卿,傅小锋
相关分析	宋伟轩,陈培阳,徐旳
因子分析	梁汉媚
聚类分析	林佳睿
FGT 指数法	何深静
空间计量模型	周圆圆
ARCGIS 空间叠加分析	张常桦
双临界值法,空间插值技术	王艳慧,钱乐毅,段福洲
GIS,概念模型方法	冯健,周一星
GIS,BP 神经网络模拟方法	王金凤

表2　国外空间贫困主要研究方法和代表成果②

研究方法	代表成果
GIS,描述统计分析,空间自相关分析	Romanee et al,2012
GIS,空间自相关分析,回归分析	Michael et al,2009
GIS,NTL 影像,主成分分析	Abdisalan et al,2008
OLS 回归分析	Eric et al,2000
模糊数学,小面积估算,SaTScan 软件	Silvestro et al,2010
M-quantile 模型	Nikos et al,2008
GIS,多元回归分析	Murayama et al,2011
生计资产分析框架,因子分析	Kristian,2013
随机效应模型,M-quantile 模型	Davino et al,2013
回归分析,GPS	Burke et al,2008

---

① 资料来源:依据现有文献整理所得。
② 资料来源:依据刘小鹏等《空间贫困研究及其对我国贫困地理研究的启示》的研究成果删改、整理所得。

三、研究内容综述

空间贫困理论即将空间的概念引入到贫困问题的研究中。20 世纪 50 年代，空间经济学（Spatial Economics）提出欠发达地区的经济发展与地理位置有关。之后，研究者不断拓宽视角，建立"新经济地理学"（New Economic Geography），重视研究贫困与地理环境的关系，成为空间贫困理论的雏形。20 世纪 60 至 70 年代，随着经济全球化、社会转型、气候变化等的影响，贫困问题逐渐复杂化，贫困问题研究也从单要素分析发展至以地域为基础研究方法（Area-based Approach）的综合贫困（Multiple Deprivation）研究，为贫困地理（Geography of Poverty）的发展做出了贡献。20 世纪 90 年代中期，世界银行开始关注全球贫困的空间分布和分异规律，通过对贫困空间聚集现象（Spatial Poverty Concentrations or Spatial Clustering）的研究指出地理资本（Geographic Capital）的缺乏或不足，形成了空间贫困陷阱（Spatial Poverty Traps）。[1] 此后，空间贫困被广泛应用于贫困问题的研究中。近年来，英国曼彻斯特大学"持续性贫困研究中心"（The Chronic Poverty Research Centre）重点研究空间贫困问题，并在 2005 年和 2009 年的报告中概述了"空间贫困陷阱"（SPT）的特征。[2] 2006 年，联合国粮农组织（FAO）利用地理信息系统（GIS）建立了一个地理空间框架，用以分析贫困与周围环境之间的关系。系列研究成果不断推进空间贫困领域的研究。

回顾国内外已有的与空间贫困相关的研究，可以发现当前研究的关注点主要包括：其一，贫困在空间上呈现了怎样的分布特征，现有的分布特征是如何演化而来；其二，空间贫困现象的形成机制是怎样的；其三，空间贫困现象具有哪些政策启示。

---

[1] Myrdal G, Sitohang P. Economic theory and under-developed regions [J]. 1957.

[2] Chronic Poverty Research Centre：The Chronic Poverty Report Escaping Poverty Traps. http://www. chronicpoverty. org. 2008.

（一）贫困的空间分布状态和特征

1. 国外的探究

城市贫困空间分布的研究最早可以追溯到芝加哥学派提出的城市内部空间结构的三种模式：伯吉斯提出的同心圆理论指出城市下层阶级的居住空间（包括低级破旧的住宅区、贫民窟和少数民族聚居区）紧邻中心商务区的过渡地带；霍伊特指出低级住宅区也可能迁入弃置的原高级住宅区，并在地域上形成扇形模式；哈里斯和乌尔曼指出低收入和贫困阶层可能围绕中心商业区、批发商业区、重工业或轻工业区形成多核心分布。后继学者在研究中不断修正和完善三种基本模式。研究表明，北美城市贫困空间大多在中心区内部、中心商务区的外围集聚。[①] Mann（1965）指出英国中等城市贫困低中收入阶层主要分布在城市外围边缘区。[②] Minot 和 Baulch（2005）研究发现越南的贫困发生率较高地区集中在北部山区，东南沿海发达地区最低。[③]

2. 国内的探究

中国在贫困空间分布领域的研究在 2000 年以后才集中展开。少部分研究关注贫困状态和贫困人群在全国的空间分布，指出全国不同地区的贫困空间聚集程度存在差异：李双成（2005）通过应用 GIS 和 ANN 技术，模拟贫困发生的空间格局，模拟结果表明中国区域自然贫困化空间分布格局具有明显的空间集聚特性，自然致贫指数较高的区域集中分布在西部地区，如青海、西藏、内蒙古、甘肃等省市自治区。西南喀斯特地区、中部的燕山、太行山、秦巴山地以及东部的浙闽山地也是自然致贫指数较高的区域。[④] 杜辉（2009）指出中国现有的贫困人口呈现出围绕于地理区域的"块状分布"格局。[⑤] 梁汉媚等（2011）根据中国各省城市贫困发生率，得出中国各省的城市贫困空间分异图。将中国城市贫困区划

① White M J. American neighborhoods and residential differentiation [M]. Russell Sage Foundation, 1988.

② Mann P H. An approach to urban sociology [M]. Taylor & Francis, 1998.

③ Minot N, Baulch B. Spatial patterns of poverty in Vietnam and their implications for policy [J]. Food Policy, 2005, 30(5): 461 –475.

④ 李双成、许月卿、傅小锋：《基于 GIS 和 ANN 的中国区域贫困化空间模拟分析》，《资源科学》2005 年第 4 期。

⑤ 杜辉、潘泽江：《扶贫开发工作中的区域协调：剖析与展望》，《财贸研究》2009 年第 5 期。

分为基本脱贫区、低度贫困区、中度贫困区、高度贫困区和剧烈贫困区五个区域。① 此外,绝大多数研究选取某一城市为研究对象,关注贫困在城市中的空间分布,并从历史发展的脉络,梳理了贫困空间分布的演变趋势。研究揭示了当前中国广泛存在着城市贫困聚集现象,但贫困聚集区空间上的分布形态存在差异。袁媛(2008)研究发现广州市内城区和外围局部地区存在综合贫困累积型分布的状况,呈现"圈层 + 局部放射"的综合贫困空间总体形态;②胡晓红(2010)的研究表明西安市城市贫困聚居区呈现出大杂居、小聚居的散点状空间分布特征。其中,本地化城市贫困聚居区与老城区、传统工业区等早期建设的居民小区具有很强的空间耦合性;异地化城市贫困人口多居住在城郊或城中村中;③王婧(2011)通过卫星遥感图像分析指出上海市在街道层面存在贫困集聚现象,贫困社区相对集中于市中心,散落分布在近郊。分布在苏州河两岸,铁路和轨道交通周边。上海的贫困社区在分布状态上以相对分散的小块区域为主。④ 并且,研究者还关注到城市贫困在不同住房类型、不同区域的分布状态存在差异。何深静(2010)基于 2007 年在中国 6 个大城市开展的大规模家庭调查的数据,研究发现老城衰退是贫困邻里中贫困集聚度最高的;在住房性质方面,租住公房、继承房和自建房的人群贫困集聚度最高。⑤ 总体来看,当前中国贫困的空间分布在不同的城市呈现不同的状态,多样化程度较高。

(二)空间贫困现象的形成机制

在对贫困的空间分布状态加以探究后,研究者普遍将关注重点延伸至空间贫困现象的形成机制。

1. 国外的探究

国外研究者从不同的视角对贫困空间的形成机制提出了不同的理论解释。最早起源于对社会种族隔离问题的研究和探讨,强调种族的居住隔离是导致贫

---

① 梁汉媚、方创琳:《中国城市贫困人口动态变化与空间分异特征探讨》,《经济地理》2011 年第 10 期。
② 袁媛、许学强:《广州市城市贫困空间分布, 演变和规划启示》,《城市规划学刊》2008 年第 4 期。
③ 胡晓红:《转型期西安市城市贫困空间分异研究》,陕西师范大学 2010 年。
④ 王婧:《全球化背景下的上海市贫困社区:空间分布与形成机制》,复旦大学 2011 年。
⑤ 何深静、刘玉亭、吴缚龙:《中国大城市低收入邻里及其居民的贫困集聚度和贫困决定因素》,《地理学报》2010 年。

困聚集最重要的因素。① 不同种族之间由于文化、信仰不同导致社会空间无法相互融合,进而在城市居住空间上表现成一种分异现象。种族隔离使得被隔离者处于不利的地位,难以提高收入,陷入贫困状态。此后,进一步演化为空间分异的文化心理机制,贫困群体亚文化的发展必然追求特定的空间占有方式。② 社会分层学说从社会排斥视角对这一现象给出了进一步的解读,研究者认为贫困群体受到社会排斥因素的影响,在居住空间上趋于流向城市资源较差的边缘地区,且形成聚集。③ 20 世纪 90 年代以来,伴随着全球化的进程相应产生的城市空间结构分异现象,诸如"碎城""双城""多极城市"等现象引发了诸多讨论和关注。研究者关注到资本主义社会经济的全球化带来的社会经济结构转型对全球城市空间结构的影响。④ 与此同时,欧洲国家和美国都普遍存在的公共住房政策对贫民区的影响也得到研究者的关注。⑤ 公共住房供给制度在应对贫困人口住房问题的同时,也带来了贫困人口的集中居住。经过长时间的发展,国外对于贫困空间形成机制的阐释已经遍布文化、社会、经济、政治等多个视角。

2. 国内的探究

国内对于空间贫困现象的形成机制的分析可以概述为以下三部分:其一,历史因素,即城市社会空间结构具有历史继承性,城市发展历程带来贫困空间的发展格局。袁媛(2008)指出社会空间结构和居住空间分异与历史遗存有紧密联系,例如广州城市至清朝和民国时期,已经形成相对稳定的社会空间结构,即"西富——东贵"区与平民区相间布局。⑥ 陈果等(2004)⑦在南京展开的城市贫困空

---

① Massey D. American Apartheid: Housing Segregation and Persistent Urban Poverty [J]. Department of Sociology, University of Chicago (Internet paper), 1994.

② Lewis O. The culture of poverty [J]. Poor Americans: How the white poor live, 1971: 20 – 26.

③ Lee P, Murie A. Spatial and social divisions within British cities: beyond residualisation [J]. Housing Studies, 1999, 14(5): 625 – 640.

④ Musterd S, Priemus H, Van Kempen R. Towards undivided cities: The potential of economic revitalisation and housing redifferentiation [J]. Housing Studies, 1999, 14(5): 573 – 584.

⑤ Andersen H S. Urban sores: on the interaction between segregation, urban decay, and deprived neighbourhoods [M]. Aldershot: Ashgate, 2003.

⑥ 袁媛、许学强:《转型时期中国城市贫困地理的实证研究——以广州市为例》,《地理科学》2008 年第 4 期。

⑦ 陈果、顾朝林、吴缚龙:《南京城市贫困空间调查与分析》,《地理科学》2004 年第 5 期。

间的调查和胡晓红（2010）①对西安贫困空间变迁过程的研究都提供了一致的研究结论。其二，市场因素，也可称之为社会经济因素。即由计划经济向市场经济转型带来的社会经济转型及其产生的一系列影响。包括产业结构转型带来社会结构两极化，从而导致社会收入差距拉大，推进城市居住空间分化；②社会阶层分化、城市贫困阶层的形成导致的个体择居差异；③市场机制作用下房地产商基于利益最大化考虑选择开发的地段、位置直接影响城市的居住空间分异。④ 其三，制度因素，例如现有的住房福利制度、户籍制度、城市规划对城市贫困空间形成造成的影响。现有的制度针对不同的群体实施不同的住房供应政策，强化了城市居住空间的分异。⑤ 户籍制度限制了外来人口的居住选择，外来人口在无法获得福利住房的基础下，趋向于选择居住成本低的区域居住，形成诸如"安徽村""河南村"等以籍贯相同的地缘和职业相近的业缘为特征的社区。⑥ 骆玲（2012）提出政府在制定城市总体规划中，一般以功能分区为导向，不同职业的城市居民居住地域分异的规模和程度受到功能分区的强化，形成某一类型职业的人群聚居的现象。当某种行业衰退或某种职业受到冲击，贫困人口就容易在特定地域集聚。⑦ 并且，政府在解决贫困和低收入群体住房问题时，往往会加剧贫困空间集中分布，例如现行的经济适用房、公租房和廉租房制度人为催生贫困人口聚集。且有研究者指出历史和制度因素对中国城市贫困空间结构作用的长度和强度都大于市场因素，尤以制度因素的影响占据主导地位。⑧

（三）空间贫困现象的政策启示

空间贫困研究的主要目标在于提供"看得见的政策建议"。经过十多年的发

---

① 胡晓红：《转型期西安市城市贫困空间分异研究》，陕西师范大学 2010 年。
② 吴启焰、张京祥、朱喜钢：《现代中国城市居住空间分异机制的理论研究》，《人文地理》2002 年第3 期。
③ 陈云：《居住空间分异：结构动力与文化动力的双重推进》，《武汉大学学报：哲学社会科学版》2008 年第 5 期。
④ 林佳睿：《城市居住空间分异机理研究》，哈尔滨工业大学 2013 年。
⑤ 王婧：《全球化背景下的上海市贫困社区：空间分布与形成机制》，复旦大学 2011 年。
⑥ 陈燕：《中外大中城市居住空间分异的动因比较分析》，《现代城市研究》2009 年第 12 期。
⑦ 骆玲：《武汉市贫困人口空间分布及其形成机制》，华中师范大学 2012 年。
⑧ Wu F. The poverty of transition：From industrial district to poor neighbourhood in the city of Nanjing, China [J]. Urban Studies, 2007, 44(13)：2673 – 2694.

展,这一目标已经基本达到,贫困空间分析已经成为欧美发达国家和相关国际组织制订反贫困政策的重要依据,是贫困政策制定的重要组成部分。[1]

1. 国外的探究

影响国外研究者在空间贫困政策启示方面的探究主要可分为两部分:一是评价已有的扶贫政策的效果和问题。Crandal(2004)通过研究表明地域性目标政策能提高反贫困政策的效率,且减贫具有地理上的溢出效应,即在一个地区的减贫可邻地带;[2]二是依据空间贫困的研究结果,提出政策建议。Baker(贝克尔)& Grosh(格罗施)(1994)指出地区地理位置对于贫困和不平等的影响将会由于交通与通信状况的改善而减小,主张加强贫困地区的基础设施建设。[3] Berube(伯路毕)(2005)提出不同收入阶层混合居住的理念,美国公共住房政策的"搬向机会""希望六"计划中的分散贫困聚居的实验都是基于此展开;[4]英国根据贫困地域的特点制定了反贫困的地域政策。[5]

2. 国内的探究

国内在进行贫困空间的研究时,也会相应给出政策建议。大体可分为两类:一是从扶贫角度出发给出对策建议;二是关于空间布局调整的政策措施。前者的对策建议主要集中在宏观层面,包括缩小收入差距、改善就业状况、完善贫困救助体系、调整住房政策等;后者主要着眼于空间贫困现象对城市规划的启示、倡导"大混居、小聚居"的居住模式、提出借鉴英国反贫困的地域政策。但研究在政策建议方面并未展开深入、细致的讨论。在研究者所提出的对策建议中,具备可行性的更是极少,吕露光(2004)指出混居模式不符合市场效益的原则,为城市

---

① 陈全功、程蹊:《空间贫困及其政策含义》,《贵州社会科学》2010 年第 8 期。

② Crandall M S, Weber B A. Local social and economic conditions, spatial concentrations of poverty, and poverty dynamics [J]. American Journal of Agricultural Economics, 2004, 86(5): 1276 – 1281.

③ Baker J L, Grosh M E. Measuring the effects of geographic targeting on poverty reduction [M]. World Bank Publications, 1994.

④ Berube A. Mixed communities in England: A US perspective on evidence and policy prospects [M]. Joseph Rowntree Foundation, 2005.

⑤ Lupton R, Turok I. Anti-poverty policies in Britain: Area-based and people-based approaches [M]. Schader Stiftung, 2004.

公共设施的提供带来困难;忽视不同阶层居民混居后的心理感受及其社会后果。① 并且,国内这两类针对空间贫困的对策建议处于相互分割状态,扶贫建议忽视了空间视角的意义;后者从纯粹的空间视角出发,将问题简单化为贫困人口搬离或是实现与富人的混合居住。

(四)小结:国内城市空间贫困研究现状

尽管有研究者指出对于空间贫困的研究在整个贫困研究谱系中应当说处在了一种国外研究刚刚萌芽而国内研究甚少的阶段。② 但在当前国内为数不多的研究中,研究内容较为集中,大致可分为上述三类,且三类研究的完善程度存在差异。

从研究内容来看,当前中国城市贫困空间分布领域的研究已经较为完善。研究对象涉及上海、北京、广州、南京、合肥、成都、西安、济南、大连、保定、青岛、乌鲁木齐等多个大中城市,对于城市内部贫困的分布形态与特征,已有了非常详尽的分析;对于空间贫困形成机制的探究也形成了初步的体系,尽管城市空间贫困形成的具体原因是多样化的,但都隶属于历史、市场和制度这三个基本要素;相较于前两者,国内目前在贫困空间领域的研究中,对策建议部分的研究成果相对匮乏。即便是该领域的屈指可数的专著也同样存在这个问题:"本书唯一不足之处是在政策方面着墨不多。虽然本书提供的研究成果,例如贫困人口的空间行为模式与一般市民之间的差别。对于改善贫困人口的就业,以及如何丰富贫困人口的生活内涵,有着明显的政策意义,但是,很可惜,作者并没就此作深入讨论"③(李思明,2006)。并且,相较于国外,从空间贫困视角出发对我国现有城市扶贫政策的评估基本处于空缺状态。

---

① 吕露光:《城市居住空间分异及贫困人口分布状况研究——以合肥市为例》,《城市规划》,2004 年第 6 期。

② 郭劲光:《我国扶贫治理的空间视野及其与减灾防治的链接》,《农业经济问题》2013 年第 7 期。

③ 李思明:《转型期中国城市贫困的社会空间》,《地理学报》2006 年第 3 期。

四、结论与反思

本文旨在学习、借鉴、总结前人研究成果的基础上,明确当前该领域的研究现状和国内研究的不足之处,从而对该领域的研究起到一点推进作用。纵观国内当前在空间贫困领域的研究,可以发现对于该现象的定位、描述、原因分析已有了较为完善的研究,但空间贫困视角对于当前我国城市扶贫政策的启示意义仍有待进一步的探索。当前的不足之处可能源于:其一,前人对于空间的定义局限于地理空间,因此相应的对策建议也仅限于地理意义上的空间格局转变;其二,"空间"与"贫困"这两个核心概念在政策启示研究中的结合度不高,由此对空间贫困现象的研究与对策建议处于脱离状态;其三,前人在提出对策建议前,缺乏对现有扶贫政策的梳理和评估,从而导致对策建议的可行性和针对性较弱。空间贫困现象的政策启示意义应当成为今后的研究重点。

Review of the research on "spatial poverty"

Yuan Jing

Abstract: This paper summarizes the research achievements in the field of spatial poverty, covering the background and significance, research ideas, methods and contents. In the development of Chinese urban area, the differentiation of urban residential space and the spatial agglomeration of poverty has become a phenomenon which can not be ignored. These phenomenon brings a series of adverse effects, and the existing poverty alleviation policy can not eliminate the adverse effects. Therefore, the spatial poverty of urban area in China needs further attention and research. The existing statistical data and second-hand information can not meet the needs of researchers, who use questionnaires or interviews to supplement information. At the same time, quantitative research are still dominant in this area. The contents of the current research include: the characteristics of spatial distribution of poverty, the formation mechanism and the policy implications of the spatial poverty. Study on the spatial distribution of poverty has been relatively perfect, the formation mechanism also formed a preliminary system, but the policy implications is lack of research. The reason may be limited definition for "spatial" in research, the relatively less combination of "space" and "poverty", also the lack of review and evaluation of existing poverty alleviation policy. The policy implications of spatial poverty should be the focus of future research.

Keywords: spatial poverty; urban poverty; poverty alleviation

参与式协商：
老旧小区治理主体之间的互动与博弈

袁振龙

摘　要　在回顾国内关于老旧小区治理文献与治理经验的基础上，提出了"老旧小区治理主体之间的互动与博弈"的研究课题。在分析北京市西城区某老旧小区治理案例的基础上，分析了老旧小区不同治理主体面对老旧小区治理困境的策略选择，探讨了不同治理主体如何通过策略的选择来影响他人的行动，最终达成老旧小区的共治目标。

关键词　参与式协商；老旧小区；治理主体；互动与博弈

作　者　袁振龙，北京市社会科学院综治研究所所长、研究员。

随着改革开放的深入推进，我国城市化进程也在快速推进，城市的数量不断增多，城市的规模也在不断扩大。各大中小城市在不断成长的同时，或多或少地面临着老旧小区治理的难题。特别是随着单位制改革和住房制度的改革，越来越多的单位从原来的单位办社会状况中退出来，逐步将原来承担的单位物业服务功能交还给市场或社会。由于种种原因，城市中的很多老旧小区的设施逐步老化，而物业责任主体不明或缺失，维护资金不足，更新维护不力，居住环境逐步恶化，成为城市社区治理的一大难题。破解城市老旧小区治理的问题，成为各基层街道社区面临的一项艰巨任务。

一、老旧小区治理的研究综述

小区由"新建"变为"老旧",是一个客观的规律,国内外所有城市都面临着这种状况。但本文所指的"老旧小区"问题与国外又有所不同,主要表现在:一是土地制度的不同,中国城市的老旧小区均建设在国有土地上;二是住房政策的不同,20 世纪 90 年代中期,中国经历了一场影响深远的住房制度改革,原来由单位后勤部门建设管理维护的小区逐渐被"脱管""失管"或"弃管",老旧小区的问题由此产生;等等。因此,中国的"老旧小区"有一定的特殊含义,特指 20 世纪 90 年代以前由国有企事业单位建设并管理,由于住房制度改革等原因逐渐被"脱管""弃管"等导致管理不力或无人管理的小区。[①] 由于上述各种不同因素的存在,使得中国老旧小区的治理成为当前一个日益突出的社会问题,成为政府、社会及学术界共同关注的对象。目前国内学术界关于老旧小区治理的研究主要集中在两个方面。

一是关于老旧小区治理的案例和内容研究。吴玥等主要从规划设计的专业视角研究了沈阳市铁西区工人村的更新改造案例。[②] 孙其昂等对南京市 X 老旧小区进行了研究,指出老旧小区存在诸如基础设施配套不全、小区管理无序、居民参与度低和人际信任缺失等问题。[③] 余建军对 2009 年以来杭州市老旧小区的新型物业管理模式进行了研究,文章指出,虽然经过小区平改坡、旧小区整治和庭院改善后小区的环境有了较大改善,但收费依然是个难题,因此杭州市探索形成了"社区化准物业管理"的模式。[④] 刘承水等认为老旧小区管理存在硬件先天

---

① 孙其昂、毕娟:《城市老旧小区的和谐社区构建——以南京市 X 小区为例》,《南京工业大学学报(社会科学版)》2010 年第 1 期;张智敏:《老旧小区治理的资金筹集与运行管理研究》,广西大学硕士论文 2013 年。

② 吴玥、石铁矛:《旧工业居住区的更新改造实践:沈阳市铁西区工人村更新改造设计》,《现代城市研究》2009 年第 11 期。

③ 孙其昂、毕娟:《城市老旧小区的和谐社区构建——以南京市 X 小区为例》,《南京工业大学学报(社会科学版)》2010 年第 1 期。

④ 余建军:《杭州市老旧小区新型物业管理模式的研究分析》,《现代物业·新建设》2012 年第 4 期。

不足，后天缺乏养护，产权形式复杂多样，发案率逐年上升，业主缺乏物业管理消费意愿，相关法律法规不健全，人际信任缺失等问题，认为老旧小区管理"政出多门"，物业服务标准难以统一，居民参与程度低，老旧小区收费难等导致老旧小区治理难。① 张智敏讨论了老旧小区治理资金的筹集与运营管理等问题。② 蔡淑频、王彬武等人指出，沈阳市老旧小区改造的模式主要有维护保留、修缮改造、功能重塑和拆迁重建，其中"修缮改造"是实践中应用最多的一种模式。③ 曾伟则对安徽省马鞍山市老旧小区的物业管理进行了调查，该文认为，老旧小区与商品房小区存在基础设施条件、房屋产权、资金来源和住户的收入水平与消费观点等不同点。④ 陈艳青以内蒙古呼和浩特市某小区为例讨论了老旧小区准物业管理的探索。⑤ 王小星等总结了江苏省如皋市 2013 年以来的政府主导下的老旧小区改造与服务工作。⑥ 高明鸣分析了广东省中山市老旧小区面临的物业管理困境与成因，并提出了一系列对策。⑦ 王彬武也指出，各地老旧小区有机更新涉及的内容主要有四个方面：一是小区环境综合整治；二是配套基础设施改造；三是房屋修缮与节能改造；四是老旧小区建筑抗震加固、加装电梯和无障碍坡道改造。⑧

二是关于老旧小区的宏观研究。有研究者分别从老旧小区的产权结构和有机更新的政策法规进行了梳理。吴高臣指出，城镇住房制度改革使得老旧小区的产权形式多样化，形成了专有权和共有权分离的复杂产权结构，专有权和共有权分离的不正常状态导致老旧小区管理权难以行使。⑨ 王彬武分别对国家层面、部门规章、地方法规和相关文件规定、其他国家和地区老旧小区有机更新相关法

① 刘承水、刘玲玲、史兵、冀文彦：《老旧小区管理的现存问题及其解决途径》，《城市问题》2012 年第 9 期。

② 张智敏：《老旧小区治理的资金筹集与运行管理研究》，广西大学硕士论文 2013 年。

③ 蔡淑频、周兴文、马阗：《城市老旧小区改造的模式与对策：以沈阳市为例》，《沈阳大学学报（社会科学版）》2014 年第 6 期。

④ 曾伟：《马鞍山市老旧小区物业管理调查报告》，《黑河学刊》2014 年第 4 期。

⑤ 陈艳青：《城市老旧小区准物业管理实践研究》，内蒙古大学硕士论文 2015 年。

⑥ 王小星、章海霞：《老旧小区如何焕发新生：江苏省如皋市主城区老旧小区改造案例》，《现代物业·新建设》2015 年第 3 期。

⑦ 高明鸣：《老旧小区物业管理困境与对策研究》，《经济研究参考》2015 年第 37 期。

⑧ 王彬武：《老旧小区有机更新的政策法规研究》，《中国房地产》2016 年第 9 期。

⑨ 吴高臣：《老旧小区产权结构研究》，《中国房地产（学术版）》2013 年第 11 期。

律法规体系进行了评述,探讨了我国老旧小区有机更新法律法规体系现状及存在的问题,如缺乏高层次、专项独立的法律法规,地方立法层次低、差异性大,适用范围受限,国家和地方法规均存在过于原则、缺乏可操作性等问题。[①]

综上所述,我们可以看出,尽管近些年来学术界对老旧小区改造进行了较多的研究,内容涉及规划设计、更新改造、治理资金、改造模式、产权结构、法律法规等,研究的视角有城市规划、公共管理、物业管理、工程技术、法学等视角,但从社会学角度对老旧小区治理特别是不同治理主体的策略与行为选择的研究相对较少,因此,本文拟根据北京某老旧小区的治理做法做一些探索性研究。

二、北京市西城区某老旧小区治理参与式协商的做法

在具体分析老旧小区不同治理主体的策略与行为选择之前,我们先对北京市西城区某老旧小区参与式协商的做法进行一个简要的概述。

本文要研究的对象是位于北京市西城区陶然亭街道的一个老旧小区,我们称之为 A 小区。陶然亭街道是位于北京市西城区南部的一个街道,知名的陶然亭公园就坐落在该街道辖区内。A 小区是建设于 20 世纪 80 年代的一个独立小院,现有住户 113 户,居住人口 300 余人。从 2013 年起,A 小区的居民就不断向街道反映院内环境“脏、乱、差”的问题。经过街道的调查了解,得知小区居民对物业服务很不满意,已经多年没有交过物业费,而物业公司由于原单位不再支持、居民不交物业费也难以为继,更难以承受小区的综合改造费用。针对这一困境,陶然亭街道办事处既没有推诿,也没有大包大揽,而是通过不断地与物业公司、居民、社区居委会沟通,让这些主体参与到小区治理工作中来,不断地进行协商,最终达成这样的解决方案,形成了“九步”协商治理模式:

(1)物业公司作为小区综合改造的主体站出来,街道为物业公司综合改造资助部分款项,前提是物业公司必须主动出面与居民商量,保证综合改造效果让居

---

① 王彬武:《老旧小区有机更新的政策法规研究》,《中国房地产》2016 年第 9 期。

民满意,同时改善物业服务,今后的物业服务必须到位。

(2)物业公司出面与居民协商,答应居民,由物业公司对10号楼进行综合改造,但前提是改造满意后居民必须按时缴纳物业费,主动维护小区环境。

(3)街道指导社区出面,定期组织物业公司、居民代表进行协商,并监督双方兑现承诺。

(4)在有效动员多方、得到各方认可的情况下,街道给物业公司投入部分资金,最终促成了老旧小区综合改造工程的实施。

(5)由物业公司牵头制定的综合整治方案出来后,街道办事处、社区通过网格议事,广泛听取并吸纳居民意见对综合整治方案进行调整完善。整治过程中吸引居民全程参与监督。居民提出,将机动车停车收费管理改为居民自治免费使用,甬道铺设的彩砖改用透水砖以更加防滑,自行车棚顶的彩钢板(刮风下雨时噪声大)改为树脂瓦等。居民们提出的这些意见都得到了很好的吸纳,居民的需求与意愿得到了较好地满足。

(6)综合整治完成后,经过一番整修,小区的内外墙粉刷一新,安装了楼宇对讲机、自行车棚得到翻新并增设了电动门、信报箱移到了楼外醒目位置、残疾人坡道得到重新修缮,时隔20年后小区"旧貌"换了"新颜"。小区综合改造的效果立竿见影,2013年小区物业缴纳率达到92%。

(7)好景不长,整治完成后,物业公司与居民的"蜜月期"没有过多久,两者之间的矛盾又开始"故态复萌"。鉴于居民的意见建议比较分散,诉求渠道不畅通的情况,在社区两委的主导下,组织全楼居民公推出6位居民代表,组织成立楼管会。由楼管会收集居民的意见建议,定期向物业公司反馈,从而架起了居民与物业公司之间的沟通桥梁。

(8)楼管会还组织居民对物业公司服务进行评价,并将评价结果定期反馈给物业公司。如果评价结果不理想或很差,物业公司就必须及时整改,及时回应居民的诉求。楼管会还承担起楼宇日常值守、环境卫生和楼内设施维护等职责。根据物业公司的提议,在广泛征求和听取居民意见建议基础上,楼管会把希望居民配合遵守的事项制定成《居民公约》,引导居民强化公共意识,履行居民的义务和责任,规范居民的自身行为。从而在物业公司与居民之间达成了一种动态的制衡。

(9)小区环境改善后,居民又提出了"老年人就餐、就医、生活服务"等方面的软性服务需求。街道通过整合多方资源,探索了楼宇互助家庭养老模式。利用小区居民无偿提供的自家房屋和租赁的房屋,建立了"楼宇俱乐部",成立了就餐、就医、生活照料三个互助服务小组,整合单位、居民的资源,开办了老年餐桌,开展免费理发、免费就医等服务,开展制作手工、读报等活动,引进社会组织建立了楼宇"保姆"服务队,由社区工作者、志愿者定期上门服务,基本满足了小区老年人的各种日常生活需求。

三、对 A 老旧小区不同治理主体行为的观察与思考

在从计划经济向市场经济转型的过程中,我国住房制度的改革带来了许多的改变,其中的很多转变对老旧小区原来所属的产权单位、原有的物业公司、居民、街道办事处、社区居委会等不同主体来说,都有一个从不接受到接受、从观望到介入、从抱怨到主动适应的过程,不同的主体都在不断地调整自己的行为,在不断地反思和重新定位自己的责任和义务。从现有的情况看,中国大地,从南到北,从东到西,普遍存在着共同的老旧小区治理难的问题。因此,北京市西城区 A 小区的治理案例,为我们鲜活地展现了不同治理主体在老旧小区治理中如何通过不同的策略选择与不断博弈,最终达成老旧小区共治的目标。

(一) A 小区治理主体的"隐身"与治理困境的形成

一般而言,社会治理是众多主体共同对公共事务进行协商治理的过程。老旧小区涉及众多居民群众的生活,其管理是比较典型的公共事务,但在当前的社会背景下,老旧小区普遍存在一定的"公地悲剧"。随着单位制的改革,有的单位逐渐把老旧小区治理责任归还给居民或物业公司,有的单位在改革开放过程中几经改革产权结构发生了很多变化,不愿再对老旧小区承担服务管理的责任,有的单位在改革开放的竞争环境中已经"消失",老旧小区被"弃管"或"失管"的情况越来越普遍。而老旧小区的居民,一般是原单位的退休职工、下岗职工,原有

职工的家属，房屋上市交易过户后入住的新业主和租房居住的城市新市民等，这些居民如退休职工、下岗职工等有一定的时间精力，但经济条件较差，也没有交纳物业费的习惯；有的如新业主可能经济条件较好，但在小区治理中缺乏参与机会和发言权，有的如租房的新市民对小区缺乏归属感不愿意承担公共治理的责任和义务，对小区治理并不关心或参与较少。有的虽然还保留有一定的物业机构，但由于失去原有单位的经费支持，加上物业服务的不专业，难以得到居民的支持和认可，物业服务收费十分艰难，基本上处于难以为继的状态，A小区的物业公司就属于这种情况。有的老旧小区根本就没有物业机构，有的虽然尝试引进专业的物业机构，但结果基本上以失败退出而告终。老旧小区所在的社区居委会和社区服务站虽然也在努力地为老旧小区提供一定的服务，但由于服务管理范围的扩大和自身资源的限制，难以对老旧小区的治理特别是环境的综合整治发挥更大的作用。由于老旧小区的治理主体纷纷"隐身"，导致老旧小区的治理主体严重"缺失"，老旧小区面临着突出的治理困境。

（二）A小区治理主体的重新"归位"与治理结构的重造

2013年，A小区所在的街道办事处经常收到小区居民关于所在老旧小区居住环境差的投诉。居民迫切希望改变小区居住环境的强烈需求成为街道办事处介入老旧小区治理的一股动力。但国内众多老旧小区治理失败的经验教训提醒街道办事处，不能再按传统的治理思路，拿出一笔钱整治一下老旧小区的居住环境，过几年老旧小区重新陷入治理困境。因此，街道办事处选择了开展调查研究，发现A小区尽管有物业公司，但由于居民长期不交纳物业费，物业公司根本拿不出钱来进行环境整治。很显然，如果不解决物业公司与居民之间的一系列问题，仅仅整治一下环境对A小区来说是无济于事的。但如果物业公司不出面整治环境，希望改善物业公司与居民关系的意愿也是空想。因此，街道办事处提出，街道办事处可以为物业公司开展综合整治提供一定的经费支持，但物业公司必须主动与居民沟通，承诺主动整治小区环境并改善物业服务，希望居民满意后能够按时交纳物业费。

同时，老旧小区的另两个重要治理主体：社区党委和社区居委会也在街道指导下出面了。社区经常召集物业公司和居民群众座谈，听取双方的意见建议和诉求，指导双方形成关于整治小区环境的方案,并监督双方认真落实执行。后来,社区还组织全楼 113 户居民推举了 6 位居民代表组成楼管会,代表居民与物业公司、社区等进行沟通协商。为物业公司与居民搭建了一个高效便捷的沟通协商平台。借助居民迫切希望改善居住环境的契机,经过街道办事处的努力和指导,A 小区的物业公司、所在的社区党组织和社区居委会、楼管会、居民等老旧小区的治理主体纷纷"归位",为老旧小区治理探索形成了一个较为稳定的治理结构。

(三) A 小区治理状况的初步改变与治理主体的持续互动

老旧小区的治理不是一劳永逸的事情,而是一个持续不断的互动过程。A 小区的环境综合整治取得了皆大欢喜的阶段性成果:(1)街道办事处及时回应了居民投诉,"服务居民"的职能得到了较好的履行,街道办事处作为区政府派出机构的"政府责任"得到了彰显,不断增加和改善各项社区服务的供给,一定程度上增进了居民对街道工委办事处的认可和信任;(2)居民改善环境的愿望得到了满足实现,居民参与维护小区环境的积极性得到了鼓励,居民的参与意识、监督意识、责任意识都得到一定程度的强化。后来,居民还在社区指导下选举产生了楼管会这个小区的群众自治组织,为物业公司与居民的沟通协商创造了一个平台;(3)物业公司通过推动小区环境综合整治极大地改善了自身在居民心目中的形象,拉近了与居民的距离,与居民形成了很多共识,重新取得了居民的信任,具体表现为小区改造的 2013 年物业费的收取率高达 92%,特别是后来物业公司也把自己对居民的要求通过楼管会等组织变成了《居民公约》,形成了对居民的他律,唤起了居民的责任意识;(4)社区党组织和居民委员会在其中很好地扮演了召集者、协调者、组织者、监督者等角色,在街道办事处的指导下积极推动物业公司与居民的沟通与协商。后来,社区又指导居民选举产生楼管会,指导居民制定了《居民公约》,明确了居民在小区治理中的责任与义务,组织楼管会对物业公司的服务进行监督,同时对居民履行《居民公约》的情况进行监督,及时教育引导居民爱惜小区的改变,共同维护好小区的环境。

一切看起来都那么美好,A 小区的治理是不是就从此走上了一条顺畅的道路呢?事实上,小区的环境综合整治只是 A 小区治理的一个序曲,后来楼管会的成立和《居民公约》的制定是 A 小区治理的阶段性高潮。期间,伴随着街道办事处、社区居委会、物业公司与社区居民等的持续互动和不断博弈。不同治理主体通过不断的互动与博弈，不停地试探着对方的态度与底线，同时重新思考和定位自己在老旧小区治理中的权利、责任与义务。不同治理主体之间每一次的互动与博弈，既影响着其他治理主体的下一步行动，也形塑着老旧小区的治理格局。

街道办事处在老旧小区治理的作用和角色尤其值得关注。街道办事处作为区人民政府的派出机构，代表区人民政府对辖区公共事务进行统筹管理，负责街道辖区内的地区性、群众性、公益性、社会性等工作。当 A 小区居民将小区环境差的问题反映到街道办事处时，街道办事处可以有不同的选择：第一种选择是对居民的呼声置之不理或进行推诿，能推就推，能拖就拖，反正小区的产权单位另有其人，还有物业公司，只要居民不出现群体访或越级访，居民的简单反映完全不对街道办事处领导构成压力，这是当下不少地方政府常用的方法之一，也是一些政府部门"懒政"的表现之一；第二种选择是街道办事处选择直接回应，比如街道办事处直接出资对 A 小区环境进行综合整治，这种方式决策果断，雷厉风行，立竿见影，小区的环境立马可以变好。这也是当前很多地方政府或派出机构正在做或已经做的事情。但这样做的弊端也很明显，由于是政府派出机构在"单打独斗"，物业公司完全被晾在一边，以后物业公司也难以再参与进来，居民也会认为，老旧小区环境整治是街道办事处的事情，自己既不能参与决策，也不用参与，更不用付出，而且坐享其成，反正街道办事处有钱，有问题再找街道办事处好了。这样做的后果大多是老旧小区的环境暂时改善了，但老旧小区的治理格局依旧，过几年相同的"剧目"可能继续上演。第三种选择是站在组织者、指导者、引导者、规划者的位置，对老旧小区问题进行深入调查，找出老旧小区治理困境的成因，综合运用自身的影响力和资源，努力消除影响和制约各治理主体参与老旧小区治理的障碍，为相关治理主体搭建参与、沟通、协商的平台，推动各治理主体从"隐身"到"归位"，从而逐步完善老旧小区的治理格局。本文分析的案例采取了第三种策略，所以，才有了上述系列做法和不同治理主体之间的不断互动。

物业公司也是 A 小区的重要治理主体。作为从原单位后勤服务部门变换而来的小型物业公司，一旦真的踏进市场经济的"海洋"中接受市场的选择，他们很快就发现，A 小区的居民一方面习惯了原来单位包办的物业服务，还希望有人继续为老旧小区的物业服务买单;另一方面,居民对物业公司的物业服务并不太买账,大多数居民以不交纳物业费的方式对他们的服务说"不"。对居民们的物业消费习惯和"不交物业费"的方式,物业公司真是有苦说不出,本来小区的规模就小,居民户数有限,物业服务收费标准也很低,再有部分居民不交物业费,物业公司经营的困境可想而知,他们只能苦苦维持,提供的物业服务勉强能够维持小区的正常运行。当街道办事处接到居民反映小区环境差的投诉后,他们只能向街道办事处吐着自己的"苦水"。物业公司吐"苦水"的策略发生了立竿见影的作用,因为街道办事处爽快地答应了可以帮助 A 小区出资开展小区环境综合整治。但街道办事处也深知,要让 A 小区真的实现有序治理,物业公司的物业服务必须加以改善。让物业公司出面组织实施小区环境综合整治工作,就是一个重塑物业公司形象、重建居民对物业公司信任的一个机会,因此,街道办事处也不失时机地对物业公司提出了两个关键要求:一是物业公司出面组织实施小区环境综合整治;二是物业公司必须改进物业服务,努力让居民满意。处在苦苦挣扎中的物业公司二话没说就答应了街道办事处提出的这两个要求。在之后的小区环境综合整治方案制定过程中,物业公司主动与社区合作,广泛听取并吸收居民提出的合理建议,对原来的综合整治方案进行了较大幅度的修改,居民的意见和意愿得到了较好的尊重。之后,物业公司也适时地提出了改善与居民沟通渠道及居民自律的要求,社区也积极指导组建了楼管会这个居民自治组织,制定了《居民公约》,为今后参与小区治理协商搭建了沟通平台,制定了有利于物业公司和居民良性互动的治理规则。从 A 小区后期物业公司的表现及居民的反馈看,街道办事处的处置策略收到了初步的预期效果,物业公司的积极性得到了保护,物业服务也有明显的改善。

居民无疑是 A 小区治理中的最重要主体,正如前文所述,A 小区治理格局的改变,正是来源于居民对老旧小区环境的不满意和持续的呼吁,终于引起了街道办事处领导的重视和街道办事处的介入。可以说,正是居民自己对老旧小区治理现状的不满意,引发了老旧小区治理格局的一场变革。但是,如果街道办事处或其他主体在老旧小区治理过程中忽视了居民这个最重要主体的意见和要求,居民不能参与到小区环境综合整治的决策过程中来,居民被尊重的感受就不会形成，居民参与小区治理的积极性也不会提升，居民交纳物业费的义务也难以落实。在这个不断互动的过程中，居民应物业公司的要求，在社区党委和居委会的指导下，选举产生了楼管会这个群众自治组织，创造了居民与物业公司沟通的新渠道，制定了《居民公约》这个自治章程，对居民自身的权利与义务进行了重新思考，经过反复讨论形成了可贵的共识，这是一个十分重大的进步。现在，居民有了问题可以向楼管会成员反映，楼管会定期将居民意见建议反馈给物业公司，物业公司负责整改。楼管会代表居民定期对物业公司的服务进行评价，评价结果作为物业公司对员工工作质量评价的依据，直接推动了物业公司服务质量的提升。有了《居民公约》，居民们对小区治理进行了重新的认识，对自己在小区治理中的权利与义务进行了重新定位，不少居民主动地参与到维护小区环境的公益行动中来，特别是通过参与小区环境综合整治，大多数居民接受了"交纳物业费"这个观念……这一系列的重大改变，为Ａ小区后续的治理奠定了良好的基础。居民的参与、配合和改变，也得到了更多的鼓励和回报，这体现在后来居民提出的其他服务需求，在街道办事处、社区、物业公司和居民们的共同努力下，小区的各项便民服务也得到了明显的补充和完善。

社区党委和社区居委会作为Ａ小区所在的社区重要组织，在Ａ小区的治理中也扮演了十分重要的角色。尽管现在社区服务的范围大大地超过了Ａ小区，但Ａ小区作为其服务范围内的一个老旧小区，无疑是社区关注和服务的一个重点。实际上，Ａ小区居民对小区环境的抱怨最初也是通过社区党组织和居委会向街道工委、办事处反映的。社区党委和居委会收集到居民的反映时，一般采取的策略是社区能够协调解决的，社区负责协调解决。但涉及Ａ小区环境综合整治这样经费需求量较大的事项，社区自身资源有限，就只能向街道办事处汇报。在后来的小区治理中，社区党委和社区居委会在街道办事处的指导下，也很好地扮演了物业公司与居民之间沟通平台的角色。比如，正是社区党委和社区居委会组织居民对物业公司提出的小区环境综合整治方案进行讨论，并力主物业公司将居民们提出的合理化建议和要求纳入小区环境整治方案，帮助居民们很好地实现了决策参与和执行监督，同时实现了居民们的知情权，也调动了居民们参与小区治理的主动性和积极性。后来，在物业公司的推动下，社区党委和居委会组织 10 号楼居民选举产生了楼管会的 6 名成员,为居民们和物业公司构建了一个持续良性的组织架构,并赋予楼管会一系列组织、协调、监督、评价等职责,增强了楼管会成员的使命感和责任感。应物业公司的要求,社区党委和居委会还指导楼管会在广泛听取和征求居民意见建议的基础上,经过广泛的讨论与修改,制定了《居民公约》。《居民公约》制定的过程,成为 A 小区居民参与小区治理的又一个契机。特别是通过引导居民参与制定《居民公约》,不断的碰撞和讨论让居民们充分认识到,要享受较好的居住环境和较好的物业服务,大家就必须有所付出,有所贡献,因为免费享受单位物业服务的时代已经结束了,悄悄地让居民们在潜移默化中接受了现代物业管理和"交纳物业费"等物业消费观念,帮助居民们完成了从传统的"单位人"向现代的"业主"的转变。

四、参与式协商:老旧小区治理的一个可能路径

那么,什么是"参与式协商"呢?目前尚无统一的定义。比较早见到的媒体报道是 2013 年 8 月 26 日北京市东城区人民政府网站发出的《东城区建立"参与式协商"自治模式助推社区建设》一文。之后,北京市开始在全市推广"参与式协商"民主自治模式,各区陆续出台了推行社区"参与式协商"民主自治模式提高社区治理水平的指导意见。2015 年 7 月 24 日,北京市西城区文明网也刊登了名为《北京西城:"参与式协商"让居民当家做主》的文章,对西城区的探索实践进行了介绍。其实,在西方的学术语境中,协商式民主是与参与式民主相比较的一个概念。陈尧指出,20 世纪 80 年代初期,曾经被认为是自由主义民主替代形式的参与式民主因缺乏现实性而走向了衰落,而协商民主的兴起重新点燃了参与式民主的信心,协商式民主是一种以对话与协商为核心的民主形式,是一种参与程度更高的参与形式。[1] 我认为,可以把"参与式协商"理解为基层治理中通过搭建各相关主体参与治理讨论、沟通的平台,引导各相关主体通过协商、对话、妥协

---

[1] 陈尧:《从参与到协商:协商民主对参与式民主的批判与深化》,《社会科学》2013 年第 12 期。

等方式,努力达成治理共识,实现治理目标的过程。从上文的案例分析可以看出,A小区的治理实践可以归入"参与式协商"的范畴。从A小区的治理实践看,"参与式协商"是老旧小区治理的一个可能路径。如果"参与式协商"的方案设计得符合实际,它可以为老旧小区的治理困境提供一种可能的解决思路。

(一)我国大多数老旧小区有破解"治理难"困境的现实需求

尽管大家对我国老旧小区的定义与界定还存在一些争议,但我国各大中小城市共同面临着老旧小区改造和治理的任务却是不争的事实。作为从计划经济体制向市场经济转型的一个历史性产物,老旧小区治理难的问题将在今后持续相当长一段时间。随着老旧小区逐步被拆迁或改造,今后老旧小区的数量和规模可能会有所缩减,但老旧小区治理难的问题却会不同程度地存在,这已经为众多研究成果所证实。[1] A小区作为一个老旧小区,规模较小,具备较为齐全的治理主体,居民、物业公司均有改善小区环境与服务的意愿,所在街道办事处和社区因势利导,通过搭建"参与式协商"平台,引导物业公司和居民成立了楼管会、制定了《居民公约》,有初步的协商成果,为我国诸多老旧小区走出治理困境提供了一个可资学习借鉴的样本。

(二)"参与式协商"可以为老旧小区治理主体搭建沟通平台

老旧小区之所以治理难,一方面可能是老旧小区利益相关方没有治理意愿,导致相关治理主体根本无法走到一起,坐到一起;另一方面也可能是相关治理方案偏重治标,没有有效地把相关治理主体的需求摸清楚,导致老旧小区表面的问题得到暂时性解决,但由于缺乏一个相关治理主体参与协商的平台和载体,导致

---

① 吴玥、石铁矛:《旧工业居住区的更新改造实践:沈阳市铁西区工人村更新改造设计》,《现代城市研究》2009年第11期;孙其昂、毕娟:《城市老旧小区的和谐社区构建——以南京市X小区为例》,《南京工业大学学报(社会科学版)》2010年第1期;余建军:《杭州市老旧小区新型物业管理模式的研究分析》,《现代物业·新建设》2012年第4期;刘承水、刘玲玲、史兵、冀文彦:《老旧小区管理的现存问题及其解决途径》,《城市问题》2012年第9期;张智敏:《老旧小区治理的资金筹集与运行管理研究》,广西大学硕士论文2013年;曾伟:《马鞍山市老旧小区物业管理调查报告》,《黑河学刊》2014年第4期;蔡淑频、周兴文、马阗:《城市老旧小区改造的模式与对策:以沈阳市为例》,《沈阳大学学报(社会科学版)》2014年第6期;王小星、章海霞:《老旧小区如何焕发新生:江苏省如皋市主城区老旧小区改造案例》,《现代物业·新建设》2015年第3期;高明鸣:《老旧小区物业管理困境与对策研究》,《经济研究参考》2015年第37期;陈艳青:《城市老旧小区准物业管理实践研究》,内蒙古大学硕士论文2015年。

老旧小区治理工作难以持续。A 小区治理的可贵之处就在于,通过搭建一个"参与式协商"的载体和平台,有效地把老旧小区的相关利益方变成小区的治理主体,尊重相关治理主体特别是居民的主人翁地位,积极发挥相关治理主体如物业公司的积极性和主动性,使老旧小区的治理真正成为居民和物业公司自己的事情,而不是街道办事处和社区的事情,街道办事处和社区坚持"只引导不代办""只帮助不包办"的原则。

(三)"参与式协商"是一种较为温和的民主形式,容易为矛盾各方所接受

当前,各地都在探索老旧小区的治理之道,由于各地的情况存在着差异,所以并没有一种完全"正确"的老旧小区治理方式。"参与式协商"作为一种鼓励对话与协商的治理理念,是一种较为温和的民主形式,是基层民主的重要载体。"参与式协商"强调的是各方参与,鼓励的是大家协商,引导的是自觉自愿,它不鼓励任何强制手段。在一些矛盾较为突出的小区里,如果能够通过"参与式协商"让矛盾的相关方如物业公司和居民(业主)代表坐在一起,谈到一起,议在一起,商在一起,行在一起,无疑是小区走向良治的一个重要开始。从 A 小区治理的实践表明,各相关治理主体通过沟通协商可以了解对方的诉求,便于相关治理主体"换位"思考,因此,可以引导相关治理主体从自己不切实际的诉求中走出来,进而追求相关治理主体都能够接受的方案,从而产生治理共识,共同达成小区的治理目标。

(四)"参与式协商"可以解决老旧小区的部分问题,具有一定的可操作性

"参与式协商"通过召集相关治理主体走对话、协商的道路,便于各治理主体共同分析研究老旧小区面临的实际问题,分析探讨各种问题的可能解决办法,研究解决问题的措施方案,从而切实地推动老旧小区现实问题的解决。而且相关治理主体通过妥协形成的解决方案比较容易转化为具体行动,便于相关治理主体积极主动地落实解决方案,也便于其他治理主体监督解决方案的落实。一旦解决方案实施过程中遇到新的问题,相关治理主体很快又能坐在一起商讨新的解决方案。A 小区的治理实践告诉我们,老旧小区的治理是一个永无止境的反复过程,但前一次的治理成果也在为后一次的治理探索积累宝贵的经验,更为老旧小区走向良治积累着信心。

Participatory Negotiation: Interaction And Game Between Governance Subject of The Old District

Yuan zhenlong

Abstract: On the basis of reviewing the literature and governance experience of the old district, this paper puts forward the topic of "interaction and game between the old district governance subject". On the basis of analysis of one case of the old district governance in xicheng district of Beijing, we analyzed the strategic choice of the different governance of the old district in the face of the old district governance dilemma, and discusses how different governance through the choice of the strategy to influence the actions of others, and ultimately to achieve the common goal of the old district.

Keywords: Participatory Negotiation; Old District; Governance Subject; Interaction and Game

城市社会治理中的社会组织建设思路

——日本发展社会组织的经验与启示

王光荣

摘　要　城市社会治理创新离不开社会组织的深度参与,我国社会组织发展滞后,参与能力严重不足。借鉴日本引导社会组织发展的成功经验,有助于我国加快社会组织发展,为城市社会治理水平的提升奠定基础。日本的主要经验是通过完善立法、改革管理制度、全面扶持、加强合作、开展公共精神教育等多种方式推动非营利组织发展。我国的社会组织培育,既要借鉴日本的经验,又要联系实际加以改进,形成社会组织发展的中国方案。

关键词　城市;社会治理;公共精神;社会组织

作　者　王光荣,天津社会科学院社会学研究所,研究员。

城市社会治理既要发挥政府的主导作用,也要鼓励和支持社会各方面的参与,实现政府治理和社会自我调节、居民自治良性互动。社会组织是社会参与的重要主体。由于历史文化等因素,我国的社会组织发展严重滞后,成为社会治理的短板。从历史来看,日本社会组织曾经远远落后于欧美发达国家,但是在较短的时期取得了长足的发展。日本与我国同为东亚国家,有许多相似之处,因此,学习和借鉴日本的经验,有利于形成发展社会组织的中国方案,进而创新城市社会治理体系。日本的社会组织发展的百年历史,是一边学习西方经验一边探索创新的过程,逐步形成了适合日本实际的道路,在实践中也取得了显著的成效。

日本已经初步形成门类齐全、覆盖广泛的社会组织体系,社会组织活跃在社会生活诸多领域,大大提高了日本公共服务的供给能力和质量。

一、创建法治环境

在日本法律体系中,最早规范非营利组织的法规是 1896 年颁布的《民法》。该法第 34 条规定,公益法人包括社团法人和财团法人。成立公益法人需要具备三个条件,即开展公益事业、不以营利为目的、主管政府机构许可,还对公益法人的管理、解散、处罚等事项做了明确规定。《民法》确立了非营利组织的权利和管理原则,为成立和管理非营利组织提供了法律依据。"二战"后,日本制定了 1946 年《宪法》,其中第 21 条明确提出公民有结社自由权,这一规定使结社从自愿行为上升为受宪法保护的自由行为。这两部基础性法律为日本非营利组织的发展铺平了道路,也为后来的专门法奠定了框架。

在《民法》和《宪法》保障非营利组织的基本权利的基础上,日本制定特别法分门别类规范非营利组织活动。从 20 世纪 40 年代末到 90 年代,日本陆续出台《医疗服务法》《私立学校法》《宗教团体法》《社会福利服务法》等 200 部特别法。这些特别法涵盖了非营利组织的主要类型,为各类社会组织的活动提供了具体的规范和指导。

为了适应日本非营利组织蓬勃发展的需要,营造更加适合非营利组织发展的环境,日本议会于 1998 年全票通过了《非营利活动促进法》。这是日本第一部专门针对非营利组织的法律,它明确了非营利组织的设立标准,减少了政府的裁量权,取消了财产限制,简化了审批手续,进一步完善了公益法人制度。更为重要的是,它绕过《民法》给非营利组织发展创造了宽松的环境,标志着在法律层面上从规制非营利组织转向促进其发展。2003 年,日本修订《非营利活动促进法》并付诸实施,简化非营利团体登记手续,扩大非营利组织活动领域,强烈地推动非营利组织发展。2006 年 3 月,日本国会通过并颁布《关于一般社团法人以及一般财团法人的法律》《关于公益社团法人以及公益财团法人认定的法律》《伴随实施关于一般社团法人以及一般财团法人的法律以及关于公益财团法人以及公益财团法人认定等法律、有关相关法律完善等法律》。这三部公益法人改革法案实施后,《民法》中公益法人的相关条款被废止,原有的公益法人和中间法人体制都被终止。它实质性地打破了传统的非营利法人法律框架和组织格局,从根本上改变了日本运行多年的非营利组织体系。

二、健全管理体制

在管理体制上,日本一开始把重心放在非营利组织登记上,以严格审查来保证非营利组织的性质和活动。但是随着实践发展和社会需要的凸显,这种限制性制度已经不适应时代的要求。鉴于此,日本着手改革和放宽登记制度。1896年《民法》规定,各类有关公益且不以营利为目的的社团或财团,得到主管机关许可后,可以作为法人到主事务所或其他事务所登记。按照《民法》确立的管理原则,申请设立财团法人和社团法人需经过业务主管部门批准,再由法务省登记。主管部门审批通过后,一般都会办理登记,因而主管部门是登记环节中的关键,掌握着判定非营利组织是否符合公益性和是否符合登记条件的权力。即使符合申请条件,申请者也有可能被主管部门无理拒绝。跨行业非营利组织需要同时获得几个主管部门的许可,难度更大。为了改变这种不利局面,《非营利活动促进法》将审批登记制度改为认证制:只要提出申请的组织具备法律规定的要件,就可以在 4 个月内得到批准。认证制把登记的权力从主管部门转移给法律,清除了成立法人的行政障碍,大大降低了市民团体取得法人资格的难度。2006 年出台的三部公益法人改革法案进一步强化认证制,规定:一般法人,包括公益、共益或私益的市民团体,根据准则主义设立;公益法人,根据认证制设立。社团只要满足法律规定的基准要件,不经过政府机关的审查就可以登记。登记程序的简化和登记标准的放宽,顺应非营利组织快速发展势头,释放出非营利组织的活力,进一步提高了民间公益活动的积极性。①

在放宽登记的同时,日本简化和加强监督制度,规范非营利组织的活动。按照《民法》,日本的财团法人和社团法人受业务主管机关和登记管理机构的双重监管。这些组织必须每年3月份向业务主管部门提交项目计划书、收支预算书、项目报告、财务报告、理事变更情况等相关申报材料,主管部门根据这些材料对公益组织的公益活动成绩做出总结评审,必要时可以到现场检查。同时,主管机关的检察官每三年进行一次现场检查。一旦发现公益组织从事了违法活动,监督部门向该组织发出改进命令或提出指导性建议。政府主管省厅依据《民法》和法人章程,对违法组织予以劝告、勒令解散等处罚。业务主管部门对财团法人和社团法人的指导和监督往往形成监管过多过严,而且这种体制使非营利组织沦为行政机关的末端,非常不利于调动民众的热情和保证非营利组织的发展。2001年以后,日本废除僵化的主管制度,在内阁成立公益认可委员会,各级政府设置相同的委员会,对非营利组织进行监督。委员会根据非营利组织的申报书和现场检查来管理非营利组织的活动。对于运营不合章程的,予以劝导;劝导不行,责令改正;问题严重的,取消公益性资格。这种监管的特点是只要不违法,政府不干预,出现问题事后处理,让非营利组织自主开展活动,自我生存。② 由多重监管转向以公益认可委员会为主的监督模式,避免了多重监管的混乱和限制,提高了监管效率,也减少了不必要的控制。

三、推行扶持措施

设立专门机构,履行促进非营利组织发展职责,使扶持非营利组织有了明确的责任主体。日本政府在内阁府国民生活局专门设立市民活动促进课,负责非营利组织扶持措施制定和实施,包括增进非营利组织与政府的伙伴关系、增强非

① 王名、李勇等:《日本非营利组织》,北京:北京大学出版社,2007年,第47页。
② 王名、李勇等:《日本非营利组织》,北京:北京大学出版社,2007年,第63页。

营利组织在公共服务方面的作用、推动研究促进非营利组织的策略等。市民活动促进课作为政府专门机构,可以将政策与实际结合起来,又能从全国层面推动非营利组织发展。市民活动促进课联合非营利组织和社会有识人士推动了非营利组织活动的税务措施,搭建了供社会公众了解非营利组织政策的信息平台,通过推行公司志愿者假日和学校志愿者项目引导市民了解和参加市民活动等。①

政府和民间广泛举办和资助非营利组织支持中心,形成长期稳定的扶持机构。1993 年,日本第一个非营利组织支持中心——非营利组织促进论坛成立,它在实践中有效地推进了非营利组织发展,赢得日本政府的持续支持和资助。1996 年,该组织更名为非营利组织支持中心并组建非营利组织支持中心网络委员会,上升为全国性的组织。与此同时,日本地方政府和市民积极建立当地的非营利组织支持中心。1996 年成立的大阪非营利组织中心是第一个区域支持中心。此后,非营利组织支持中心逐年快速增多。截至 2008 年 8 月,日本非营利组织支援中心已达 289 家。70% 的都、道、府、县建立了支援服务设施。② 政府主办的区域非营利组织支持中心占 50% 以上,社区一级的非营利组织支持中心主要是由地方政府建立的。③ 支持中心为非营利组织提供场地等硬件设施和信息服务,帮助非营利组织开展活动和建立与政府、企业的合作关系。全国、区域、社区三层支持中心的便利服务减轻了非营利组织开展活动和日常运营的经济压力,既使非营利组织能够将有限的资金使用于公益性活动和自身发展,也为孕育新非营利组织和激活已有非营利组织创造了良好条件。

非营利组织的发展,资金是关键。为了解决非营利组织的资金问题,日本鼓励企业捐赠和非营利组织开展经营活动。日本企业向公益法人或特定非营利组织活动法人捐赠,可以将所捐款项全额税前扣除,企业向特定公益促进法人捐赠,其满足设定条件的数额即(资本金 × 0.25% + 年所得 × 2.5%) × 0.5 的两倍,可以在税前扣除,个人向公益法人或特定非营利活动法人、特定公益法人捐赠时,可将所捐款项超过 5000 日元的部分,在年所得 30% 以内在税前扣除。此

① 王名、李勇等:《日本非营利组织》,北京:北京大学出版社,2007 年,第 138 页。
② 黄晓勇主编:《中国民间组织报告(2011—2012)》,北京:社会科学文献出版社,2012 年,第 67 ~ 68 页。
③ 黄晓勇主编:《中国民间组织报告(2011—2012)》,北京:社会科学文献出版社,2012 年,第 67 ~ 68 页。

外,日本允许非营利组织从事少量的贸易、销售等经营活动,活动收入与会费收入和捐赠、资助收入分开记账,即一般会计账目和收益会计账目。经营活动的收入中 20% 部分可以免税,转入一般收入部分,其余事业收入部分要按国家规定纳税。①

四、建立合作关系

政府与非营利组织合作是双赢的策略,二者建立合作伙伴关系,是长久之计。日本政府对此有明确的认识,主动寻求与非营利组织合作。政府以补助和助成金形式给予非营利组织直接资助,各级政府把非营利组织的补助金列入财政预算项目。2003 年,日本政府财政预算的非营利组织补助总额为 3000 亿日元,509 家中央管理的公益社团、财团法人组织从中央政府各府、省申请获得的补助金等共计 3555 亿日元,4321 家地方公益社团、财团法人组织申请到都、道、府、县政府的补助金等共计 3451 亿日元。② 对于开展国际活动的非营利组织,日本政府援助力度更大。1994 年,日本政府在外务省经济协力局设立民间援助支援室,1996 年外务省建立了政府、议会与民间组织的合作机制。2002 年日本政府建立 NGO 志愿无偿资金合作机制,该年度共有 86 个 NGO 和地方公共团体在 39 个国家和地区实施了 149 个项目,总额达到了 5.4 亿日元。③ 非营利组织与政府之间的伙伴关系日益加深。

与财政支持相比,向非营利组织购买公共服务更能体现合作关系,也更符合双方的目的。1995 年,有 3781 个组织同政府签有合同,总金额达 6593 亿日元,公共部门对非营利组织的财力支持总计占其收入的 45.2%。④ 据利用民间资金事业推进室的统计,地方政府的 PFI 项目(政府利用民间资金促进公共设施项

---

① 王名、李勇等:《日本非营利组织》,北京:北京大学出版社,2007 年,第 72 页。
② 王名、李勇等:《日本非营利组织》,北京:北京大学出版社,2007 年,第 144 页。
③ 王名、李勇等:《日本非营利组织》,北京:北京大学出版社,2007 年,第 168 页。
④ 周强:《日本非营利组织发展简史》,《学会》2007 年第 3 期。

目）中,超过70%为购买服务型。提供服务的民间组织负责公共设施等项目的设计、建设、运营以及维护管理,政府购买他们的服务,实行等价交换。民间用政府付给他们的款项来收回成本。① 政府购买公共服务增强了非营利组织的经济实力,也为非营利组织发挥作用创造了条件。

五、培育公共精神

公共精神是非营利组织的前提,其构成要素是平等意识、主体意识、共同体意识、法制意识和社会参与意识。没有公共精神,非营利组织就发展不起来。日本传统文化有浓厚的集团主义色彩,强调等级秩序、集体意识以及个人对集体的服从。这种文化传统不仅孕育不出公共精神,而且与公共精神格格不入。不培育公共精神,只从技术层面推动非营利组织发展,是不可能有持续动力的。

日本政府在实践中逐步认识到精神层面变革的重要性,开始通过革新教育理念,加重公共精神教育的分量和力度。明治维新以后,日本在义务教育和全民教育中注入了西方的民主平等思想和现代社会公德观念。"二战"以后的两次教育改革又增加了勇于承担公共责任的现代公民等教育目标。2006年日本颁布实施经过全面修改的《教育基本法》,这部法律把"培养尊重个人尊严、追求真理和正义、尊重公共精神、具有丰富的人性和创造性的人"②作为教育的总目标,把"公共""传统"和"爱国心"为核心的国家主义作为教育基本理念。③ 除了学校教育,日本的社会教育也渗透着公共精神。例如,遍布日本的公民馆的重要功能就是培育日本国民以个人主义为核心的平等精神、自治精神、参与精神。

---

① 王婷:《日本政府如何向民间购买公共服务》,《中国经济周刊》2013年第34期。
② 王婷:《日本政府如何向民间购买公共服务》,《中国经济周刊》2013年第34期。
③ 王晓茜、张德伟:《日本教育基本法的修改与教育基本理念的转变》,《外国教育研究》2007年第7期。

六、启　示

我国城市社会治理中,社会参与的需求更为迫切,条件也相对成熟。因此,总结和吸收日本非营利组织建设的经验,联系我国实际,取其精华,形成我国社会组织发展的本土方案,必然会推动我国城市社会治理体系的创新和完善。

第一,建立完善统一社会组织法律体系。日本的非营利组织相关法律经过多次补充和修订,最终构成相对完善的体系。在这个长达一百多年的历程中,曾出现过新专门法与原有的部门法不一致等问题,在一定程度上影响了非营利组织的发展速度。中共十八届四中全会提出,全面推进依法治国,建设中国特色的社会主义法治体系,建设社会主义法治国家,为我国社会组织建设提供了基础、指导和保障。一方面,根据实际需要尽快出台新的法律,为社会组织的发展提供完整的依据和保障,同时要及时修改或废除不合需要的法律法规,从而使所有法律在原则和导向上保持一致,构筑起有利于社会组织成长的法律环境。另一方面,贯彻依法治国的精神,推进管理主体严格执法、公正司法,社会组织遵纪守法,依法活动。

第二,建构适合社会组织发展的宽松环境。日本对非营利组织的态度从管制转向许可,最终转向支持。对非营利组织的控制和束缚越来越少,激发了非营利组织的活力。但是与欧美国家相比,日本对非营利组织的控制较严。"日本的民间组织不出自于政府,但从成立到撤销,均受政府的控制。民间组织与团体较为发达,发挥了许多积极作用,分担了大部分政府职能,促进了社会稳定。同时,政府在民间团体职能方面制定了许多规章制度,这使得民间组织得以发展,但却约束了公民行动主义。"①我国社会组织的管理体制正在改革,放松管制是必然趋势。在这个过程中,既要确立规范的管理制度,使社会组织健康发展,又要给予

---

① 陈姝宏:《"民众"决定"潮汐"——日本非营利组织新动向的评价与启示》,《甘肃社会科学》2012年第 3 期。

社会组织尽可能多的自由空间,使社会组织充满活力。

第三,采取灵活多样的方式支持社会组织发展。在东亚强政府和公众依赖政府的历史传统下,非营利组织自觉发展的基础薄弱,因而在非营利组织发展的初期阶段,离不开政府的全面支持。日本政府扶持非营利组织的方式行之有效,值得我国参考。我国在采取多种手段扶持社会组织的过程中,科学把握政府与社会组织的关系。虽然政府培育非营利组织,但是社会组织并不是政府的附属物,而是独立的第三部门。只有确立了这种平等主体关系,政府才能以合理的方式向社会组织购买公共服务,从而才能避免自上而下的推动方式的负面影响,最终使社会组织走上自主独立发展道路。

第四,加强志愿精神教育。虽然日本在教育中很早就有公共精神的成分,但是直到21世纪才真正把公共精神作为教育的重要内容,开展公共精神教育比扶持非营利组织的行动晚了将近十年,这是日本社会参与和捐赠不足的原因之一。日本的学校教育,主要以传授书本上的公共精神知识为主,缺乏到鲜活的社会实践中去培养能力,这导致公共精神停留在意识层面,难以转化为行动。我国在推动社会组织发展中,应尽早开展公共精神教育,为社会组织筑造基础。在教育方法上,坚持理论知识教育和真实实践中锻炼相结合。虽然公共精神的教育是个投入大见效慢的工程,但是只要长期持之以恒,最终会形成公共精神提升与社会组织发展相互促进、相辅相成的良性态势。

On the Construction of Social Organizations In Urban Social Governance: the Experience and Enlightenment of the Development of Social Organizations In Japan

Wang Guangrong

Abstract: The urban social governance innovation can not be separated from the depth of participation of social organizations. The development of social organizations in China is lagging behind, its ability to participate is in shortage. Drawing on the successful experience of Japan guiding the development of social organizations, is helpful to accelerate the development of social organizations in China, and lay the foundation for the improvement of urban social governance. Main experience in Japan is to promote the development of nonprofit organizations through the improvement of legislation, reform management system, comprehensive support, strengthen cooperation, carry out public spirit education and other ways. To foster Chinese social organizations, not only learn from Japan's experience, but also contact the actual improvement. Finally, format Chinese development program of social organizations.

Keywords: Urban; Social Governance; Public Spirit; Social Organization

城乡一体化中村民自治与居民
自治衔接的法律保障研究

霍敬裕

摘　要　当代的许多实证研究都表明,不考虑社会背景、不关注人们的物质生活方式,而仅仅从需要或抽象的"正义"出发的法律移植抑或本土变革成效并不显著。城乡一体化带动了我国居民户籍制度的改革,居民身份称谓的统一并不能一蹴而就地推动村民自治自然过渡到居民自治。本文以村民自治权同居民自治权在我国产生发展的历程为起点,比较二者的趋同性及差异性,并逐步分析二者融合的可行性,提出法律框架下的具体操作建议。

关键词　城乡一体化;村民自治;居民自治

作　者　霍敬裕,安徽建筑大学法政学院讲师,法学博士。

一、研究缘起

农村问题一直是制约我国经济、民生发展的重大瓶颈。为解决此难题,从新农村建设起步,到新型城镇化构建,直至近日出台的居民户口一体化户籍改革,无一不体现了城乡一体化中农民—农村两者依存并进的关系。综观我国理论界及实践者的各种论说,核心要义是农民权益的提升,达到公民权利均等的状态,由此才可实现城乡发展的平衡,而我国农民权益的增加最终形成了两条道路:一是农村城市化,即农民的身份不在,成为城市中的居民,农民自身的村民权衍变为居民权;二是农民市民化,即扩大农民原有权利,包括可以拥有房屋产权在内的自有资产,并依法申请公共服务等权利,这一路径既可避免过度城市化的负面效应,又可消除城乡对立,使城乡二元结构最小化,实现城乡人才、资本、信息、技术等资源的最优化配置及城乡经济、社会持续、稳定、协调的发展,该目标的达成需构建城乡要素平等交换和公共资源均衡配置体系以及与之相对应的法律保障机制。两条道路并非是并行的平行线,城市化只有着力于农民权利与城市居民权利的均等化,才能最终实现城乡一体化;市民化本身就需以城市化为依托,让村民权与市民权有机结合,最终平稳过渡,才能真正破解农民"进城"之题。然而,从我国法律制度的规定来看,《宪法》中并未对村民权和居民权有详细的规定,仅从村民自治的法律规范看,涉及的是部分的农民政治性权利,而包括承包权、土地租赁权等散见于各民事法律规范中。城市居民权的提出是某种意义上"单位制"向"社区制"的回归,①多体现为居民的自我管理与服务,自治权利的弱化使得村民对"市民身份"心生疑虑,而村民自治下早已形成的自治模式能否又直接为居民自治所融合呢? 诸多问题在改革的实践过程中已经发生,户籍制度的破冰仅是初探,农民市民化需解决的不单纯是身份问题,更需解决自治模式继承和公共服务均等化等多重问题。

二、问题的提出

(一)"农转非"中村民权与居民权并行试水

山东省商河县于 2013 年在山东率先试水统筹城乡户籍制度改革。出台的《商河县统筹城乡户籍制度改革工作领导小组关于统筹城乡户籍制度改革的实施意见(试行)》明确规定:转户居民可以保留"农村五项权益",其中包括保留承

---

① 刘嗣元:《市场经济条件下城市居民自治的宪法学思考》,《江汉大学学报》2007 年第 3 期。

包地、宅基地、林地三项权益以及保留计划生育政策和各项惠农补贴;同时转户居民还可享受"城市五项待遇",包括养老保障、教育保障、医疗保障、就业保障和住房保障。考虑到农民传统的生育观念,文件还规定:农村居民转户后未享受城镇社会保障待遇的,继续执行原户籍所在地生育政策及奖励优惠政策;对享受城镇社会保障待遇的转户居民,给予5年的政策过渡期。由于这个规定富有较强的弹性和灵活性,农民都比较容易接受。

类似于此类户籍改革的还有广东中山市实行的"一变""三不变"政策。"一变"是指取消户籍类别,"三不变"指村民权利义务不变。

实践证明,这种改革的成效是显著的,这从农民自愿转变身份的比例就可以看出。土地承包经营权、宅基地使用权是物权法、农村土地承包法等多部法律明确赋予农户的集体义务权利,集体收益分配权也是农民作为集体经济组织的成员应当享有的合法财产权,因此必须继续坚持让农村集体经济组织成员的身份保持不变,享有权利与承担义务同时并行。

(二)居民身份统一后的尴尬:九成受访农民不愿交地换非农户口①

2014年7月30日,国务院下发《关于进一步推进户籍制度改革的意见》(以下简称《意见》)。这标志着我国实行了半个多世纪的"农业"和"非农业"二元户籍管理模式将退出历史舞台。规定同时也明确提出:不得以退出土地承包经营权、宅基地使用权、集体收益分配权(三权)作为农民进城落户的条件。这意味着,农业户籍取消后,"市民化"的农民既可享有城市居民的权利,同时继续拥有原来的财产性权利。但是,此意见下发后,农民对身份的改变仍存顾忌,甚至还发出了公共福利能否均等化的质疑。农民之所以拒绝市民身份,归根结底还是担心会失去土地权益,更进一步地,其所拥有的参与自治权以及相应的经济权利也有可能会失去,同时,他们还担心自己不能很好地享受或较好地运用居民所拥有的自治权利。

---

① 摘自《户籍改革解读:九成受访农民不愿交地换非农户口》,载于人民网,详细网址:http://sc. people.com.cn/n/2014/0801/c345460-21846501.html?f=360.

二、村民权与居民权并轨过程中的现实思考

（一）村民自治可否自动变更为居民自治？

我国法律尚未对村民权的内涵有统一的界定，《宪法》《中华人民共和国村民委员会组织法》中的选举权与被选举权规定明确了村民自治的制度，这也成了一项重要的政治性村民权。与农村不同，城市居民自治萌芽较早，早在 20 世纪 50 年代初期，城市就建立了居委会，并随着城市建设的完善逐步衍生出社区自治等新型居民自治类型。按照户籍改革的总体目标，村民身份消失后，新拥有城市居民身份的"原农民"能否快速适应社区化的城市生活，并能否进一步行使好居民自治权，这些都是未知数。况且，此项改革尚未有现成的经验可资借鉴。基于这种情况，我们首先有必要以务实的态度考究此二者的趋同之处。

1. 村民自治的由来

20 世纪 80 年代，以家庭联产承包责任制为主要内容的经济体制改革，使得农户成为相对独立的经济主体，这种生产关系的重大变革对原有的治理方式——人民公社体制产生强大的冲击，使得以集体为单位的管理体制趋于解体。1982 年颁布的《宪法》第一次以国家根本大法的形式肯定了村委会的法律地位，使农村改革中出现的这一新的组织形式得到了国家法律的认可。在村民自治得到宪法的承认后，村委会这一新的组织形式顺理成章地取代了人民公社时期的基层组织。1987 年全国人大常委会审议通过了《村民委员会组织法（试行）》，该法不仅确立了村民自治的原则，而且对村民自治及村民委员会给予了更加明确、具体的规定。至此，我国村民自治法律制度的基本框架便基本形成，村民自治作为农民的一项重要的宪法权利被普遍认可并行使。

同时，"村民"标注的是一个农村居民的公民身份，与之并存的还有一个集体经济组织成员的身份，它的前身是人民公社社员，社员集体拥有本集体经济组织资产的所有权和处置权。目前，我国农民中的大多数都同时拥有这两种身份，但随着社会经济的发展，农业人口向城市不断迁移，于是也就出现了一种新的情

况：一部分农民只有村民身份而不属于集体经济组织成员。总的来说，是集体经济组织成员的，必然是村民，但是村民未必一定是集体经济组织的成员。[①] 村民的经济性权利除享有土地承包权等，还享有集体经济组织中财产的处置权。村民的经济性权利将村民自主参与村民自治活动的积极性极大的调动起来，同时，对于村委会自治组织及作为管理者的上级政府部门出台的各项措施，他们亦会表现出积极的态度。

2. 居民自治的兴起

与村民自治不同的是，我国居民自治制度确立较早。早在 1954 年，全国人大就颁布了《城市居民委员会组织条例》，对居委会的性质给予了明确规定。1982 年颁布的《宪法》首次以根本法的形式明确规定了居民委员会的性质、任务和作用，为我国居民自治工作的开展提供了最高层次的法律保障。1989 年，《中华人民共和国城市居民委员会组织法》的颁布实施巩固了居民自治的专项法律地位。然而，在这一阶段的发展中，居民自治并未完全从"单位制"中分离出来，居民通常还是会在单位集体制的框架下参与社会管理，居委会的功能单一，在很多情况下未能真正组织域内居民行使权利。1992 年，国家民政部正式提出社区建设的理念，并随之制定了《全国社区建设实验区工作实施方案》，这一方案首次将居民自治明确成为社区建设的方向。2000 年，国务院办公厅转发了《民政部关于在全国推进城市社区建设的意见》（中办［2000］23 号文件），该文件在总结社区建设和社区居民自治实践经验的基础上，倡导扩大民主、居民自治，并将地域性、认同感作为划分社区的重要依据，而不是以建筑区划为标准，此项规定为村民在市民化后仍能保持商议、协作的自治状态打下了基础。同时，文件确立在社区范围内进行民主选举、民主决策、民主管理和民主监督，进一步扩展并明确了社区范围内居民自我管理功能的实现路径。

3. 村民自治转变为居民自治的困难

第一，依存载体变化过大。村民自治依托的是建制村。[②] 有学者提出，建制

---

① 谭秋霞、韩宁：《论农村集体经济组织成员资格认定》，《赤峰学院学报》2011 年第 2 期。
② 建制村是指乡镇以下的区域划分单位，是设立村委会的村，社会管理是由广大村民组成的自治共同体；参见于唐鸣、徐增阳：《什么村民？什么村？》，《河南师范大学学报》，2010 年第 3 期。

村符合我国行政建制单位的共同特征：其一，有一套依法设立的相对独立的组织管理体系。村党支部、村民委员会及其下属委员会、村民会议和村民代表会议、村民小组等村级组织，构成了一整套相对独立于其上级或同级区划建制单位的组织管理体系；其二，有一定数量的人口、法定的行政区域和明确的地域边界。每个村辖区的居住人口、集体土地面积和资产有明晰的确权，相隔村居间地界明确；其三，村建制的设置、撤销、范围调整都要经过一套法定程序。① 行政村一般建立在社会关联性较强的自然村基础之上。城市居民自治是国家进行城市治理的空间单元，是由广大居民组成的社会生活共同体，②所依托的社区概念并不完全是由行政划分而成。根据法律规定，居住人口达到一定规模，即可向民政部门申请组建社居委，社居委通常直接隶属于街道管理。城市社区一般是指经过社区体制改革后作了规模调整的居民委员会辖区，虽然同样也具有行政建制单位的共同特征，③但是为了便于行政管理和居民服务，地方政府会根据行政建制的模式，将社居委打造成社区中的"小政府"，从而使社区组织具有较强的行政化色彩，由此也就造成了城市社区自治性相对较弱的先天特征，在很多时候都无法完全根据居民需求和意愿开展各项活动。

第二，"熟人社会"规则难以适用于"陌生人社会"。村居环境使处于同一个地方的人们在长期的生产生活实践中形成了普遍认同和共同遵守的地方性共识，即乡规民俗的存在使人们具有明确的行动目标和道德标准。这些共识、准则在一些地方甚至可以弥补法律规范的空白。城市社区则不同，居民的组成比较复杂，即使在回迁小区，居民的自由流动已成为常事。村民之间由熟识变为认识，由自然生出规矩和信用到相互商议达成契约或规章，由舆论压力到制度压力，由礼治变为法治，以致村民的行为环境与行为方式发生了巨大的变化。④ 城

① 村委会组织法具体规定了其设立、撤销和范围调整的法定程序，即"由乡、民族乡、镇的人民政府提出，经村民会议讨论同意，报县级人民政府批准"。
② 伊佩庄：《"建制村"称谓是最好的选择》，《乡镇论坛》2003年第7期。
③ 有社区党支部、社区居民委员会、社区居民代表大会、社区协商议事会、居民小组等一套依法设立的相对独立的组织管理体系；有一定数量的人口，有法定的行政区域，有明确的边界；其设置、撤销、范围调整，都要经过一套法定的程序，即"由不设区的市、市辖区的人民政府决定"。
④ 陈柏峰：《地方性共识与农地承包的法律实践》，《中外法学》2008年第2期。

市居民由"单位人"向"社会人"转变,而且,伴随就业渠道的不断拓宽,越来越多的居民已经脱离了原来的固定单位。由天然情感联系的、自发形成的伦理秩序不一定能在社区生活中产生显著的影响,另一方面,新的治理权威也尚未形成。这一局面正如杜威所言,"问题的实质不在于为权威和自由、为稳定和变革划定分隔的'疆域',而是要使两者融会贯通。我们需要一种权威,这种权威不同于它曾运作其中的旧形式,它能够调控并利用变革。我们需要一种个人自由,它不同于无限制的个人的经济自由所产生并为之辩护的那种自由,也就是说,我们需要一种普遍的、共享的个人自由,且这种自由得到社会化的、有组织的理性控制的支持和导向。"①因此,由于缺乏相应的血缘关系纽带,城市社区中的居民自治就需有两个基本的支撑点:一是公正合理的自治规则和居民行为规范;二是能够维护自治规则和行为规范运行的自治组织。有鉴于此,居委会不仅要发挥正常的社会服务功能,还应当积极地参与居民自治,引导居民自治进入一种良性运转的状态,并使之成为化解社会利益冲突的"稳压器"。

第三,村民群体的权利意识相对薄弱,并在一定程度上阻碍了自治意识在基层行政管理中的影响力。村委会的管理人员通常是由村民投票选举产生的,他们具有一定的能力和威信并能获得乡邻的认可,而乡村社会的治理在很多时候都要依托于关系、面子、人情,公共事务总会与私人感情保持亲密的联系,如此一来,便将制度化的治理成本简约为熟人社会长期的人情循环,这样也就节省了制度化、规范化、科层化造成的治理成本,从而保证了农村社会的有序稳定。当农民转化为市民、村委会转变为居委会后,原有的基层管理模式开始发生改变,因地缘、血缘而确定的村庄秩序被重构,而在新社区中异质性的人际关系尚未建立,基层组织的治理成本就会增加。此外,在管理权力的交接和管理方式的转换过程中,新建的社区居委会多是沿用村委会的组织结构形式,导致日常职能呈现出繁复交织的特征,以至于无法较好地满足社区居民的需求。现代社会事务的复杂性使得每个人都积极地、同等地参与政府决策成为不可能,卢梭小屋式的直

---

① 杜威:《新旧个人主义——杜威文选》,孙有中等译,上海社会科学出版社,1997 年,第 41 页。

接民主制不可能完全实现。①

三、村民自治转向居民自治的法律路径探索

(一)修改《居民组织法》,增设"村改居"过程中自治组织及居民权利过渡条款。

居委会作为政府向居民提供公共服务的主要平台,其法律功能并不明确,在很多时候,这一组织都以街道委托事项的执行者身份来履行自己的职能。同时,居委会的经费主要来源于上级行政机关的财政拨款。上级行政机关往往依靠行政命令、行政处分等刚性行政行为促使居委会完成公共产品的供给,而不会较多的释放行政指导、行政奖励等柔性行政行为的能量来引导居民自治权利的充分发挥。在社区事务上,政府也是习惯性地领导、控制。另外,由于政府部门为了追求利益的最大化,往往把属于自己职责范围内的任务硬性下派给居民委员会,以致于居民委员会直接变成了政府的下级行政机关。有学者曾统计,居民委员会的工作大致有 83 项,属于为居民服务的工作占 40.5%;属于社区管理类的工作占 15%;为政府的基层机构——街道办事处所做的工作是 44.4%。政府职能与居民委员会职能错位严重。②

城乡一体化进程不仅仅是高楼平地而起、道路四通八达的物质化进程,更是"新市民"接受新的行为模式、遵守新规范的思想化进程。他们已惯于运用村民自治的思维来处理居住地的社会事务,当其自治性权利因社居委的权力受限而无法充分行使时,便有可能会对《居民组织法》"过窄"的实用边界表达不满。为此,一些学者也已提出建议修改现行的《居民组织法》及完善相配套的法律规范。如《城市居民委员会组织法》第十七条规定,居民委员会的工作经费、居民委员会成员的生活补贴费由不设区的市、市辖区的人民政府或者上级人民政府拨付。

① 董炯:《国家、公民与行政法——一个国家——社会的角度》,北京大学出版社,2001 年。
② 林志文:《我国城市社区自治存在的问题及建议》,《法制与社会》2010 年 5 月(下)。

现阶段居民委员会的经费来源主要有三种途径,即政府财政拨款、社区自筹和社会资助。为使居民自治活动有效开展,并对社居委工作进行监督,应增设经费收支信息公开和居民审核的制度。这样既可避免社居委工作经费被挪用及流失的问题,又可以充分发挥居民自治的功能。此外,现行的物业管理模式是否会与居民自治发生冲突,或者说,如何才能使居民更广泛地参与到物业管理工作中去?有学者就此建议,"居民委员会也应当介入物业管理方面的事务,不能因为只是属于'私权'领域就置之不理。在当前的业主与物业管理机构的纠纷中,业主作为单独个体,其维权成本高,收益低,即使联合维权也往往因组织松散而不能起到较好的效果。居民委员会作为公共权力机构介入私法领域是相当必要且有实际意义的。"①

(二)合并《居民组织法》和《村民组织法》,统一为《居民组织法》,与相关政策实现对接。

2014 年 7 月底,我国户籍制度改革有了新的突破,居民身份涵括了原来的市民和村民,基层社会的组织形式都逐渐由过去的被组织转为自组织。市民与村民拥有的"共性"愈来愈多,而二者之间存在各种差异不断缩小,这就为二法合并提供了社会基础。从它们的产生过程上来看,造成《居民组织法》和《村组法》区别立法的原因是我国城乡二元对立的社会结构。市民与居民作为公民而言,其基本权利应是无差别的。在"集中发展工业"的特定时期,因"统购统销"等政策原因,农民在经济利益方面做出了巨大的牺牲,而在社会保障权利享有方面,却与城镇居民存在较大的差距。如果现在仍然坚持"两元立法"的做法,这将无助于化解农民在身份转变之后面临的种种不适,相反地,还会进一步延续城乡二元分立的格局。

在我国《宪法》中,有关村民自治和居民自治的表述及相关的组织规定均收录在第三章第五节,这样的立法用意其实就是为了突出村委会和居委会两者共性的认同。《村民组织法》与《居民组织法》是我国基层民主制度得以实现的根本保障,在立法宗旨上二者是一致的,虽然它们分别规定了有关居民自治和村民

---

① 刘嗣元:《市场经济条件下城市居民自治的宪法学思考》,《江汉大学学报》2007 年第 3 期。

自治的执行者——居委会和村委会的性质、产生程序、基本权利等事项,但内容基本相同。① 此外,村委会与居委会在自身性质、产生程序、基本权利范围等方面也几乎完全相同。例如,《村民组织法》的第 2 条规定:"村民委员会是村民自我管理、自我教育、自我服务的基层群众性自治组织,实行民主选举、民主决策、民主管理、民主监督。村民委员会办理本村的公共事务和公益事业,调解民间纠纷,协助维护社会治安,向人民政府反映村民的意见、要求和提出建议。"《居民组织法》第 2 条则规定:"居民委员会是居民自我管理、自我教育、自我服务的基层群众性自治组织。不设区的市、市辖区的人民政府或者它的派出机关对居民委员会的工作给予指导、支持和帮助。居民委员会协助不设区的市、市辖区的人民政府或者它的派出机关开展工作。"从法律地位看,村委会与居委会都是独立性的自治组织,与基层政府之间的关系都具有"协助与指导、服务与监督"的特征。

再者,在城镇化的进程中,各种社会矛盾和冲突呈高发态势,这在某种程度上会对基层社会的自治管理产生严重的影响,因此也就需要有统一的法律规定来作为保障。作为基层自治组织,当村委会转变为居委会后,其在解决矛盾和问题之时,是很难在《村民组织法》或《居民组织法》的单项法律中找到依据的,这在城乡结合地区表现得尤为明显。例如,在村委会的身份发生改变后,其原有的共商共议制度和集体经济利益分配方案能否直接作为居委会的工作方案,外来新增居民的自治权利是否可与原村民相同? 这些问题在实践中的解决方案各有不同,多是依据基层政府的行政决定,而非依照民主程序进行的自治选择。为改变这一现状,也为能消除地方政府过多干预居民自治事务的诟病,除边远、少数民族聚居区外,政府应从国家立法的层面出台新的、具有统一性的自治组织法规。

最后,从法律功能的扩展上看,居民自治在实现统一规范后,可借鉴美、日等

---

① 《居民组织法》第 1 条规定:为了加强城市居民委员会的建设,由城市居民群众依法办理群众自己的事情,促进城市基层社会主义民主和城市社会主义物质文明、精神文明建设的发展,根据宪法,制定本法。《村组法》第 1 条规定:为了保障农村村民实行自治,由村民群众依法办理自己的事情,发展农村基层民主,促进农村社会主义物质文明和精神文明建设,根据宪法,制定本法。其次,它们的内容和运行机制基本相同。

国成熟的社区自治经验,给予自治权的实际运行机构充分、必要的权利,使之不仅享有社区发展规划与目标、社区公共事务、社区文化活动等方面的决策权与管理权,还享有社区行政管理以及社区服务管理等方面的建议权、监督权。然而,诚如苏力先生指出的,当代的许多实证研究都表明,不考虑社会背景、不关注人们的物质生活方式,而仅仅从需要或抽象的"正义"出发的法律移植都失败了。[①]理想主义和工具主义法治观下的纯粹"拿来"毕竟与我国乡土社会的现实背景存在显著差异,法律冲突与法律规避不可避免地会在一定范围内迸发,民间和大众法律观对旧有体制的顾念都会反射为渐进式的法制革新。

自治是一种天然的秩序状态,其形成并非出于立法者的设计或行政强权的推手,而更多的是基于政治、经济变革发展中群体心理共识的构建。现如今,城乡划分的壁垒已经被逐步打破了,农民的身份标识在行政管理层面上日益淡化。居民成为统一的身份,不同的只是生活地域的差异。需要强调的是,农民在成为市民之后,其经济生活及发展水平与往昔相比已不可同日而语,但自治形态也面临着新的改变,作为一种自生自发的状态,行政主体的介入必须遵循法律规定的边界。无视两种自治形态的差别,直接改变行政区划并不能实现两者的良性并轨,由此可能还会严重影响自治权利的充分行使和行政管理目标的达成。简而言之,构建促进城乡发展一体化的法律机制不能仅仅停留在书面规定上,因为其发生过程中亦有深刻的社会原因。为了保障一体化进程中权利主体的利益不受损害,一方面,各地方政府应推出一些因势利导、因地制宜的举措,并在合适的时候以法律规范的形式将之确立下来;另一方面,行政部门亦应尊重身份转换后居民的自我选择,避免将城乡一体化的法制建设演变为"一次性消费",在社会自治发展的实践进程中主动维护与深化法律的价值和功能。

---

① 苏力:《法治及其本土资源》,北京:中国政法大学出版社,2004 年,第 37 页。

The Study on the Legal Guarantee of Integration of Villagers' Autonomy and Residents' Self-Governance in the Integration of Urban and Rural Areas

Huo Jingyu

Abstract: Many empirical studies have shown that regardless of the social background don't pay attention to people's material life style, just only from "justice" or local legal transplantation, results no significant change. Urban and rural integration did the residents in our country household register system reform, the resident status of the harmonized cannot happen overnight, solving the villager autonomy to the natural transition of residents autonomy based on the villagers autonomy and the residents' autonomy development course in our country, as the starting point, the convergence and the difference of comparison, and analysis the feasibility of the two fusions, and give suggestions under the law framework.

Keywords: Urban and Rural Integration; Villagers' Autonomy; Residents' Self-Governance

过度单身：一项时间社会学的探索

方旭东

摘　要　"剩男剩女"的共性特征是初婚年龄推迟。婚龄推迟本质上是个体生命时间阐释与历史时间、社会时间约定的结婚年龄脱节，婚姻制度对生命意义的维护尚未实现状态，属于时间社会学范畴。文章引入"过度单身"这一概念来分析"剩男剩女"现象。过度单身，一方面是对现代社会时间理性化、效率化的迎合；另一方面是对生命时间被现代社会时间挤压的抵抗。迎合与抵抗，二者合力导致过度单身在时间游戏中迷失于时间，典型反映出现代社会时间与生命时间的脱嵌。

关键词　过度单身；经济时间；社会时间；社会

作　者　方旭东，上海大学社会学院，社会学博士生，研究方向为理论社会学、当代文化研究。

一、问题意识

(一) 当今有关剩男剩女研究的理论范式

有关"剩男剩女"现象的分析很多，其援引理论大致如下：1. 婚姻梯度理论，强调个人主观偏好——太挑（陈鹤、凌静，2012）。2."婚姻挤压"，假定婚配关系为市场关系，潜在结婚主体在市场中供给不平衡"挤压出"剩女（郭志刚、邓国胜，

2000）。该理论对"剩女"的分析很难解释为什么两性双方同时"过剩"。3. 女性主义视角，认为男权中心观念阻碍了女性的婚姻之途（周松青，2010）。这一老套话语分析无疑不利于两性和谐共处。该理论也难以解释为什么西方社会没有如国内如此严重的"剩男剩女"现象，给人唯有中国才有男性统治的错觉。4. 两性性别比角度，认为绝对数量上单身男性多于单身女性导致一些女性过剩而"嫁不出去"（张毅，2013）。同样有取性别比视角分析的结论却相反，"女性在各个年龄组及受教育程度水平下都基本处于短缺状态，女性过剩实属伪命题"（陈友华、吕程，2011）。"剩男剩女"现象如今已不再只属于人口数量上的性别比范畴，而是一种独特的社会文化现象。5. 从物质主义角度出发炮制出"拜金女"话语，视女性自身是问题的制造者更是散见于报端。类似见解不能解释为什么依然有许多物质不够丰富的男性已婚、物质财富不缺的男女依然单身这一事实。

（二）以上研究范式的潜在风险

以上列举探索方向有以下特点：1. 没有将个体、社会与历史结合在一起考量，不是批评男人，就是指责女人；抑或单方面强调物质因素。2. 视人类婚配行为只是一种市场交易活动，社会问题经济化的思维是其引导思考的主轴，对婚配的重要内涵——情感因素视而不见，对人类婚姻的理解降低到动物配对水准。"低收入者可以合娶老婆"的言论将这种思维推到极致，①在理性的名义下人类的尊严降到冰点。3. 将"剩男""剩女"拆分成两个问题，构成因果关系，这让饱受单身困扰的"剩男剩女"格外受伤。"剩女"问题没有解决好，媒体话语逐渐从为都市剩女操心中退场，有着替农村剩男着急的趋势。② 4. 在话语导向上，以上研究范式给人留下这种错觉："剩男剩女"问题只属于单身者，"已婚"在该话语中无意流露出莫名的价值优越感。研究对象成为他者，从"我们的社会"中被分离出去，扭曲了这样一个基本事实：已婚者和未婚者一起构筑社会；他者同样也是我们的建构者和社会结构性组成部分。

是否有一种可能，在学理上弥合"剩男""剩女"的鸿沟，将"我们"与他者统

---

① 参见《浙江财经学院教授：低收入男可以合伙娶老婆》，http://news. sohu. com/20151021/n423831305. shtml。

② 参见序列"中国农村剩男现象的调查"，《中国青年报》2016 年 2 月 23 日、2 月 24 日。

一起来建构一种总体性社会的探索方向？

（三）从时间向度分析"剩男剩女"的可能性

年龄体现出时间的三大特性:生命时间、社会时间、历史时间。针对"剩男剩女"推迟初婚年龄这一特点,本文引入"过度单身"①这一概念,指称有结婚意愿的大龄单身男女。只要还期待走进婚姻,婚龄的推迟本质上是个体生命时间阐释与历史时间、社会时间约定的结婚年龄脱节,婚姻制度赋予生命的意义尚未实现的状态,属于时间社会学范畴。② 就成家这一社会普遍认同的个人事务,过度单身者丝毫没有任何为追求效率和实现可见目标筹划的迹象。相反,过度单身这一行动彻底颠覆了现代社会强调时间节约、在成功意义上快速完成人生大事的期待。过度单身现象击破了人们对时间即效率这一资本主义神话的传颂。在"时间即金钱""时间即效率"的社会意向下,过度占有单身这种反主流时间观的现象,意味着什么?

---

① 前现代社会的生命时间与社会时间是自洽的,从属于男大当婚、女大当嫁的文化秩序。社会时间不对生命时间构成压力,婚配压力既不可能是个人问题,也不可能成为社会问题。过度单身成为可能的几个条件:1.个体成为自身婚恋权利的唯一决定者确保实现,这是前提条件,意味着任何外力和他者高压都不足以改变婚配权自主这一事实。前现代婚配行为是由父权主导媒妁为中介的社会性安排,父权制在"五四"时期伊始遭受的打击至今没有停止过,父权制对儿女婚配支配权逐步丧失。同时,伴随着个体主义兴起,婚姻纯属个人事务这一观念得到了社会承认和保护,最终实现了当今社会婚配权只服从于个体意志的状态。2.包括个体和社会在内依然认为成家是必要的,婚姻家庭制度是不能缺少的,即婚姻家庭生活依然内化成个体生活和社会必要的一部分。尽管在当今社会家庭出现了许多危机和问题,但是对家庭价值的肯定这一观念并未在根本上被否定过。3.还有一个条件是只要主观上愿意结婚,就随时会有相对应的未婚异性有同样的意向(这里的结婚意向不涉及同性婚姻,笔者注),否则,因结婚对象绝对空缺而终结了剩男剩女概念的实际意义。4.即使终生处于过度单身状态也会得到法律的不干预原则保证。5.最后一个条件是没有一种其他替代性社会机制超越于常态家庭提供给个人的福利。唯独这些条件都具备,"过度单身"成为一个分析性概念才具有意义。

② 时间作为社会分析起点的论述很多,如从海德格尔的时间观出发,时间性是所有关系基本的形式,这种形式使得有可能认识时间的原始意义(湛垦华,1982:101)。这一论述从社会哲学层面提供了从时间向度分析社会成为可能的依据。社会学家普罗诺沃斯特更是明确指出,社会学的任务在于试图了解并描绘一个社会、一个集团或一种环境所特有的各种表现形式和不同的时间模式(吉勒斯·普罗诺沃斯特,1987)。再如罗莎认为,"除非在我们分析中增加时间维度,否则我们无法充分理解现代性的特点和属性,以及现代性结构和文化发展的逻辑"(H. Rosa,2003:4)。马克思主义政治经济学有关资本主义的论述,堪称社会研究引入时间分析的典范。顺此思维启示,把对时间的理解与当代人类生活现状紧密地联系起来成为本文思考的起点。

二、当今社会支配性时间观

(一)当今社会支配性时间观面相

现代社会着迷于时间节约,"时间即金钱"这一资本主义逻辑将时间的价值赤裸裸地资本化,诚如经济学家贝克尔认为,现代社会中时间可以看成能够与货币互换的资源(Becker Gary S,1965)。韦伯对资本主义精神的分析中,也发现资本主义精神的一个秘密——"浪费时间是万恶之首也是万恶之最"。

资本化时间观在以美国为首的、资本主义为核心的流动的现代性浪潮中波及全球,几乎成为现代时间的全部要义。资本层面注重效率,国家层面强调发展,个人层面比拼成功,无外乎都是肯定单位时间内可货币化计算的效益。如此语境下,表面上以自然时间为准绳的社会时间本质上只是经济学意义、市场化的时间度量。交通工具的快速运输,光缆之内的信息传播,速食汤料的运用,成功学意义的个人实现,整个社会无不发出一种危急的声音:要发展、要提高效率、要加快速度、不能输在起跑线上。时间成了一种稀有资源;对时间的高效使用,让竞争对手对其时间充满深深敌意并视其为邪恶;在结果上被时间甩掉的对手,其时间的使用往往成为尽情嘲讽的对象被"垃圾化"评论。

一切都在快速和发展的名义下显得正当和必要,社会发展和个人生存就这样被密织的时间驱赶着紧紧链接到一起。紧紧扼住时间的咽喉,不要让自身窒息于时间之内成了现代社会赋予个体的支配性正义。张爱玲说,"成名要趁早",似乎也预示着现代性对生命的全新诠释:尽快获取更多的社会性资源并将其占为私有,就实现了生命最好的利用,抑或是生命最大地节约性消费。一旦如此遂愿,"成功人士"成为社会景观,成为世人楷模、时代精英并且拥有批量前赴后继的追随者,正如某商品的广告表达的那样:一直被模仿,从未被超越。这种豪情万丈的得意是现代社会的精神气质,激发着人们努力在成为时间的奴隶中梦想着突破和超越的现代神话。网络流行语"羡慕妒忌恨"流露出人们对与时间有关缔造的复杂情绪。

（二）当今社会支配性时间观的危险

在理性行动论者看来，人们行动的意义就在于它是有理性的，只有理性的行动才能被看作是真正的社会行动，情感只是行动的一种属性而已。社会控制论的创始人罗斯指出，与理性处处受到宠爱、受到张扬相比，情感、情欲长期在历史上成了被鄙视、被控制的对象。上述观点在韦伯那里也有所显露。尽管韦伯把情感性行动作为社会行动的理想类型提出来，但他认为这种类型是对理性行动的"偏离"和"偏差"（马克斯·韦伯，1997:41—42）。一方面，情感行动没有明确的主观意义，是"半意识或实际上完全无意识"的，另一方面，人们赋予行动上的主观意义似乎也不包括情感因素，因而严格来说不能把情感因素看作是社会行动的内在因素。既然只有理性行动才能被人理解，那么情感行动就自然被排挤到正常的社会结构（如科层组织、法理制度）之外（马克斯·韦伯，1997:238—239）。芒福德在《技术与文明》中指出，"现代工业时代的关键机器不是蒸汽机，而是时钟"（刘易斯·芒福德，2009:15）。这种说法得到了吉登斯的认可和发展，吉登斯说："在我看来，时钟时间的普及正是时间商品化的表现，作为'衡量延续性'的时间是一种商品化的时间，它与具体的生活内容相分离"（安东尼·吉登斯，2010:8—9）。资本主义社会化的时间反映在经济学上注重单位效益时间，该时间并没有将生命伦理纳入其中，它只生产，不涉及历史，也不具生命关怀。该度量可怕的结果之一，就是生命时间被生产时间效益化，一切可以追赋意义的事件包括人本身都不幸沦为经济学时间的附属。

（三）支配性时间观引发出两种生活取向

一方面，抓紧时间、赶时间、统筹时间既成为现代社会的一种管理科学，也成为现代人生活的一种社会气质。另一方面，在资本时间的控制与挤压下，努力摆脱资本化时间对生活的殖民，也成为一种非主流但是却有生命力的时间观。臣服与反抗，成为当今两种并存的时间观，彼此都努力在对时间的开发中探索新的时间意义和生命阐释。时间即金钱以及相对应的技术治理知识已经基本完成，更多的只能依赖技术本身的发展获得利用时间的新突破。马克思主义曾对资本主义时间做了无情地揭露，可是相关的、系统化的知识引导在 20 世纪 60 年代结束后被边缘化；反抗资本时间，得不到主流时间观的承认，如今知识生产同样成为支配性时间观的侍婢。抵抗时间，在日常生活领域正在寻求生长空间，比如现代社会人们对慢生活的向往。尽管慢生活更多是被商业主导开发出来的，但至少对资本主义"时间加速"理念是反向承认，这种反向承认本身就具有对资本时间不满的情绪和抵制意图。本文要展开分析的，是另一种抵抗——过度单身与时间的抗争。

三、过度单身的时间观及实践

（一）迎合经济时间

经济学意义时间没有终极的最佳效益，"没有最快，只有更快"。在未来时间中不断超越既有的经济效益正是时间经济化、效益化，并作为社会增长点的秘密。弗罗姆指出，早期资本主义产生的是禁欲囤积型的社会性格倾向；资本主义发展到 19 世纪末 20 世纪以后，社会性格就转向一种攫取挥霍型。在由个体主导的对未来时间品质的期待中，以当下为起点谋划在未来的婚姻中最大化获益成为过度单身的用意。普遍被视为能提升婚姻品质的要素都会受到充分地期待：颜值、健康、学历、职业、地域、性格、物质财富、家庭背景、个人生活习惯、星座、气质等都会纳入考量范畴。如此一来，视为只听命于自身的婚姻事件，在没有未来那个伴侣参与其中的前提下——一个人导演着两个人的故事，成了过度单身者的梦幻。一个人梦幻两个人的故事，这近乎不可能的状态可支配的资源唯有时间，等待、迟疑、观望……在此意义上，过度单身正好符合时间的经济学原则，将时间效益化，并以此作为一种向往和开拓未来美好生活的乌托邦观念。一言以蔽之：宁缺毋滥（方旭东，2016a）。情感生活以及对生命意义的思考不幸陷入资本主义的时间牢笼，在宣称不求完美只求适合自身的名义下遮拦不住要求完美的苦心。

另外，古代门当户对的通婚文化与现代契约经济等值原则本质上趋于一致，强化了对现代婚配事件中婚姻可效益化计算的推崇。过度单身与婚姻有关，又可以视为资本主义时间结构中的一环或一个单元构成不同的时间叙事。构成社会集体意识的情感的区隔化是阶层固化的一个方面；情感在不同阶层之间日常生活领域的姻缘式流动与黏合受阻加剧了社会板块化、区隔化。灰姑娘与王子、青蛙王子与公主"开始过上了幸福生活"的故事，几乎不可能在当下中国语境中上演。

限制情感流动的阶层咒语，一方面被择偶事件中拥有支配权的"王者"充分发挥，另一方面成为社会底层情感幻想的精神鸦片。过度单身对自身与他者时间价值的精确评估中，包含着对生成于资本主义时间体系中社会的一定程度承认，与承认相关的时间叙事方式却有着本质差异。如生产车间内的时间装置，生产出高端商品，也可能生产出底层过度单身者。甚至包括那些同样被资本主义时间包围的都市白领阶层，也不幸受制于高强度工作时间对生活的设置。密织的劳动时间几乎将其生命应有且必要的自主时间支配权剥夺殆尽，社会交往意义的时间相对于生产时间，他们（她们）更加稀缺；更有效率的劳动，才可能更好地解放空巢的身体与情感，早已经被社会支配性时间谋划好。

一些有购买奢侈品能力的消费者，"享受"着商业消费式的过度单身。婚姻是一种制度生活，既然是制度就会对自由有选择的规范与约定，规避制度约束的能力本身是一种优势社会资本。拥有这种优势资本者主要是富人，这些人将过度单身开发成乐于闲暇与纵欲的生活品格。以"钻石王老五"指称占有优势资本的过度单身男性，无论是发出此称谓者还是被称谓对象，无不有对拥有更大资本主义时间支配权优越感的承认。

以上两种人——制约于劳动时间与拥有闲暇时间的过度单身者，共享着过度单身的名义，在充分体认经济学时间与个人的关系中，本质上却是如此不同；一种过度单身正在消费另一种过度单身。电视等媒体有关相亲、选秀类节目中，另外一种被观看的过度单身也在公开进行。借助媒体包装过度单身与自我展示，制造出一种稀缺的优势相亲对象待价而沽的商业形象。资本主义时间压榨出底层看不见的过度单身、私人领域秘密享受着富有的过度单身、公开领域贩卖着中产过度单身，三者紧密地连接到一起，共享着同一种资本主义时间结构，但是对应到不同阶层的具体个人命运，又是那么的不同。

笼统的、被问题化的"剩男剩女"话语中，无差别的资本主义时间生产出有差别的过度单身，以及制造过度单身的根源及其景观化这些差别都被不加以区分地忽略。过度单身的生产、再生产正在被宏大的资本主义时间叙事形塑，向产业化和景观化方向行进，对应着资本主义时间有意对人有差别的塑造。

（二）抵抗社会时间

时间经济化导致社会时间对生命时间的挤压，被挤压的情感越发成为一种稀缺资源，并被越来越多的人认识到。努力争取自主性生命时间质量，增加生命时间中的情感密度就很有必要。马克思说，"时间实际上是人的积极存在"（马克思，1979：532），生存不仅仅是一种顺应环境的过程，也是改变环境的过程。舍勒强调，情感生命并不是"暗哑和盲目"的，相反，它们充满着丰富多彩的意义。一定层次的情感，都通过自身特定的意义给定人们一种存在、一种行为、一种命运的价值差异（马克斯·舍勒，1995：218）。舍勒极为赞赏帕斯卡尔的名言："爱即理性"，在此，帕斯卡尔的意思是，理性行动奠基于情感行动。人们只能认识自己所"爱"的对象——"爱始终是激发认识和意愿的催醒女，是精神和理性之母"（马克斯·舍勒，1995：47）。作为一种反向理性行动的过度单身，在情感成为稀缺资源的语境中，以一种向死而生的姿态对爱即理性进行了实践性辩护。

如今不幸的是，理性之爱的实践感中，爱之内涵容易掺入许多复杂成分，不仅包括对物质和时尚元素的期待，也包括对纯粹、唯美的爱情的向往。爱的内涵中精神性和物质性期待都在膨胀，两性之爱的维护与升华——在婚姻这种世俗生活的实现中显得艰难。精神性和物质性诉求的统一是人类的难题，对爱的期许中，让情爱主体在具体生活体验中获得知足感和安享于某种稳定的婚姻秩序，现代人显然既心有不甘却又力不从心。

爱之内涵的膨胀让两性社交的紧张日益加剧。两性不约而同地采取了同一种策略为未来开路：在生命时间中留守自身，为未来谋划。他们（她们）坚信未来不是别的，正在当下。

过度单身对婚姻的迟疑与观望，无视上帝分配给其的时间与社会有什么关系，独占时间，并视为可自决的私有财产。这一状态将爱因斯坦的一种时间观发挥到极致。爱因斯坦说，"对于个人，存在着一种我的时间，即主观时间"（爱因斯坦，1976：156）。坚持主观时间的贝克莱，曾有诗人为其注释：时间不是公共的财产，长的就是短，快的也是慢，在你为近，在我为远，心之所接，心之所获，此心与彼心有不同的体验,人人都以自己的心灵为准,给定自己的纪年(傅有德,1999：222—223)。因此,潜意识里如此等待并不是什么东西的流逝,而是把时间的占有理解成某种东西返回的机会。世界上只有利用时间的能手,而不存在时间的收藏家(周大荣,1991:30)。利用和收藏时间在过度单身中几乎等义;节约时间即是浪费时间,反之亦然。在一切都在快速向前发展的社会里,过度单身的生命时间暂时在社会时间中抽离出来,成为一种静止的、相对隔离的生命状态维护。

过度单身的生命时间不再是可评估的、制度的、清晰可见的;仿佛游牧部落的漫游,依水而居,见草即憩。这与工业社会紧张有序的时间安排、制度化时间对个人的规训背道而驰;有意挣脱情感不在其中的社会化、制度化时间对个人生命的支配,是对社会的无声抗拒和不满。对家庭期待依然是其行动所向,但是过度单身近乎冷漠地独占生命时间这一行动格外值得人们深思:时间究竟应该是优先属于社会,还是属于生命本身？

过度单身行动是一个发现主体被剥夺并且有选择的与其斗争的过程;再如爱因斯坦所述,时间是"为理解感觉经验而设计的手段"。过度单身的主观化时间体验中,期待有关婚姻的感觉经验在未来更好地实现;将时间手段化为自我向未来的挺进。现代社会对生命的压制是将时间理解成物质来实现的,物化时间一旦过多统领生命,则情感和精神性时间必然会受到压制。人逐渐在这一压制状态中被异化,人的感觉结构必然扭曲——本来属于情感范畴的时间最终唯有通过物化来呈现,情感时间被物化时间替换。一旦过度单身者发现到这种替换的危险时,便有意捍卫自主时间进行自我辩护式的精神叙事,无意贸然将之对接到物质时间中,在此意义上单身的占有反而是对生命的关怀与尊重。艾利亚斯认为,现代社会人的情感控制不断得到加强,情感控制并不意味着情感的消失,反而会出现所谓的非情感状态(诺贝特·埃利亚斯,1998:6—42)。只是随着社会的发展,对情感的社会外部强制逐步转化为个人自我控制。过度单身,就是情感自我控制的一种。

过度单身群体里,一些人生存论意义上的物质并不短缺,也未必是金钱控,而恰恰需要的是回到生命的本真状态。从生命关怀出发这一并不过分的诉求,社会却难以予之满足——那并不是社会喜欢的方向和方式。过度单身这种逆潮流的社会行动,也可以理解成一种弥漫的社会运动:不甘于甚至努力跳出内嵌于资本主义时间体系之中的社会对生命的设置,生命才可能格外有意义。过度单身者以非暴力不合作的方式对社会进行了看似柔弱却是最有力的嘲讽! 在这些人看来,一个人的历史与体验比社会记忆来得更加重要,更加与生命本体靠近。

等待是一种策略,也是一种抵抗;尤其是那些渴望婚姻的"剩女",在守护自身中成为自身的背叛者。苏格拉底的教诲降临了,"宁可与整个世界不一致,也不愿与自己不一致"。

哪怕一辈子没有走进婚姻——只要不拒绝婚姻,那不是当事人的失败,而是社会的失败。

就"剩女"而言,并非是难以找到男人,而恰恰是男人太好找;而且男人太喜欢找女人!"剩女"并不是在找男人,而是在找回自己。女人开始在拒绝男人中寻求自身。"剩男",是女人醒来的结果。社会,却依然在沉睡中。

四、过度单身的时间哲学及阐释

(一)在时间游戏中迷失于时间

过度单身本质上是一个时间游戏。年龄既是过度单身的生物学资本,也是过度单身的社会成本。年龄成为过度单身的资本——还年轻、还不老、还活着。年龄作为成本就在于不年轻、逐渐衰老是必然规律。

过度单身不能延长寿命,如果还会结婚的话——婚姻内生活时间必然缩短。从结果上看,过度单身对自身生命意义的强调俨然超过对婚姻内两个人更长久生活在一起的意义期待;从而过度单身过程,就是一个自我维护和放大的过程。在学理上,这意味着绝对个体的意义正在篡改现代社会必要的维护机制:独立个体只可能是相对的,只有在必要的社会互动中才可能实现。

社会时间对个人生命挤压导致情感及情感活动的景观化。过度单身者对寻求结婚伴侣谨慎而迟缓的态度,在其漫长的——很难看到尽头的相亲之旅中,似乎遗忘了相亲目的,而是在享受相亲。相亲,似乎成为一种可消费的食物需要慢慢品尝。过度单身开始具备时尚气质被越来越多的人追随。相亲本身成了景观,过度单身成了一种生活方式。当事人尝试着对抗和逃离现代性的牢笼,在情感问题上彻底成了一个情景主义者并且很悠然地"享受着"介于单身和成家之间的慢生活。单身与成家在生活呈现形态上只有一步之遥,也只有两种结果,要不继续单身,要不尽快结婚。这一步之遥的生活距离被当事人开发出来,却未必真正地享受了多少可以公开化、合法化的单身福利。相反,这种持续的、单身未决状态应该有苦恼的成分——他们(她们)讲述的是当代中国一个地方性的现代性故事(王彬,2011),是地方传统遭遇全球化现代性的受害者。

当人们想要的生活难以实现的时候,消费社会总是对之报以极大的"善意"而借以制造出更多景观,过度单身成为新兴商业的宠儿。过度单身者介入酒吧、公园、旅游、茶楼、电影院、咖啡厅等景观被生产出来。如此景观依然让景观制造者不满足,也无法彻底根除过度单身的烦恼,既然如此,那就让过度单身成为景观吧。从而,逡巡在通向婚姻之路上就是这个时代很不错的生活方式,它正获得资本狂欢和观念的高度认可。事情开始变得越发糟糕,生命的意义重新得到改写。新兴生活方式的被崇尚正在以并不解决问题的方式暂时虚假地处理了问题,并且制造出一种观念:单身不是问题,享受单身吧。这样的宣言一旦得到共鸣和回应,那种散淡的、单身自由状态,反而让家庭里劳碌和可能的无奈成为社会尽情嘲讽和制造笑点的对象。一些家庭主妇在微信等自媒体中开始流露出对单身的羡慕:你们真舒服,不用看管孩子……想到哪就可以去哪。"一场说走就走的旅行""天亮就出发""一部单反(相机)走天下"的自由与洒脱,占据许多商业和自媒体平台,正在争夺着过度单身者的忠诚。这种争夺,也许会缓解一些单身者闲散时间的不安和无聊感,然而却也在享受单身中迷失了过度单身的意义——为了更好地成家。

(二)社会时间与生命时间的脱嵌

金钱社会的伦理本质上是时间商品化的伦理。在发展的名义下,个人身处快速又便捷的资本时间编织的生活体系中,感受着生命时间遭受压制带来的苦感和累感。生命时间又无力与之抗争,从而只能表达出自身的体验:累。累是感性时间秩序里生命时间对现代社会发出的沉重而有力的呻吟。

初婚年龄,在传统社会中基于生命时间和社会时间的统一性,主要由社会时间负责解释和维护,即男大当婚女大当嫁(方旭东,2016b)。现代社会将视为没有直接经济利益的婚配时间安排让渡给个人,由自身决定。资本替代了部分社会功能,直接与个体发生可能的商业关联,正符合社会对资本与个体的期待:最大化自由成为繁荣市场与个体的条件。社会时间里传统生命伦理和文化要素越发减少,属于传统社会时间关怀的生命、意义不能再在现代社会时间中得到维护时,曾经由社会时间负责的那部分必然在自由的名义下处于无序状态,社会不再对何时结婚负责。对婚龄下线的限定只是国家人口治理需要而非从人的意义出发。"宁缺毋滥"的过度单身誓言,如吉勒斯·普罗诺沃斯特对现代社会所察,"我们也许正面临着一场不同时间之间关系的变化"。正在变化的生命时间观及其实践,抑或让家庭从社会时间、历史时间和生命时间的脱域中经历危机。同样如吉勒斯·普罗诺沃斯特所言,有两个未变因素毋庸置疑,那就是对家庭价值观的依恋和对以温暖关系为中心的稳定生活的渴望(吉勒斯·普罗诺沃斯特,1987)。吊诡的是,过度单身正是依恋于温暖关系的家庭价值而在行动上破坏家庭维护需要的历史时间和社会时间结构。生命时间中文化意义的要素被资本接管,情感、爱情的意义朝物化方向发展,资本有意在这里获得优先解释权,让情感更加情感化的面貌本质上归拢进资本范畴(方旭东,2009)。社会表面上有序的状态,导致人的意义在有限的生命时间中显得格外局促,赶时间、忙、"已经约好"等成为生活中的重要词汇;"由于使用了一个钟,时间的概念变得客观了"(爱因斯坦、英菲尔德,转引自李泽厚,1979:110),时间取得了公共生活准绳的地位。整个社会都在一体化的时间体系中快速运转着,个体自觉将生命时间对应到资本时间中,并从中获得自我认同和解释。不要被时间抛弃,成为现代人生活的依据;如此时间不再属于自身,时间脱离于主体,人客体化成时间的拥趸者。

社会快速发展,以破坏生命中那种古老的、深沉的、甚至慵懒的时间结构为代价,将私人时间与公共社会有机性地连接转化成在公共时间中如在飞机上、地铁里……和一帮陌生人共享同一种没有情感关联的公共场域。在列维纳斯眼里,时间之谜,就是主体之谜,就是他者之谜,列维纳斯正是基于时间,才另立了"作为他者的主体"这一后现代伦理之要义(王恒,2006)。可见,现代社会的秘密,在于生命时间的重组和编码,工作时间、休闲时间的区分,将主体的生命时间进行分割和按照社会的意图再结构,将主体的时间变成他者。

现代社会时间就是一种权利,谁获得了对社会时间解释和运作的权利,谁就拥有了对生命的控制。社会并不担心"剩女"嫁不出去,只担心婚配事件无法商品化。

五、对现代时间观的反思

当我们追问时间去哪儿了的时候,是时间游离于生命本身被体认到的结果,也是对剥夺了时间意义的生命反思的开始。反思结果目前还只是停留在感慨和抒情中,并没有深切地对时间剥夺在哲学层面追问,生活层面也无人对谁剥夺了其时间做深刻地质疑。当时间几乎彻底将人的意义格式化了的时候,人们也差不多丧失了理解和穿透生命的能力,从而也失去了对本体意义上时间反思的能力。没有时间关怀的生命是人类心智萎缩的表现。

社会加速是现代化不可忽视的一个构成特点,它改变了现代社会的时间结构,并转变了我们的文化、社会结构和个体认同的本质(J. Wajcman,2008:61—62)。快速发展,并不是时间的提速,也没有改变时间公平持久的稳定性,快的只是要将人的生命始终纳入到社会发展和变化的节奏中。快和发展的强调是重新将生命时间纳入到国家和社会发展中重新编码,而且需要对个人生命时间的内部结构重组,让人们的更多精力和能量都对应于社会快速发展这一端口。但是,生命依然是古老的,生命即是时间本身,它并没有因快速发展而带来多少值得称颂的新意。相反,人类生命本身的时间结构在社会时间提速之前,早已经被自然和上帝安排好,需要适度休息,需要一定私密性,以及和家人等亲密共同体共享同一时间变体的空间。

精确的时间意识往往只会在复杂的社会里才可能形成,现代化作为现代民族国家的基本诉求、科层制度、契约原则以及与之对应的科技和文化形态,合力形成具有现代社会色彩的时间意识。对这种时间意识的反思应包括个人对生命的理解,尤其应包含总体性社会对人的理解:社会发展,究竟要塑造或生产什么样的生活？个人对生命意义的时间理解，就"正常人"而言，并不是什么值得书写的事情，洞悉了国家的发展和社会结构，就能明白不同的生命大致都共享了福柯意义上的同一种生命政治。当生命一味地遭受征用并且开始出现反向抵制时，以及历史时间中积淀的文化和生命时间中重要的伦理在提速的社会时间中被挤压时，社会不该对此无动于衷。人类的心智唯独在时间之巅安静地停弋，理性才能回眸。否则，时间去哪儿了的追问，将是社会永恒的迷思。

Being Single Excessively：
A Discovery of Time Sociology

Fang Xudong

Abstract：The common feature of "leftover singles" is to delay their first marriage age, and this issue belongs to the category of time sociology. The delay of marriage age means essentially that the practice of individual life mismatches historical tradition and social customs. The maintenance of marriage system to the life meaning has not been realized. This paper introduces the concept of "being single excessively" to analyze the phenomenon of "leftover singles". Being single excessively, on the one hand, caters to the rationalization and efficiency in modern society; on the other hand, resists being squeezed by the modern social time. Catering and resistance together lead to being single excessively. This phenomenon typically reflected disjointing between modern social time and individual life time.

Keywords：Being Single Excessively；Economic Time；Social Time；Society

绅士化的再解读

——基于布迪厄的社会实践理论

刘春卉

摘　要　对绅士化驱动机制的理解与诠释,存在着生产端与消费端的二元争论,其焦点在于中产群体在内城集聚的动机究竟是资本、市场、文化再生产的被动选择抑或是主体的能动诉求等。面对这一问题,本文利用布迪厄的社会实践理论重新审视绅士化过程中各个利益主体的关系与博弈,指出文化资本与经济资本一样具有"资本的趋利性",文化资本导向的阶层建构与经济资本导向的空间重构共同推动了这一进程,且两者互为因果,进而试图将两派理论纳入一个框架中加以阐释。

关键词　绅士化;布迪厄;再解读;社会实践理论

作　者　刘春卉,南京大学地理与海洋科学学院,博士研究生。

一、前　言

格拉斯于 1964 年首次发现并描述了伦敦内城出现的绅士化现象,①随后这

---

①　Glass R, Hobsbawm E. J, Pollins H,etal. *London*: *Aspects of Change*,London:Mac Gibbon and Kee, 1964:xiii – xlii.

种中产阶层在内城置换工人或低收入阶层并伴随着中产阶层文化植入的现象逐渐成为全球范围内城市空间与社会空间重构的一种普遍实践方式。绅士化研究伊始，其研究主要聚焦于这种现象的规模，社区结构的转变，以及探讨这种逆郊区化现象所带来的后果。①②③ 随着研究的深入，一个被称之为新中产阶层(new middle class)的群体以及该群体在内城集聚的"动机"逐渐成为研究的焦点之一。

代表性的理论有 Ley 等学者从后工业社会，城市转型角度展开的分析，强调新中产阶层群体的职业结构随着后工业社会产业结构的转变而转变，同时还有其文化背景以及消费取向，这一系列的转变产生了一个新的消费群体在内城集中，进而产生了绅士化；④⑤⑥Redfern 和 Hamnett 等学者从新中产阶层的主观能动性出发，强调其主观意志的选择是绅士化实践的主因；⑦⑧Rose，Bondi 等学者从社会性别以及女性视角对中产阶层机制的论述，将女性绅士化的解析上升到对传统男权社会结构转变反抗的理论高度。⑨⑩⑪⑫ 诚然，这类研究的主要目的是为了挑战以 Smith 为主导，基于马克思主义政治经济学(Marxist political-economic)理论对绅士化机制

① Laska S, Spain D. *Back to the city: issues in neighborhood renovation.* New York: Pergamon Press, 1980.

② SchillM, NathanR, PersaudH. *Revitalizing America's cities: Neighborhood reinvestment and displacement.* New York: State University of New York Press, 1983.

③ Gale D. *Neighborhood revitalization and the postindustrial city: a multinational perspective.* Lexington: Lexington Books, 1984.

④ Ley D. *Gentrification and the politics of the new middle class.* Environment and Planning D, 1994, 12(1): 53 –64.

⑤ Ley D. *Alternative Explanations for Inner-City Gentrification.* A Canadian Assessment. Annals of the Association of American Geographers, 1986, 76(4): 521 –535.

⑥ May J. *Globalization and the Politics of Place: Place and Identity in an Inner London Neighbourhood.* Transactions of the Institute of British Geographers, 1996, 21(1): 194 –215.

⑦ Redfern P. *What makes gentrification 'gentrification'.* Urban Studies, 2003, 40(12): 2351 –2366.

⑧ HamnettC. *The Blind Men and the Elephant: The Explanation of Gentrification.* Transactions of the Institute of British Geographers, 1991, 16(2): 173 –189.

⑨ Rose D. *Rethinking gentrification: beyond the uneven development of marxist urban theory.* Environment and Planning D, 1984, 2(1): 47 –74.

⑩ Bondi L. *Gender Divisions and Gentrification: A Critique.* Transactions of the Institute of British Geographers, 1991, 16(2): 190 –198.

⑪ WardeA. *Gentrification as consumption: issues of class and gender.* Environment and Planning D: Society and Space, 1991, 9(2): 223 –232.

⑫ Bondi L. *Gender, class, and gentriftcation: enriching the debate.* Environment and Planning D, 1999, 17 (3): 261 –282.

的诠释,①②指出 Smith 的理论对绅士化主体、社会结构重构以及社会关系再生产的忽视,强调绅士化主体在这一过程中所起的主导作用。

事实上,无论生产端还是消费端对绅士化的诠释,所争论的焦点在于中产群体(gentrifiers)为何在城市中心重新集聚,产生这种"行为"的动机或者内在推力究竟是资本、市场、文化推力抑或是主体能动选择的社会空间结果。布迪厄用唯物论方法建立的社会实践理论无疑为这一争论提供了新的审视视角。利用其理论,重新审视绅士化过程中城市空间与社会空间的生产与再生产,探讨这个过程中各种形式的资本的流动与传递,可以发现绅士化的各个解析理论并非全然对立,而是可以纳入同一理论框架中加以阐释。

二、布迪厄的社会实践理论

布迪厄的社会实践理论认为实践(行为)是惯习与场域相互作用的结果,实践(行为)不能成为惯习或者场域单独驱动的产物,这种关系可以表述为:

$$惯习(habitus)/资本(capital) + 场域(field) = 实践③$$

(一)场域

社会空间由各种不同的场域交织、渗透构成,而场域是"商品、服务、知识或社会地位以及竞争性位置的生产、流通与挪用的领域"④,它是不同社会主体按一定的逻辑需求共同建立的,以生产、流通有价值资源为目的,同时以市场为纽带,以之联系不同产品的生产者与消费者。⑤ 因此,场域同时体现出竞争性与结构性的特征:人们为争夺不同有价值资源而进入场域,这种有价值的资源就是各类形

---

① Slater T. *Gentrification of the City*. Bridge G , WastonS. The New Blackwell Companion to the City,Oxford:Wiley-Blackwell,2011:571 – 585.

② 宋伟轩:《西方城市绅士化理论纷争及启示》,《人文地理》2013 年第 1 期。

③ 刘欣:《阶级惯习与品味:布迪厄的阶级理论》,《社会学研究》2004 年第 6 期。

④ 戴维·斯沃茨著,陶东风译:《文化与权力:布迪厄的社会学》,上海:上海译文出版社,2006 年,第 76 – 162 页。

⑤ 李全生:《布迪厄场域理论简析》,《烟台大学学报(哲学社会科学版)》2002 年第 2 期。

式的资本(布迪厄主要讨论四种类型的资本:经济资本、文化资本、社会资本与符号资本);场域在为社会主体提供选择的同时,又对这种选择有所限制。值得注意的是,场域内有价值资源的争夺包含有价值资源合法性的界定,这种合法性的界定可以理解为一种符号竞争,符号合法性的确立可以为生产者带来更多的利益,并可将其强加于社会,即"符号暴力"。①

(二)惯习与资本

惯习则有两层相互关联的内涵,其一是结构,惯习是结构的产物("被结构的结构"),同时又成为结构的再生产者("具有结构能力的结构")②;其二是倾向(disposition),个体客观生存环境(结构)的内化使得个体得以社会化,这种社会化的结果一方面使个体行为有所限制,而另一方面也使个体表现出明显的"习惯性的状态",即倾向。惯习的这种界定使其具备一种辩证的内涵,它是客观环境内化的产物,但其外化的倾向在场域中的实践(行为)又成为阶层的特征与区分(distinction)所在,并且不断将其再生产。

社会实践理论的另一创举便是对资本的"非经济学解读",布迪厄将这一概念拓展到文化、社会与符号等各种社会权利形式中,同时将这些非经济的商品与服务置入与经济资本相同的框架考察其流动与代际、代内传递。③④⑤ 这些非经济的商品与服务即是文化资本、社会资本与符号资本,本文主要探讨经济资本与文化资本。广义的文化资本泛指任何文化或者与文化相关的有形、无形资本;狭义的文化资本着重强调对社会顶层所具备的高雅文化的适应能力与掌握程度,以之区分于其他社会阶层或凭之获利。⑥⑦⑧ 布迪厄认为文化资本有三种存在形

① 徐贲:《布迪厄论知识场域和知识分子》,《二十一世纪》2002 年第 4 期。

② 戴维·斯沃茨著,陶东风译:《文化与权力:布迪厄的社会学》,上海:上海译文出版社,2006 年,第76－162 页。

③ 刘欣:《阶级惯习与品味:布迪厄的阶级理论》,《社会学研究》2004 年第 6 期。

④ 徐贲:《布迪厄论知识场域和知识分子》,《二十一世纪》2002 年第 4 期。

⑤ 朱伟珏:《资本的一种非经济学解读——布迪厄"文化资本"概念》,《社会科学》2005 年第 6 期。

⑥ 朱伟珏:《资本的一种非经济学解读——布迪厄"文化资本"概念》,《社会科学》2005 年第 6 期。

⑦ 戴维·思罗斯比,潘飞:《什么是文化资本》,《马克思主义与现实》2004 年第 1 期。

⑧ 仇立平,肖日葵:《文化资本与社会地位获得——基于上海市的实证研究》,《中国社会科学》2011年第 6 期。

式:身体化的存在,即文化能力(cultural capacity);客体化的存在,即文化产品(cultural product);以及制度化的存在,即文化制度(cultural system)。①②

(三)实践

布迪厄认为社会群体并不是依靠其在社会生产关系中的位置(position)而区分,而是依赖其实践(行为)产生区分,③④这种区分所体现的就是社会阶层的建构与维系。实践(行为)是惯习与场域的互动,惯习只有在场域中才能发挥作用,而场域也依赖惯习而存在。布迪厄正是通过惯习与场域这两个相互依赖与作用的概念强调个体行为与之所处环境之间的不可割裂的关系,因为惯习所表现出的"结构"这一内涵就是用来诠释场域内各种相同类型的关系,而"倾向"又使得这种关系得以再生产。

布迪厄对实践的界定充满了对"唯历史论(historicism)"的后现代批判,因为不论是惯习还是场域,都不仅仅强调其时间的属性,更被赋予了空间的性质。而作为两者共同作用结果的实践因此也同时存在时间与空间两个维度的内涵。

如此,中产群体向衰败的城市中心集聚的这种"非理性"的、无法被经济主义理解(incomprehensible to economism)的行为有了很好的理论解析基础。⑤

三、绅士化的"布迪厄"解读

(一)绅士化场域(the field of gentrification)

绅士化场域并非一个完全物化的概念,而是一种"空间隐喻",它糅合了社会空间与城市空间的结构以及相关的联系,是经济场域、文化场域等其他场域的重

---

① 戴维·斯沃茨著,陶东风译:《文化与权力:布迪厄的社会学》,上海:上海译文出版社,2006年,第76–162页。

② 吴启焰,王兆杰,刘咏梅等:《文化能力作用下的绅士化及其后果》,《地理科学进展》2013年第11期。

③ 刘欣:《阶级惯习与品味:布迪厄的阶级理论》,《社会学研究》2004年第6期。

④ 布迪厄著,朱国华译:《纯粹美学的社会条件——〈区隔:趣味判断的社会批判〉引言》,《民族艺术》2002年第3期。

⑤ Ley D. Artists, *aestheticisation and the field of gentrification*. Urban Studies,2003,40(12):2527–2544.

叠,这一点类似于布迪厄"元场域"的概念;同时它也并非是静态的,尤其强调从历史的背景与变迁中去考察其各类资本的构成与变化。①② 基于时间维度,Ley重新审视绅士化地区的过程时发现艺术从业者往往扮演了整个绅士化过程的"先驱者"的角色,Ley 认为这一现象在绅士化过程中虽然"不是必然的,但却是经常性的(not inevitable but it is frequent)"③。其他学者的相关研究也佐证了这一现象。④⑤⑥⑦⑧

这些艺术从业者虽然收入普遍不高,但是其艺术的创造力、审美倾向与较高的学历使他们在文化产品与理念的输出与生产中具有相当的地位。在布迪厄的语境中,相对于薄弱的经济资本,他们都具备可观的文化资本,也是文化场域(filed of cultural)的主角之一。这一群体的文化植入以及他们审美倾向(aesthetic disposition)产生的结构再生产能力,使得原本破败的内城迅速获得了文化资本的注入,成为文化产品、价值生产与流通的核心,即使此时其经济资本依然处于较低的水平。⑨⑩ 随着绅士化的持续,越来越多地与"先驱者"审美倾向接近的中产阶层进入这个绅士化场域消费、挪用其间的文化产品,并将其内化、积累为自身的文化资本。但随后迁入绅士化场域的中产阶层的资本结构产生了明显的转变,他们的文化资本相对于最初的艺术从业者呈现不断下降的趋势,然其经济资本却不断提高,进入场域的主要目的也逐渐从文化资本的积累与消费转向对经

---

① 戴维·斯沃茨著,陶东风译:《文化与权力:布迪厄的社会学》,上海:上海译文出版社,2006 年,第76 – 162 页。

② Ley D. *Artists*, *aestheticisation and the field of gentrification*. Urban Studies,2003,40(12):2527 – 2544.

③ Ley D. *Artists*, *aestheticisation and the field of gentrification*. Urban Studies,2003,40(12):2527 – 2544.

④ ZukinS. *Loft living as ' historic compromise' in the urban core*: *the New York experience*. International Journal of Urban and Regional Research,1982,6(2):256 – 267.

⑤ Cole D B. *Artists and urban redevelopment*. Geographical Review,1987,77(4):391 – 407.

⑥ Jackson P. *Manufacturing meaning*: *culture*, *capital and urban change*. Rogers. A, VertovecS. The Urban Context: Ethnicity, Social Networks and Situational Analysis,Oxford:Berg Publishers,1995:165 – 188.

⑦ Podmore J. (*Re*)*Reading the ' Loft Living' Habitus in Montreal's Inner City*. International Journal of Urban and Regional Research,1998,22(2):283 – 302.

⑧ Florida R:*A creative*, *dynamic city is an open*, *tolerant city*,The Globe and Mail,2002 – 6 – 24(8).

⑨ Ley D. *Artists*, *aestheticisation and the field of gentrification*. Urban Studies,2003,40(12):2527 – 2544.

⑩ Jager M. *Class definition and the aesthetics of gentrification*: *Victoriana in Melbourne*. Smith N, Williams P. Gentrification of the City,London:Allen& Unwin,1986:78 – 91.

济资本的角逐。

"先驱者"是场域内文化资本增值的贡献者但不是唯一的,紧随"先驱者"进入内城的中产阶层以及以媒体、地产公司、房产中介等为代表的强势资本对绅士化场域的最终形成产生了更为深刻的影响。中产阶层一方面进入场域以获得相应的文化资本与收益,另一方面这一实践本身也是他们对场域内文化产品与环境的认可,这种认可成为场域内中产阶层文化资本合法性来源的一部分,这种合法性也是随后进入内城的中产群体结构再生产能力的显现。也就是说,这些中产阶层成为绅士化场域内文化资本的消费者,成为彰显阶层地位与身份区分的受益者,但同时又扮演了再生产者的角色。而同时进入内城的强势资本则与中产阶层不同,他们为追逐经济利益而来,但却以中产阶层文化生产者的姿态出现,他们将中产阶层的生活方式、消费品位等符号化,通过其雄厚的经济资本不断生产与推销这种符号,他们是场域内中产阶层文化资本合法性最主要的来源。

当经济场域与文化场域在最终内城重叠而形成绅士化场域的时候,内城成为中产阶层、强势资本角逐利益的场所。此时文化资本与经济资本都相对较为贫乏的社会底层与工人阶层被逐出了这个场所,因为他们无法在其中获得利益。绅士化场域资本结构的转变甚至使得很多原本作为"先驱者"的艺术从业者都不得不迁出,这种现象也被称之为"苏豪效应(SOHO Effect)"[1]。

(二)中产群体的惯习

社会阶层建构与界定的核心是其所处的环境,因为环境不单单是个容器,更是其社会形象与区分(于其他社会阶层)的诠释与反映。[2] 那么内城环境,或者说绅士化场域所反映的是怎样的一种社会形象与区分? 早期的研究认为,这是一种怀旧与复古的形象与姿态,内城具有历史感的建筑形式与材质迎合了这种需求,甚至将大量废弃的手工厂(manufacturing lofts)改造为住宅所营造的"仓储

---

[1] Van Winden W, DeCarvalhoL, VanTuijlE, etal. *Creating knowledge locations in cities: Innovation and integration challenges.* Oxon, UK: Routledge, 2013.

[2] Jager M. *Class definition and the aesthetics of gentrification: Victoriana in Melbourne.* Smith N, Williams P. Gentrification of the City, London: Allen& Unwin, 1986: 78 – 91.

生活方式"(loft living style)也是基于这种对历史质感与复古美学的追求。① 中产群体在内城"购买的既不是破败的、废弃的、贫民窟式的住宅,也不是用于投资未来的不动产,他们所购买的恰恰是过去"②。Zukin 认为中产群体做这样的选择是一种"历史的妥协"(historic compromise),基于建构自身文化特征与阶层区分的需要,以及与自身经济资本可承担能力之间的一种妥协。③④

这种妥协更多体现在早期(20 世纪 60 年代—20 世纪 70 年代)进入内城的中产主体之中,利斯把早期的中产群体总结为嬉皮士(hippie),生活节俭,但主动寻求区分与个性,因而利用内城所体现的与主流商业文化的差异展开阶层文化的建构,尽管他们并不愿意被束缚于任何阶层框架之内,对"阶层"这种"世俗"化的框架较为排斥。⑤ 随着绅士化的持续,进入内城的主体发生了转变,从嬉皮士(hippie)转向雅皮士(yuppie);这一转变并不仅仅是后者相对于前者拥有更多的经济资本,更多的是从强调精神独立、自由与解放(spiritualism)向世俗化(secularism)的转变,同时他们也从对阶层的排斥(class denial),转变为对新中产阶层的认同。⑥⑦

伴随这一转变的还有媒体、地产公司、房产中介等强势资本的介入,他们将内城的生活、消费形态定义、包装为现代、时尚的生活模式,这成为一种新中产阶层文化资本的标准范式,⑧一种符号。在这个过程中,强势资本逐渐掌控了新中产阶层文化范式的合法性的话语权,他们集体参与这一文化范式的推销,展示出其符号暴

① Podmore J. (*Re*)*Reading the 'Loft Living' Habitus in Montreal's Inner City*. International Journal of Urban and Regional Research,1998,22(2):283–302.

② Jager M. *Class definition and the aesthetics of gentrification*:*Victoriana in Melbourne*. Smith N, Williams P. Gentrification of the City,London:Allen & Unwin,1986:78–91.

③ Zukin S. *Loft living as 'historic compromise' in the urban core*:*the New York experience*. International Journal of Urban and Regional Research,1982,6(2):256–267.

④ Zukin S. *Gentrification*:*culture and capital in the urban core*. Annual Review of Sociology,1987,13:129–147.

⑤ Lees L. *In the pursuit of difference*:*representations of gentrification*. Environment and Planning A,1996,28(3):453–470.

⑥ Ley D. *Artists*,*aestheticisation and the field of gentrification*. Urban Studies,2003,40(12):2527–2544.

⑦ Lees L. In. *the pursuit of difference*:*representations of gentrification*. Environment and Planning A,1996,28(3):453–470.

⑧ Podmore J. (*Re*)*Reading the 'Loft Living' Habitus in Montreal's Inner City*. International Journal of Urban and Regional Research,1998,22(2):283–302.

力的一面。当然,中产群体也欣然接受了这种推销,将其内化,最终成了这一阶层的集体倾向,这种倾向使其进一步参与内城城市社会空间的重构。中产群体主动参与内城的重构,其目的并不单纯为营造舒适的生活环境,更重要的是对其社会地位与使之区分于社会底层或者劳动阶层,甚至是自己父辈所代表的老中产阶层的一种诠释与认同,是中产群体自身倾向对这种区分关系的生产、维系与再生产。①

(三)绅士化过程中资本的趋利与流动

马克思认为,资本与其他生产要素相比,最显著的区别就是其趋利的属性。②城市向中心集聚抑或向郊区蔓延,表面上是人类在地理空间内集中与分散的一个过程,但同时也是资本趋利属性的显现。土地作为承载城市的基础,从长远来看,其潜在地租会持续上升,城市发展初期,资本投资于土地,其上之负载物所产生的实际地租与潜在地租一致,并随着城市的发展一起上升。然而,随着过度集聚与建筑折旧所产生的维护成本上升,实际地租下降,而与潜在地租的租差(rent gap)逐渐扩大。此时资本与土地所有者的"理性(rational)"行为即是减少投资,资本随之转移。③④ 简而言之,城市过度向中心集聚之后,土地价格、基础设施成本随之上升,利润降低,此时资本便向成本较低的郊区转移,由此引发郊区化。反之亦然,则为绅士化。

由此可见,租差理论的马克思主义内核即为资本的趋利性。然而,布迪厄认为,经济层面所讨论的资本的趋利性只是"总体性实践经济学"一般化理论的一个特例。⑤ 事实上,"所有行为本质上都是追逐自我利益的"⑥,这些行为包括但并不局限于经济行为;同样,所有的商品,不论是物质的还是符号的、文化的,都

---

① 吴启焰,王兆杰,刘咏梅等:《文化能力作用下的绅士化及其后果》,《地理科学进展》2013 年第 11 期。

② 卡尔·马克思:《资本论(第一卷)》,中共中央马克思恩格斯列宁斯大林著作编译局译,北京:人民出版社,2004 年,第 871 页。

③ Smith N. *Toward a theory of gentrification a back to the city movement by capital, not people*. Journal of the American Planning Association,1979,45(4):538 - 548.

④ 李承嘉:《旧都市地区再发展——仕绅化意涵之研究》,《城市土地利用和农地保护——96 海峡两岸土地学术研究会论文集》,北京:中国土地学会,1996 年,第 223 - 237 页。

⑤ 朱伟珏:《"资本"的一种非经济学解读——布迪厄"文化资本"概念》,《社会科学》2005 年第 6 期。

⑥ 戴维·斯沃茨著,陶东风译:《文化与权力:布迪厄的社会学》,上海:上海译文出版社,2006 年,第 76 - 162 页。

是资本追逐的对象。因此,作为资本的文化、社会关系、符号等亦是文化、社会、符号表征的资本,同经济资本一样,可以在相应的市场投资与获利,即文化资本、社会资本、符号资本具备与经济资本相同的趋利属性。①② 在绅士化过程中,如果说经济资本指向租差所带的潜在收益,这一过程中其他形式的资本亦在绅士化场域中寻求资本的增值与代际传递,其具体表现为个体、群体利用拥有的文化资本、社会资本强调以及强化其在社会中的身份地位与之带来的社会区分(资本的增值),同时将这种社会区分再生产(资本的代际传递)。

四、绅士化的机制

个人或者群体的实践主要目的便是向世人展示其社会空间,使之区分于其他社会群体。后工业社会变革背景下产生的年轻中产群体所需建构的阶层特征不但要使之区分于工人等低收入群体,还要区分于那些倾向于郊区生活的老中产阶层(middle-class suburbia)③。因此,Smith 认为绅士化是一次社会变革在城市空间结构的投影,是一个社会阶层、群体重组并再塑城市社会空间的过程。④⑤⑥ 进而,可以将这一现象解析为分别由文化资本和经济资本导向的"阶层建构"与"空间重构"两个互为因果的过程(图1)。

① 刘欣:《阶级惯习与品味:布迪厄的阶级理论》,《社会学研究》2004 年第 6 期。

② 朱伟珏:《"资本"的一种非经济学解读——布迪厄"文化资本"概念》,《社会科学》2005 年第 6 期。

③ Bridge G. *Bourdieu, rational action and the time-space strategy of gentrification*. Transactions of the Institute of British Geographers,2001,26(2):205 – 216.

④ Bridge G. *Bourdieu, rational action and the time-space strategy of gentrification*. Transactions of the Institute of British Geographers,2001,26(2):205 – 216.

⑤ Smith N, WilliamsP. *Alternatives to orthodoxy: invitation to a debate*. Smith N, Williams P. Gentrification of the City,London:Allen& Unwin,1986:1 – 10.

⑥ Bridge G. *Estate Agents as Interpreters of Economic and Cultural Capital: The Gentrification Premium in the Sydney Housing Market*. International Journal of Urban and Regional Research,2001,25(1):87 – 101.

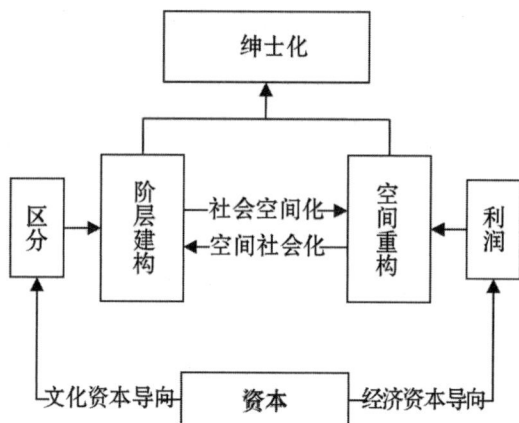

图 1   绅士化机制示意图

(一)文化资本导向

布迪厄之所以将文化界定为文化资本,其根本原因在于个体或群体能够利用它维持或改进其阶层地位,使得文化资源能成为有价值资源为社会所争夺。内城中产群体的审美意趣、消费品位、语言谈吐等惯习正是其身体化存在的文化资本,中产群体拥有的文化资本只有在相应的文化场域中才能获利,实现文化资本的增值与传递。在布迪厄的语境中,这一过程也即是阶层区分的生产与传递。因此,"区分"是文化资本的利益指向,是新中产阶层建构的核心。早期进入内城的中产阶层是中产阶层文化与产品的生产者,其"历史的妥协"的根本目的在于利用其文化资本弥补其经济资本的贫乏以获得阶层的区分。①② 其后进入内城的中产阶层则是一种消费者的角色,而且这种消费的直接目的就是实现自身文化资本的积累,与早期中产阶层不同的是,他们是利用经济资本直接置换文化资本,最终实现区分关系的生产与维护。

文化资本导向的另一个维度则在于中产阶层寻求文化资本的代际传递来实

---

①   ZukinS. *Loft living as 'historic compromise' in the urban core: the New York experience.* International Journal of Urban and Regional Research,1982,6(2):256 – 267.

②   Bridge G. *Bourdieu, rational action and the time-space strategy of gentrification.* Transactions of the Institute of British Geographers,2001,26(2):205 – 216.

现阶层地位再生产。除自身生活方式与品味对子女"潜移默化"的影响之外,①中产群体很多时候也不得不求助于文化制度,即"教育文凭市场"。在这个过程中,他们面临自身生活方式与子女教育(制度化文化资本的再生产)之间的权衡(trade-off)。Bridge 的研究认为,中产群体倾向于为教育资源而重新选择传统的郊区化生活方式,重复其在郊区化环境的成长路径,以最终实现资本与阶层的代际传递。② 虽然社会文化内涵一致,但是区位迥然,吴启焰等则在中国社会文化背景下,发现并解析了内城优质教育资源引导下的学区绅士化(jiaoyufication)现象。③

(二)经济资本导向

哈维认为"资本主义始终不渝地竭尽全力以其自己的肖像建立一种社会和物质的景观……资本主义的各种内部矛盾依凭各种地理景观无休止的形成和革新得到表达"。Soja 则进一步指出,资本的再生产总是既具破坏性又具创造性,这一矛盾是资本主义的发展动力,同时也引发了"各种地理景观无休止的形成与更新"④⑤。

新中产阶层返回内城,获得了阶层建构以之区分于其他阶层的收益,然后资本返回内城,通过其对原有环境的破坏与创造实现的空间重构,同样实现了资本的收益。不论是 Smith 的租差(rent gap)还是 Clark 的价差(value gap)事实上都是描述城市空间重构背后所隐藏的资本再生产的实质。⑥⑦ 而以媒体、地产公司

---

① Scherger S, Savage M. *Cultural transmission, educational.* The Sociological Review,2010,58(3):406 – 428.

② Bridge G. *It's not just a question of taste: gentrification, the neighbourhood, and cultural capital.* Environment and Planning A,2006,38(10):1965 – 1978.

③ Wu Q,ChengJ,ChenG, etal. *Socio-spatial differentiation and residential segregation in the Chinese city based on the 2000 community – level census data: A case study of the inner city of Nanjing.* Cities,2014,39:109 – 119.

④ Harvey D. *The Urbanization of Capital: Studies in the History and Theory of Capitalist Urbanization.* John Hopkins University Press,1985.

⑤ 爱德华·W. 苏贾著,王文斌译:《后现代地理学:重申批判社会理论中的空间》,北京:商务印书馆,2004 年。

⑥ Smith N. *Gentrification and uneven development. Economic.* Geography,1982:139 – 155.

⑦ Clark E. *On Gaps in Gentrification Theory.* Housing Studies,1992,7(1):16 – 26.

为代表的强势资本借助其雄厚的经济资本通过重新界定中产阶层的文化范式，掌握中产阶层符号"合法性"的话语权的行为正是资本寻求超额利润的过程。

小　　结

基于布迪厄的社会实践理论，我们几乎可以将绅士化过程中各个元素纳入其理论框架进行考察，尤其是可以看清楚整个过程中各个利益主体的关系与博弈，以及他们推动绅士化运动展开的过程中各自所扮演的角色。同时布迪厄的理论框架在研究绅士化的尺度上也有相当的弹性空间，可以聚焦于细微，也可以将其拓展至城市、国家甚至全球的尺度。当然，这一框架始终还是基于社会阶层建构与分化这一前提，在这一前提下审视国内的绅士化过程中中产主体的特征会让我们困惑，相对于西方社会，我们国家似乎并不存在具有强烈顶层设计色彩的高雅文化与普遍认可的主流文化的认同。我们正处于全球各种文化冲击的背景下，这种多元很多时候表现出来的是一种略显杂乱的特征。因此，从文化视角对阶层建构与分化的研究存在一定的难度，在这个前提下，如何将布迪厄的社会实践理论运用于国内的绅士化研究也还需要进一步考量。

Re-interpretation of Gentrification
Based on Pierre Bourdieu's Social Theory of Practice

Liu Chunhui

Abstract: Gentrification, including the replacement of the low-income or worker class with the middle class and the cultural implantation of middle class into the inner city, is gradually becoming a common practical way of the reconstruction of urban space and social space globally. However, a debate regarding the understanding and interpretation of this phenomenon has been existing for more than 30 years between the production-sided and the consumption-sided theories. The debate is focused on the motive of the inner city congregation of gentrifiers: whether it is a passive choice determined by capital, market, and cultural reproduction, or a subjective initiative independent. Particularly, Pierre Bourdieu's social theory of practice on basis of Materialist methodology provides a new idea for recasting the phenomenon, concept, driving mechanism of gentrification on the theoretical level by bringing the two opposite theories into a single framework. In this paper, the author re-examines the relationships and games among all benefit subjects of the gentrification, and the roles those subjects have played in the process of gentrification. The author further points out that the construction and distinction of social class feature production, maintenance, and re-production, which are the cores of gentrification and also directs in interest non-economic types capital, such as cultural capital and social capital. In consequence, the author attempts to construct for the gentrification an analytical basis beyond the arguments between the production side and the consumption side.

Keywords: Gentrification; Bourdieu; Re – interpretation; Social Theory of Practice

收编、抵抗与重生：
全球地方感在媒介方言传播中的考察

黄　骏

摘　要　本文借由人文地理学中"全球—地方"的关系框架来探讨我国媒介方言传播中国家与地方之间的相持与拉锯。普通话对方言的收编会导致地方的"终结"，而方言的抵抗也会带来"有害的地方感"。因此，我们要借助"全球地方感"的理念来审视全球网络化时代的方言传播。

关键词　全球地方感；方言传播；时空压缩；地方；地方感

作　者　黄骏，武汉市社会科学院，研究实习员。

一、前　　言

语言是文化产生和衍化的关键，同时也随着文化的发展而发展。自古以来，方言是地方文化中最突出的特征。一个地方的喜剧、曲艺、歌谣、谜语等文艺形式都是以方言为工具才得以表达的。按照国内语言界的传统看法，"汉语境内语言有七八十种之多，分属五大语系"。① 但自从 1956 年以来，国家推行的"推广普

---

① 周振鹤，游汝杰：《方言与中国文化（第 2 版）》，上海：上海人民出版社，2006 年，第 6 页。

通话"指示给传统方言的延续带来了挑战。

改革开放以后，随着广播、电视等大众传播媒介的普及，地方性的电影、电视剧和新闻节目受到了当地老百姓的欢迎，《山城棒棒军》《外来媳妇本地郎》等方言喜剧引发了万人空巷的追剧热潮，《越策越开心》等以方言主打的娱乐节目不仅具有本地观众缘，还吸引了其他地区观众的关注。一些地方影视剧中的方言甚至衍化成了全民语言，例如粤语中"买单"一词。2004 年以来，国家相继发布了关于方言译制片和方言电视剧的管制规定，要求电视节目主持人避免滥用方言，大众媒介平台的方言传播渠道再次被阻塞。

一直以来，中国文化一直以大一统为标准，以此来提高民族的凝聚力。大一统的文化格局延续了中国文化的特性，但也禁锢了中国文化的活力。普通话的普及一定程度上促进了经济的发展和社会的稳定，但汉语方言的式微同样是我们不容忽视的事实。联合国教科文组织规定了每年 2 月 21 日为"国际母语日"，宣扬"语言遗产是非物质文化遗产的重要组成部分"。因此，在推广普通话和保护汉语方言之间如何找到平衡是一个值得关注的问题。

本文借由人文地理学中"全球—地方"的关系框架来探讨我国方言传播中国家与地方之间的相持与拉锯。通过全球地方感(a global sense of place)概念及其内涵的由来和衍化解决以下问题：大众传播媒介普及以来，国家的规制与地方性的方言传播蕴含着怎样的"全球—地方"分异；规制下的地方方言言说是否存在有害的地方感(a critical sense of place)；全球网络化进程的当下，全球地方感的理念如何推动方言传播渠道的拓展。

二、全球地方感的思想来源与概念界定

20 世纪 70 年代是地理学从"科学"转向"人文"的标志。在人文地理学家看来，"地方"并不仅仅指代位置、区域等可测量的客观数据，它更表示的是一种对世界的态度，强调主观体验而非空间科学的冰冷生硬的世界。他们所描绘的"地方"不是存在于地理空间框架里，而是生活在充满人文内涵的关系世界中。学者

普遍认为地方性体现了本土性、稳定性、封闭性,以及高度内生性的惯常实践,而全球性代表的则是一种高度的流动性、不稳定性、开放性以及对于空间的同质化过程。①

全球化的趋势给世界政治、经济、文化等各个方面造成了颠覆性的影响。目前,人文地理学者对于全球化与地方性关系的讨论,绝大多数建立在全球—地方这一二元结构内在的对立与分异之上。② 部分学者认为,全球性的经济社会过程造成了地方的同质化甚至是去地方化,它消解了地方中由历史衍化的稳固意涵,从而造成了地方认同的危机。由于颠覆性的全球化过程,地方原有的政治、文化与社会边界不断受到瓦解与挑战,地方性社会面临着惯常性地方认同的危机和地方意义的解体。正如文化学者维瑞里奥(Paul Virilio) 所指出的,全球性时代,征服地方的技术性力量所引发的后果,乃是边界与地理界限的消解,以及地方性的灭亡。③ 部分学者对这种全球化进程持反面态度,海德格尔反对这个全球性的商品与市场体系,认为全球性社会使人的存在失去了根基,从而威胁了其推崇的存在主义的"栖居(dwelling) "状态。④

与此相反,有学者肯定了全球性进程对于地方意义以及社会建构方面的积极作用。大卫·哈维(David Harvey) 认为,海德格尔所描述的"地方"是一种简单虚幻的想象,他从全球性进程中的资本流动与经济扩张来解读地方性建构。他认为,"在全球化的语境下,任何将地方视作为纯粹、稳定与内生的文化想象都是退步的。任何的地方建构过程都无法避免全球化的资本过程,而对于地方的理解则应从政治经济学角度出发,解读资本运作对于社会建构的作用。"⑤

---

① Merrifield, A(1993). *Place and space: a Lefebvrian reconciliation. Transactions of the Institute of British Geographers*, 18(4), 516 – 531.

② Escobar, A(2001). *Culture sits in places: reflections on globalism and subaltern strategies of localization. Political Geography*, 20(2), 139 – 174.

③ Escobar, A(2001). *Culture sits in places: reflections on globalism and subaltern strategies of localization. Political Geography*, 20(2), 139 – 174.

④ Heidegger, M(1999). Poetry, Language, Thought. Poetry, language, thought. China Social Sciences Pub. House, 114 – 175.

⑤ Harvey, D(1993). *From space to place and back again: reflections on the condition of post-modernity*, 3 – 29.

本文所采用的"全球地方感"概念,既采用了哈维思想中全球性资本对于社会建构的积极作用,还采用了列斐伏尔(Henri Lefebvre)空间思想中有关社会关系建构的观点。在此之前,我们有必要界定几个关键的概念:

(一)地方(place)

地方是由人或物占据的部分地理空间,传统的地方可以解构为三个主要元素,它是汇集了位置、场所和地方感等丰富意义的名词。位置(Location)代表着可测量的距离,它是社会关系相互作用的地理区域,具有客观实在性;场所(Locale)则表现为社会关系,如建筑、街道和公园等人造场所会衍生不同身份个体之间的相互关系;地方感(Sence of place)则是指地方的"感觉结构"。①

地方概念通常在空间的视角下进行解读。与空间相比,"地方是封闭的、连贯的、完整的、本真的,像'家'一样,是一个安息之所;空间则是原本被区域化的,通常总是被分割开来的。"②多数学者都强调"地方"的稳固和静止,段义孚从地方的产生角度来解读空间与地方的关系,"如果我们将空间看作是可运动的,而将地方看作是停滞的,那么每一个运动中的停滞有可能使位置转化为地方。"③基于此,本文所借用的"地方"概念是一个相对稳定的场所或感觉结构,倾向于社会关系中人的感知和认同。

(二)地方感(sense of place)

相对于地方的稳定,地方感更多指向的是一个人地互动的感觉名词。根据段义孚的定义,地方感是一种满足人们基本需要的普遍的情感联系。它所体现的是人在情感上与地方之间的一种深切的联结,是一种经过文化与社会特征改造的特殊的人地关系。④地方感是由地方衍生而来的,它一方面具有地方的固有特征,对地方内部的人来说具有独一无二的意义,它是一种独特的、有纪念性的感觉。另一方面,它还体现在人们对于一个地方的依附感,是依靠体验、记忆和

① Agnew, J. A. (1987). *Place and politics: the geographical mediation of state and society. Progress in Human Geography*, 27(5), págs. 605–614.

② [美]马西:《保卫空间》,江苏:江苏教育出版社,2013年,第8页。

③ Tuan, Y. F. (1977). *Space and place: The perspective of experience. U of Minnesota Press*, p.6.

④ Tuan, Y. F. (1974). *Topophilia: a study of environmental perception, attitudes and values.* New York, NY: Columbia University Press.

意愿所产生的一种"适得其所"的感觉。① 美国学者恩特拉金通过"地方的之间性"(The Betweenness of Place)来描述地方感,他认为地方感总是位于客观的环境共性和主观的特殊经历之间。②

与地方不同的是,地方感不是稳定或一成不变的,而是受环境影响而不断变化的情感认同。地方感属于地方的主观维度,有关它的体验,"往往与人们的主观思维、观察事物的角度以及媒介的作用密不可分"。③ 斯蒂尔强调了人对于地方感产生的作用,他认为"地方感是人与地方相互作用的,是由地方产生的并由人赋予的一种体验,从某种程度上说是人创造了地方,地方不能脱离人而独立存在"。④

(三) 全球地方感(a global sense of place)

全球地方感是多琳·马西(Doreen Massey)基于全球化视野下新的地方认识所提出的概念。她将地方视作一个开放的、动态的,以及具有丰富内部差异与社会关系的实体。全球与地方这两个认识论主体通过复杂的社会文化关系,相互关联,相互协调,而非绝对对立。⑤ 马西的概念侧重于将社会关系融入整个全球—地方的语境,她摈弃了二元对立,而是将两者放在同一个理论框架之中:跨国的社会关系,即沉淀于特定的地方,也在一个交流循环里和大量其他地方相联系。⑥ 全球地方感侧重社会关系地理,正如克雷斯维尔对其的评价,地方性并不在于"地方"本身,而在于与其他地方社会过程互动联系的方式。⑦

三、普通话的收编与"地方"的终结

方言是地方文化的重要载体和组成部分,代表着地方文化的记忆与传承。

---

① Eyles, J. (1985). *Senses of place. Senses of Place*, 30(1), 120 – 144.

② Entrikin, J. N. (1991). *The Betweenness of Place*. Macmillan Education UK, 6 – 26.

③ [英]鲍德温:《文化研究导论》,北京:高等教育出版社,2004 年,第 148 页。

④ Steele, F. (1981). *The sense of place. Cbi Pub Co*, 50(2), págs. 14 – 19.

⑤ Massey, D. (1991). *A global sense of place. Rethinking Marxism*, 38(2), 166 – 186.

⑥ Smith, M (2001). *Transnational urbanism: locating globalization*. Malden: Blackwell Publishers. 3 – 8.

⑦ Cresswell, T. (2009). *Place. International Encyclopedia of Human Geography*, 23(4), 169 – 177.

然而，中华人民共和国成立以来，国家采取各种措施推广普通话。1956 年，国务院发出了《关于推广普通话的指示》，成立了推广普通话工作委员会；到了 1982 年，"国家推广全国通用的普通话"的条文写进了宪法。2000 年 10 月 31 日，第九届全国人民代表大会常务委员会第十八次会议通过了《中华人民共和国通用语言文字法》，推动国家通用语言文字的规范化、标准化及其健康发展。

这一系列的普通话规范举措使国家级媒体在塑造民族文化时呈现标准化的趋势，同时也避免地方媒体滥用方言来传播内容。就国家而言，"方言言说"的过度使用挑战了普通话的权威，一定程度上削弱了国家向地方信息传达的完整性。邵培仁引入"社会成本"和"边际成本"的概念，通过区分"公利"与"私立"，阐释"方言言说"泛滥带来的"社会成本"的增加问题。"方言言说"某种程度上抵销了国家对资源的配置，增加了社会传播中的各项成本。①

2004 年，多家地方电视台推出了《猫和老鼠》的译制片，一度促使该动画片有四川话、上海话等 10 余种方言版本。之后，方言版本的《兔八哥》与《蜡笔小新》也接踵而至，客观上促进了方言译制片的繁荣。这直接导致国家广电总局出台《广电总局关于加强译制境外广播电视节目播出管理的通知》，要求"各级广播电视播出机构一律不得播出用地方方言译制的境外广播电视节目"。

同样的情况也发生在电视新闻和娱乐节目中，针对当时流行的使用方言来报道新闻的现象，国家出台《中国广播电视播音员主持人职业道德准则》，规定"广播电视播音员主持人要积极推广、普及普通话"，"避免滥用方言词语"。从国家角度来看，地方媒体使用方言报道新闻，会造成本地人与外地移民或流动人员的"信息沟"，影响传播功能的实现，其对人口流动性大的发达地区影响尤甚。2009 年与 2010 年分别下发的《广电总局关于进一步重申电视剧使用规范语言的通知》和"禁用英文缩略词的通知"，进一步巩固了普通话在我国汉语传播中的统治地位。

虽然语言的统一是国家社会经济发展的重要保障，但不可否认，普通话在全

---

① 邵培仁、潘祥辉：《新闻媒体"方言言说"的社会成本分析》，《现代传播：中国传媒大学学报》2005 年第 2 期。

国范围内的推广无疑给方言的延续与传承带来挑战。在相当长一段时期内,国家把经济发展放在首要位置,在"发展、进步和全球化"的口号下,很多传统民居、文化遗迹在城市开发中被夷为平地。① 作为地方文化遗产的方言与国家追求"现代化"发展的大局存在冲突,致使其成为政府追求经济发展的边缘产物。

大众传播的广泛普及消解了传受双方的地点(place)属性,正如梅罗维茨在《消失的地域》中说的那样,"当我们使用电话、收音机、电视或计算机进行交流时,我们身体所处的地方不再决定我们在社会上的位置以及我们是谁。"②他借助媒介、场景与行为的关系,阐述电子媒介断绝了人与人交流中的物质地点与社会"地点"。在这里,我们可以将物质地点和社会"地点"分别理解为前文地方概念中的"位置"(location)和"场所"(locale)两个元素。

普通话全方位渗透到大众传播媒介内容的生产与传播,致使受众在接受信息时"地方感"的缺失。在地方感中,"积极的东西主要取决于合理的平衡。当平衡被过分的无地方感的国际主义颠覆时,地方的局部特写就被侵蚀掉了。"③人文地理学家拉尔夫在《地方和无地方性》(Place and Placelessness)中宣扬:地方终究将成为无地方。"无地方"与传统人文概念"地方"中作为一个充满人类情感依恋的"位置"(Location)不一样,它是以缺乏依恋感而著称,通过持续的循环、传播以及消费来切断社会纽带以及人与世界的联系。④

如杜赞奇所言,在民族国家作为历史主体、民族主义作为主导语言的当今世界,地方主义只能沦落到"散失的过去"的境地。⑤ 因此,中国广大地区遍布的七八十种汉语方言在强大的普通话面前变得脆弱,"现代化"控制下的地方民众基于功利以及快速社会化的压力而学习并熟练运用普通话,从而改变了自身语言使用的排序。

---

① 吴玫、郭镇之:《全球化与中国寻求文化身份:以方言电视节目为例》,《新闻大学》2008 年第 3 期。
② [美]梅罗维茨:《消失的地域》,北京:清华大学出版社,2002 年,第 110 页。
③ [美]汉森:《改变世界的十大地理思想》,北京:商务印书馆,2009 年。
④ Cresswell, T. (2009). *Place. International Encyclopedia of Human Geography*, 23(4), 174.
⑤ 孙玮:《上海城市地方主义与传媒想象——周立波现象分析》,《新闻大学》2010 年第 4 期。

四、方言的抵抗与"有害的地方感"

20 世纪 90 年代，电视是当时最流行的娱乐方式和获取信息的渠道，方言情景剧在这种情境下产生。《雾都夜话》是 1994 年创立的方言情景剧，正像该剧片头说的，"这不是电视剧，这是真人真事，是地地道道的重庆人自己演自己的故事"。该栏目之所以能持续播出 20 余年，关键在于使用地方方言展现老百姓身边的故事，具有很强的接近性。《山城棒棒军》和《外来媳妇本地郎》等方言电视剧吸引了更多本地观众的注意。这些方言电视剧都是面向本地观众群体，内容上体现了地方特色，并以方言的形式加以展现，给观众塑造了一种"家园"的情境。对于克雷斯维尔来说，家园是一个特殊理想的地方类型，它是意义与依恋感最强烈的位置。在理想的世界，家园是我们感受到安全、牢固且深爱的地方。①

作为地区百姓间人际交流的"方言"和大众传播媒介的电视的"联姻"，促使了新的电视新闻形态的转型。杭州话的《阿六头说新闻》、粤语的《新闻日日娣》和天津话的《二哥说事儿》等地方电视新闻以其独特的形式和贴近百姓的内容而广受欢迎。一时间，广东、四川、湖南、山东等地方电视台纷纷尝试方言形态的电视新闻，形成了各地区方言文化百花齐放的局面。正如 Tully 所言，"文化多元性不是一种存在于遥远土地和历史发展的不同阶段的异国情调、不配比较的他者现象，正如过时的文化概念所明确主张的那样。不是的，它是每个社会中的此时此地。"②方言文化产品能够给理解这种方言的人带来特有的快乐和思想传承。

这一时期的方言节目，既不是地方主义反抗中央威权的工具，也不是中央与地方之间的政治传送带，而是国家放松管制、地方认同复归、市场逻辑深化与本

---

① Cresswell, T. (2009). *Place. International Encyclopedia of Human Geography*, 23(4), 169 – 177.

② Tully, J. (1995). *Strange multiplicity: constitutionalism in an age of diversity.* Cambridge University Press.

土媒体行动互相作用的产物。① 国家推行"压制方言"的指令,受到了广大南方
地区民众的反感和"上有政策下有对策"式的抵制。方言节目处于"灰色地带"
(grey zone),争议性和合理性并存(legitimate controversy)。我国学者认为,方言
节目正是地方媒体在此场域内与中央政府"抗争、互动和讨价还价"的产物。②
因为普通话"以北京语音为标准音、以北方话为基础方言、以典型的现代白话文
著作为语法规范"。相比于北方地区对于普通话的淡然,南方人则通过坚守方言
的方式来抵抗普通话的压迫。方言脱口秀正是在百姓的这种需求下发展起来
的,湖南台的《越策越开心》、湖北台的《喜子来乐》、上海台的《嘎讪胡》都是在当
地收视率较高的方言节目。与方言新闻针对客观的新闻题材不同,方言脱口秀
主要聚焦于主持人借助方言闲聊或表演的形式来将新鲜事和社会热点表述给观
众。它以自身的独特性和差异性将本地的文化元素汇集起来,结合该地域的秉
性与品格传达地方文化,为受众带来地域文化的自信。

由于方言脱口秀的内容主要由主持人来拿捏,为了凝聚地方受众的关注不
可避免地会在公众平台上传播地域歧视的内容。例如《壹周立波秀》的前身周立
波的"海派清口",是以上海话为主的表演性质脱口秀。不过,为了追求观众频繁
的笑声,节目时常在内容上将地方与国家、上海与其他地方对立起来。"以前全
国人都吃过上海的大白兔奶糖,穿过上海的服装,用过上海的电器,但是外省人
都不记得上海人的好。""东北人吃大蒜,香了自己,臭了别人,上海人喝咖啡,苦
了自己,甜了大家啊!"等话语中隐含着的地域歧视。"方言言说"所彰显的强烈
的地域色彩也使某些低俗的、顽固的、保守的元素披上了文化的外衣,潜移默化
地影响着受众的思考和日常行为。

有学者将这种过犹不及定义为"有害的地方感"。这种强调独特性而排除对
共有特性的承认的地方感是一种丑陋的和粗暴的事情,归属感越强,对外的敌意

---

① 庄梅茜:《方言节目与大陆新时期的地方媒体政治:以〈百晓讲新闻〉为例》,《传播与社会学刊》
2016 年第 37 卷,第 161 - 189 页。

② Zhang, X. , &Guo, Z. (2012). *Hegemony and counter-hegemony: the politics of dialects in tv programs in china*. Chinese Journal of Communication ,5(3) ,300 - 315.

就越大。① 马西则将这种现象定义为"退回地方"，"它代表着一种防御性的做法：拉起吊桥，紧闭城门，以抵御新的侵略"②。这时，方言会充当武器来排斥不属于本地的人，并强化本地人的地方主义情结。

2014 年，上海 PPTV 解说员周亮在直播足协杯比赛播报球员出场名单时，直接辱骂江苏球员："1 号苏北狗；2 号苏北狗；3 号来自巴西的苏北狗；4 号来自黎巴嫩的苏北狗……"此片段一经播出，立刻遭到了广大江苏球迷的强烈抗议。当平衡被极端的地方主义所颠覆时，会导致本地人侮辱地对待其他地方和人民。换句话说，地方感本身带有一种盲目性和变成民主主义者至上与仇外的平台的趋势。③

五、方言重生："时空压缩"（time-space compression）与全球地方感

网络全球化的趋势以及势不可挡的资本运作带来了"时空压缩"。这个词是大卫·哈维在《后现代的状况》（The Condition of Postmodernity）中提出的重要概念，"这个词语标志着那些把空间和时间的客观品质革命化了，以至于我们被迫、有时是用相当激进的方式来改变我们将世界呈现给自己的方式的各种过程"④。时空压缩涉及围绕空间的移动与传播，涉及社会关系的地理衍生，还涉及我们所有的时空经验。

列斐伏尔认为，空间是社会生产的过程，不仅仅是一个产品，也是社会生产力或再生产者，是一个社会关系的重组与社会秩序实践性建构的过程。而在哈维看来，时空压缩源于信息技术的突飞猛进以及卫星实时传播的全球化普及。⑤

---

① ［美］汉森：《改变世界的十大地理思想》，北京：商务印书馆，2009 年，第 261 页。
② ［英］马西：《保卫空间》，江苏：江苏教育出版社，2013 年，第 8 页。
③ ［美］汉森：《改变世界的十大地理思想》，北京：商务印书馆，2009 年，第 260 页。
④ ［美］哈维：《后现代的状况》，北京：商务印书馆，2013 年，第 280 页。
⑤ ［美］哈维：《后现代的状况》，北京：商务印书馆，2013 年，第 280 页。

传统意义上来看,空间是全球性的,地方则是地域文化的堡垒。时空压缩的趋势势必会促使两者相互交融,从而产生新的动态空间形式。传统方言通常是存在于本地人间的人际交往的工具,但在全球网络化时代,时空压缩将地方转化为了空间,方言也成了动态、可变的符号元素。卡斯特尔(Manuel Castells)借由"流动空间"(flowing space)概念来解读网络空间中的"地方",他认为从文化、历史和地理意义中解脱出来,被重组进类似形象拼贴的功能网络里,故而产生一种"流动空间",替代了传统的"地方空间"。①

马西继承了哈维有关全球资本化的作用,同时结合列斐伏尔空间生产中有关社会关系的理念,提出了一种"进步的地方感"(a progressive sense of place)——全球地方感。她乐观地认为,"时空压缩的结果,是人心动荡不安,亟须一块安宁地。由此地方和本土空间就不是简单被视为无可救药的贫困落后,而是显示出一种避风港湾式的救赎功能来。"②方言再也不是地方空间下独有的产物,而应成为社会空间中全球与地方沟通的元素。

"全球地方感"概念的提出抛弃了"全球性"与"地方性"在理论上的对立关系,从根本上修正与补充了哈维的地方理论。③ 马西认为,地方是由流动性建立起来的,尤其是人类甚至物品和观点的流动。对于马西来说,地方不仅仅是固定根植或是单一同质化的认同(single homogeneous identities)相联系的,它的产生是通过与其他世界的沟通,因此它更像是多渠道的(routes)而不是简单的扎根(roots)。这种进步的地方感与"无地方感"(placelessness)以及"虚无之地"(nonplace)的观点相反,因为这些有害的地方感将流动视为对地方的威胁。④

马西的"全球地方感"是一种外向型的地方感,它包含着一种与广阔世界相勾连的意识,积极整合地方与全球的相互关系。因此,我们可以借助其概念的主要内涵来寻求当下方言传播的新策略:⑤

---

① [美]卡斯特尔:《网络社会的崛起》,北京:社会科学文献出版社,2001 年。

② 陆扬:《空间和地方的后现代维度》,《学术研究》2009 年第 3 期。

③ Gielis, R. (2009). *A global sense of migrant places: towards a place perspective in the study of migrant transnationalism.* Global Networks,9(2),271 –287.

④ Cresswell, T. (2009). *Place. International Encyclopedia of Human Geography*,23(4),169 –177.

⑤ Massey, D. (1991). *A global sense of place. Rethinking Marxism*,38(2),166 –186.

第一，地方不是绝对的稳定。地方被定义为彼此相互勾连的社会关系，他们自身的互动不是静止的事情，他们处于不断变化的过程中。如粤语的产生和发展不是独立而产生和存在的，它本身绝非是"本真"和"纯粹"的，粤语的产生是在本地语言与外部语言的互动碰撞中形成的。① 因此，在讨论粤语的传承时，我们不能把它从汉语体系中抽离出来，要避免少数本地市民陷入马西批判的僵化的、有害的地方认同感。

第二，某种意义上说，地方没有明显边界（boundaries）。当然，对于案例研究来说，"边界"可能是需要的，但这并不能因此而概念化地方。某种程度上说，地方可以准确传达与外部世界联系的特性，而局部的外部世界本身是地方的组成部分。我国方言电影的发展经历了从《抓壮丁》中纯四川话的方言表现到如今多元方言点缀的电影。如电影《疯狂的石头》中的四川方言更多制造的是喜剧效果，而《人在囧途》中的武汉话更多体现的是一种主流之外的生存状态。纯方言电影的绝迹意味着方言的边界在逐步丧失，但主流电影中方言的点缀却又能体现出地方的色彩。

第三，明确（clearly）的地方不会有单独且唯一的"认同"（identites），他们充满了内部的斗争。这些斗争过去存在、发展的过程中存在，未来也将存在下去。对于同一种方言，地方内部及地方以外的人或许有截然不同的看法。如外地人对于武汉话的第一反应是"汉骂"，武汉人对于自身方言的认识也会有所不同，而前几年有关"汉骂"的存废问题也引发了网友的热议。有些人会认为"汉骂"过于粗俗，而也有些人认为有些"汉骂"属于口头禅，是一种对自身情绪的宣泄。地方不存在唯一而独立的认同，正如原创视频博主 Papi 酱②与周立波在上海话演绎时所体现的地方感各有侧重。因此，我们得承认方言是一个不断受外部环境影响的文化表征，地方内外以及地方内部对于方言也存在不同的认知。因此，我们要倡导一个开放、动态及富有内部多样性的地方，通过网络全球化趋势下地方内外社会关系的紧密勾连和渗透，逐步将地方内消极、粗俗和负面的文化向积

---

① 钱俊希,钱丽芸,朱竑:《"全球的地方感"理论述评与广州案例解读》,《人文地理》2011 年第 6 期。

② papi 酱 原创视频:《上海话＋英语》系列, http://weibo. com/xiaopapi? profile_ftype＝1&is_all＝1&is_search＝1&key_word＝% E4% B8% 8A% E6% B5% B7% E8% AF% 9D#_0

极、高雅和正面引导。

第四,不能否认地方及地方特征的重要性。地方的特征正在不断被再生产(reproduced),但它的特征并不来源于某些漫长和内在化(internalized)的历史。社会关系的全球化实现了地理学的发展再造,每一个地方都聚焦在更加宽泛(wider)和本土(local)的社会关系的显著混合(mixture)之中。一个地方的相互混合能够产生别的地方所没有的影响。最后,一个地方中来源于历史积淀所有这些关系和特性,都存在着地方与广阔世界的双重语境。

信息通讯科技的发展拓宽了原有的社会网络,无论是媒介组织、表演者或是受众都可以参与到方言的生产与传播中。但是,信息科技所导致的"数字鸿沟"问题也不容忽视,数字科技的拥有者与未拥有者在方言的使用与传承中存在巨大的落差。正如《南方周末》的一篇文章中说的那样,"由于目前弱势或濒危语言能够进入互联网的可能性很小,而越是不能利用互联网,那么在信息化时代中被边缘化、加快衰弱的可能性就越大,于是就形成了恶性循环,侵蚀着语言生态链。如果能解决好互联网上的语言多样性问题,将会给缓解语言濒危带来极大帮助。"①

六、结　　语

本文从人文地理学中"全球地方感"概念的起源与发展出发,探析了改革开放后汉语方言传播中所体现的"全球—地方"的分异。一方面,官方借助普通话的普及与推广保持了民族文化传统,降低了"社会成本"与"边际成本",客观上促进了社会经济的发展,但同时也抑制了地域方言的生存空间,造成了"地方"的终结;另一方面,地方电视台利用本地频道优势,生产和传播丰富多样的方言节目,提升了地域文化的自信,但同时也滋生了地域歧视的萌芽,形成一种有害的地方感。

---

① 《濒危语言的现状与抢救》,http://www.infzm.com/content/59616

本文将方言传播作为地方感的重要表现形式，通过文本解读和批判分析来凸显方言对于地方感的积极与消极作用。但方言多大程度上代表地方感，还有待于对方言和地方感关系进行量化的测量。此外，本文主要讨论的是媒介环境下的方言传播样态，未来还可以将研究方向拓宽到人们的日常方言行为中。综上所述，在社会关系网络化与全球化发展的今天，我们应持"全球地方感"的理念来看待汉语方言的传承问题。地域方言的产生是在民族共同语的影响下而形成的，它不是单一、独立和稳定的，而应在更加开放、动态和多元的语境下来传播和发扬。

Incorporation, Resistance and Rebirth: a Review of Global Sense of Place in Media Dialect Communication

Huang Jun

Abstract: Through the relation frame of "global" and "local" in human geography, this paper explored the stalemate and the seesaw between nation and place in Chinese dialect communication. The Mandarin dialect incorporation will lead to the "end" of place, while the local dialect resistance will bring "a critical sense of place". Therefore, we should use the concept of "a global sense of place" to examine the dialect communication in the era of global network.

Keywords: A Global Sense of Place; Dialect Communication; Time - space Compression; Place; Sense of Place

关于新型城镇化
研究中问题的思考

宋承敏

摘 要 新型城镇化研究中存在明显缺失,许多研究不把重点放在问题的解决上,而是局限于学术界,自己写自己看,没有实用性,对实践者缺乏吸引力。提出正确理解中央精神,就是必须明确城镇化的动力在于自然的历史进程,城镇化的内容是新型工业化、信息化和农业现代化,推进城镇化要处理好各方面的关系。在评判分析的基础上,提出改进城镇化研究的方向。

关键词 新型城镇化;研究现状;智慧城市

作 者 宋承敏,国家发改委《宏观经济管理》主编,编审,研究员。

一、问题的提出

中国正在进行新型工业化、信息化、城镇化和农业现代化。城镇化作为新型工业化、信息化的结果和基地,农业现代化的依托和服务,是新四化的重要组成部分。大力推进城镇化,是推进中国现代化建设的重要动力和抓手。因此,城镇化问题研究上升为热点。百度上“中国城镇化建设”的搜索结果为 541 万条,“中国城镇化问题”的搜索结果是 1070 万条,看来人们对于问题的兴趣总归会更大一些。

那么目前研究的现状如何？存在着什么问题？笔者认为目前存在着四多四少。如果经常阅读、编辑研究经济的文章和信息就会发现，不仅仅是有关新型城镇化的，而且几乎各方面的都存在"四多四少"的现象与问题。

第一，论述历史的篇幅多，论述现实问题的篇幅少。讨论一个经济问题，回顾历史占了较大的比重，压缩了现实的充分展开。展示出的作者对历史的广泛了解，确实让读者自愧不如。但是，读者主要兴趣是了解现实，了解一点历史是有必要的，但是占那么大篇幅，是没有必要的。浪费了读者大量的宝贵时间，而读者可能看不下去。例如，谈到土地问题，一定要回顾中华人民共和国成立以来的土改、合作化、人民公社、土地承包，占了很大篇幅，现在土地如何改革，问题很多，反而没有讲清楚，讲透彻，很短的篇幅就过去了。又如讲到粮食问题，详尽地回顾我国粮食历史，对现实问题怎么办，却没有展开。读者对历史了解倒是过足了瘾，对现实问题的研究却很不解渴。这是个大问题，说明许多作者长于依据资料把问题的历史写得妙笔生花，但是短于研究需要克服重重困难去开展调查收集资料的现实问题，因此，他们在历史阐述上浓墨重彩，在现实问题上捉襟见肘。不是他们不知道应该以现实为主，而是他们没有办法，只好"扬长避短"。有个专家，讲课两小时，中间休息十几分钟，前几年收费就达到二十多万。一讲到某个问题，都会说美国过去怎么对待这个问题的，欧洲怎么走过来的，日本怎么走过来的，印度怎么走过来的等，显示出对于经济发展史的知识渊博，往往是最后十几分钟讲讲中国的现实问题解决，一笔带过，听众觉得大开眼界，十分过瘾，但是课后冷静思索，中国现实问题如何解决，还是没有说清楚。

第二，讲问题多讲解决办法少。过去提倡肯定成绩，歌功颂德的多，现在流行指出问题，暴露问题的多。以讲问题为时髦，以讲问题为本事，讲问题成了习惯，慢慢地也不会干别的了。你看百度搜索的结果，中国城镇化问题比中国城镇化建设多一倍。在此分析一个有趣的现象，现在一分析某件事情的问题，就会有人总结出某事情的十大问题。我很奇怪，为什么很少看到九大问题、十一大问题、十三大问题？难道问题也会凑成整数，为了美观、顺口、好记？现在分析问题都喜欢推卸问题的责任，责任都是别人的、外部的。某一方面为什么没有搞好？

政府支持不够,投入不够。问题是几乎任何地方、任何行业都说政府投入不够,没有一个方面说政府的支持是足够的。既然方方面面都是支持不够,那也可以说都支持够了。因此,建议以后要说某方面政府支持不够,一定要同时指出哪些方面政府支持多了,可以把多的转给这一方面。光说大家都知道的三公经费还不算,把某方面的投入固定为 GDP 的百分比也不科学,因为不考虑其他方面,谁都说自己重要,都要固定为一个百分比,加起来肯定超过政府的财政收入,如何实现?

研究者讲问题时髦、讲问题吸引眼球、讲问题表面化、讲问题不实事求是,不分析问题产生的原因、问题存在的客观性和某种意义上的合理性,解决问题需要的条件和过程,所以,这样的分析问题,看上去比较痛快,但是对于解决问题帮助并不大。一篇文章只讲问题、不讲问题的解决,也是可以的。但是,许多文章既讲问题又讲问题的解决,然而讲问题洋洋洒洒,解决问题往往只占一小部分,最后几段,一笔带过。说明了什么?说明能够看到问题不算什么,能够提出解决问题的办法才算真本事。既能够提出问题又能够提出解决问题的好办法,说明他真正抓住了问题,只能够提出问题而提不出解决问题的好办法,也许他对问题也是浮光掠影,一知半解。我们应该把分析问题的重点放在解决上。

第三,讲到解决问题的时候,一般的号召和原则多,具体的办法少。现在越来越多的人意识到文章的价值在于提出解决的办法,但是他们在讲解决办法时,却大口号多。说到现在我国经济中的许多问题,许多人都会说需推进改革,结构调整,政府加大支持力度等,但是如何促进改革、具体怎么做,为什么过去效果不好、如何有针对性的解决,没有深入阐述。有的专家说了,结构调整很好,很有必要,可是这些年来发了那么多文件也没有很好地解决。在这种情况下,就应该分析中国经济、中国企业如何调整结构,但是在过去速度快、企业日子好过、萝卜快了不洗泥的形势下,结构调整确实调整不了。现在形势变化了,企业经营困难,市场倒逼企业进行结构调整,政府千万不要一味救助,要顺势而为进行调整,对于职工下岗、技术改造都需要具体安排。对于一个问题的解决,一定要有具体分析:解决不了,是什么原因?解决之中会有哪些困难?有什么应对之策?解决问题的具体路径有几个阶段,有哪些方面。这就需要深入,再深入。研究成果的水平只有在这样的分析之中才会不断提高。世界上问题的解决都是真正解决、彻底解决、具体解决、逐步解决。因此，分析也不能是原则的分析，而是越彻底越好，越具体越好。

第四，自说自话多，指导他人少。还有一个大问题就是研究者自己写自己看的问题，真正需要、用以提高实践的人看的不多，吸引力、实用性、指导性不足。有些孤芳自赏、自我循环、近亲繁殖，圈子内很热闹，圈子外不知道。一些研究也可以说有实用性，那就是用于拿学位、评职称、评奖。报纸杂志上登了那么多文章，书出版了不少，但是那些经济的实践者、政府、企业、组织和个人真正关心的、看到的并不多。他们在传统媒体上看到重点介绍的一小部分，领导人讲的，名气大的专家讲的，确实比较有价值的，关于重大问题、焦点、难点、热点问题的，也有哗众取宠的、耸人听闻的，有标题吸引人的，不够系统、不够全面、不够深入、不够严谨，碎片化的。他们在网络上也会看到一些，往往都是吸引眼球的，更加简单、更加不准确、更加碎片化，不利于他们对于问题的科学把握。他们可以利用搜索引擎，但是鱼龙混杂，泥沙俱下，重复太多，数量太大，很难找到真正有价值的内容。我们的研究没有很好注意吸引真正需要它们的人，如何用完好的内容和形式去为他们提供更好的服务；而是注重论文的需求、文章的完美、同行的评价、专家的认可、发表的通过、评奖的导向、圈子内互相欣赏，圈子外不太关心。

一定要解决这个根本问题——文章写了给谁看？应该是给政府、企业、组织和个人看。我们可以推进研究的发展，互相借鉴，但不能成为根本目的，不能成为全部目的。我们来分析一篇论述推进治理国家的体系和能力的现代化的文章。党的十八届三中全会提出"全面深化改革的总目标是完善和发展中国特色社会主义制度，推进国家治理体系和治理能力现代化。"非常有针对性和深刻的历史意义、现实意义。针对西方对于我国改革的质疑，提出只要实现了治理国家的体系和能力的现代化，就能够很好地治理国家，社会主义、中国特色的优越性就能够充分体现，就能够与别人竞争一番。可是，那篇文章对于这个目标的现实意义和丰富内容并没有多少论述。读者看了半天没有多少收获。文章花了大量篇幅论述治理这个概念，从古罗马到现代的内涵的变化，又分析了什么是体系，什么是能力，又分析了现代化这个概念的发展变化，就是讨论了几个概念的历史演变,对于研究者也许很全面,很有兴趣,但是对于实践者来讲帮助不大,他们的主要兴趣不在详尽了解几个概念上。对于不是专家的实践者来讲,太专业的研究让他们无法耐心地看下去。分析经济问题可以用数学模型,马克思曾说过,一门科学只有达到了数学可以分析的程度,才算真正的科学,问题是我们的许多模型实际运用的结果偏离实际较远,只好不断调整参数,削足适履,不少模型只有自己懂,别人不懂。因此,建议慎重运用数学模型,并且尽量加以解释,让更多的人掌握。文章如果追求高深,不让读者懂,读者不会认可。

现在关于中国新型城镇化研究的文章很多,我不想做重复的工作,因此,从对于中国新型城镇化研究当中的不足之处分析,从一个新的角度来看中国新型城镇化中的一些主要需要改进的问题。我长期在政府部门、媒体工作,对于城镇化问题一直十分有兴趣,对于有关信息和研究了解比较快、比较多、比较全面、比较深入。我去过除台湾、三沙市以外所有的地级市,三百个左右,所以有独特条件来参与中国新型城镇化问题的研究。

二、如何正确贯彻中央精神

新型城镇化是中央提出来的,许多文章正确阐述了中央精神,取得了很多成果,但是也有一部分文章存在着不足之处。社会上存在着这样的现象:有的人,上面讲了什么,他喜欢质疑,发表不同的意见;有的人,上面讲了什么,他就加以发挥。不少人看到过去上面提倡工业化、现代化、对外开放,现在提倡城镇化,就大力讨论城镇化的历史意义和现实意义,城镇化的必要性和可能性,城镇化的种种好处。很多人认为城镇化是一个机会,要人为推动。怎么发展一个地方? 要有人流、物流、信息流、金融流。城市的人口多,才有市场,才有税收,才有实力,才能成为一个什么中心,如地区中心,工业中心,物流中心,金融中心等。如此说来,发展都靠城镇化了。

如何正确研究中央精神? 应该注重三点:一是领导讲话的背景是什么。二是领导讲要抓城镇化就是因为它不仅是好事,而且容易出偏差。三是领导讲话是一个系统,要全面理解,不能以偏概全。习近平同志指出:"积极稳妥推进城镇化,着力提高城镇化质量。城镇化是我国现代化建设的历史任务,也是扩大内需的最大潜力所在。国际经济表明,城镇化是自然的历史进程,如果顺势而为,完善引导,会成为带动经济发展的持续动力,顺利跨越'中等收入陷阱';走得不好也会带来诸多矛盾和问题,患上'城市病',影响现代化进程。""防止'土地城镇化'蔓延和'摊大饼'扩张。""大城市发展是有极限的。现在人们对大城市趋之若鹜,都觉得那里生活品质最高、公共资源最多,这就变成了一个无底洞,怎么也填不满。要往里投多少?城市就不得不扩容,摊大饼,最后可能出现不可医治的城市病。所以要综合施策,此消彼长,如果农村好了,那就不会有那么多人往城里跑;如果小城市好了,就没有必要都往大城市跑。"李克强同志指出:"城镇化是现代化的必由之路,是破除城乡二元结构的重要依托。要健全城乡发展一体化机制,坚持走以人为本、四化同步、优化布局、生态文明、传承文化的新型城镇化道路,遵循发展规律,积极稳妥推进。着力提升质量。""加强城镇化管理创新和机制建设"。中共中央关于全面深化改革若干重大问题的决定指出:"完善城镇化健康发展体制机制。"

在一些研究中,对于新型城镇化有一些就事论事,把城镇化和现代化、全球化、新型工业化、信息化、农业现代化、市场化、五个文明建设等,放在一个整体中研究不够,对于中央精神的背景研究不够,所以让人觉得基础不扎实。对于新型城镇化的意义,研究得比较充分,对于可能出现的问题研究得还不够充分。在现实中也是如此,相当多的地方对于城镇化将来要达到多少人,多大面积,多少产值,有非常具体的需求,对于必然出现的问题基本上不愿意严肃面对。

对于问题的研究本来就不足,对于原因的研究就更加不够了。为什么会产生那些问题?一些研究也不是不知道,但是没有挖深挖透,进行系统的分析。都知道"是扩大内需的最大潜力所在",积极性很高,但是没有认真落实中央关于坚持走"以人为本、四化同步、优化布局、生态文明、传承文化"的新型城镇化道路,遵循发展规律,积极稳妥推进,着力提高质量。因为老百姓愿意进城,企业家希望市场大、人口多、好赚钱,领导希望出政绩。没有考虑"城市病"。这些原因我们认真分析了吗?对于中央精神我们领会了吗?全面贯彻了吗?就分析"以人为本"，里面学问大得很！"人"并不是铁板一块，不同的人有不同的意见。如果我们仅仅是依据"人"的意愿来推进城镇化，依据哪一部分人的意见？人民群众的利益分为根本利益和眼前利益，长远利益和短期利益，全面利益和局部利益，如何处理好两者关系，几乎很少看到系统的研究。

对于问题的解决远远不够。我们要加大宣传力度，引导社会共识。政府要坚持原则，要引导群众而不是迎合群众，这就是一个很大的研究课题。很少有人研究。让群众满意不满意、高兴不高兴、拥护不拥护，是我们领导应该追求的，从根本上来讲是对的，但是并不是每一件具体事情，每一个具体时间。我们为了人民的根本利益，可能遇到一部分群众暂时不满意了，不高兴了，不拥护了，但是将来从根本上来说，我们能得到人民的真正拥护和历史的肯定。企业要发展符合新四化，也就是发展符合新型工业化、信息化、城镇化、现代农业化的企业，而不能发展有碍新四化的企业。要完善新型城镇化健康发展的体制和机制。我们的研究应该下大力气。如何考核政府？你摊大饼了，出现城市病，如何惩罚？过去是提拔现在应该相反。对于企业，土地、税收、环保、工商等应该有一系列制度加以引导，不是越多越好，越大越好。对于个人，大家都想进城，一窝蜂行吗？如何分期分批？这方面出了多少研究成果？

中央精神的落实需要做大量的工作，提出了很多的研究课题，现实中问题很多，对于这些急需回答的问题，现有的研究还非常薄弱，任重道远。

三、城镇化的动力是什么

没有动力怎么向前发展？弄清楚了动力是什么，才能因势利导，充分发挥动力，把新型城镇化推向前进，否则，真正的动力发挥不出来，发挥了一些别的"动力"，很可能吃力不讨好，事与愿违，事倍功半，效果适得其反。

有不少人以为，政府为了扩大内需，推进小康社会建设，满足人民群众的需要，提出了城镇化，是城镇化的提出者和推动者，尤其是在新四化中，城镇化有一个特点，就是一定要政府指导，政府要做出规划，否则大家随便建设，非乱了不可，所以城镇化的动力来自政府，当然政府是来自客观和群众的推动。习近平同志指出："城镇化是自然的历史进程。"我们的研究中讲到过，但是重视远远不够。自然的历史进程应该是新型城镇化的基本性质。为什么会出现城市？离不开地理位置、自然条件、自然资源，离不开历史传统。城市的发展是各种条件自然发展的结果。当然，人也会发生作用，但是离不开上述基础。在现实中，犯得最多的错误就是脱离了自然的历史进程，人为地拔高，人定胜天。明明地理位置并不好，就想通过修几条路，成为什么交通枢纽，还认真加以论证。明明自然条件不好，就想通过绿化，变成江南水乡。明明没有什么资源，也要说有什么矿藏。明明现实条件有限，却想挖掘历史，从历史上找到可以大发展的根据。明明是很深的内地，却想比沿海还要便于开放。每个地方似乎都可以繁荣起来，你还很难泼冷水，否则他说当地老百姓不答应。谁愿意得罪人？我们的研究中很少认真研究。禁止开发区、限制开发区、优化开发区、鼓励开发区，理论上承认有这四种，但是都希望成为鼓励开发区。很少有研究能够真诚严肃地指出：某地不适应城镇化，某地适宜建乡镇，某地只适应中小城市，只有少而又少的地方可以发展大城市，这真是我们研究的悲哀。

今后的研究一定需要强调以下三点：第一，新型城镇化是自然的历史进程。它是人们活动发展到了一定的阶段，需要集聚起来，那样更节约、更方便、更有效率，并且可以得到更好的服务。人们选择适当的地点，建立城镇，是各种因素和力量结合的结果，而不是相反，先有城镇，再有各种活动。这是一声不响的过程，容易被人忽视，现在更加容易被人们无意或有意忽视。第二，随着现代化、全球化、信息化的进展，人们改造世界的能力和主观能动性被夸大。必须指出，在城镇化的进程中，人是有作用的，但是是有限的，不是无限的，人的作用必须建立在客观的基础上，完全无视客观，可能坚持一阵子，但无法持久，也可能遇到自然的否定和反作用。第三，人的作用主要在于适应客观规律，使城镇化发展得更加顺畅，少走弯路，使人类活动和自然条件更加和谐。人们通过规划指出自然的历史进程的方向，提高自觉性，减少盲目性。

四、新型城镇化的内容是什么

针对目前的实际情况,我们要加强新型城镇化的内容的研究。一个城镇,当然需要有建成区,要有漂亮的房屋、宽阔的马路、各种配套设施。但是它的核心内容是什么? 人要幸福,就要有工作、有收入,就要有事做,所以要大力发展企业,提供各种就业岗位。而许多研究是相反的,弄成多大面积,有多少人,需要消费多少,各种商业就来了,企业就来了。完全是本末倒置。所以,首先要大力发展新型工业化、信息化。现在很多地方为了解决就业问题,盲目招商引资,什么企业都上。那是不行的。特别是开发落后地区,把河流下游的污染企业搬到河流上游,是完全错误的。河流上游可以少搞城镇,把人搬到下游来。新型城镇化研究,如果研究者是面向全国的,一般都比较全面;本地的学者研究本地问题,往往问题比较大。研究的结论应该是有的地方要大搞城镇化,有的地方要小搞,有的地方发展快一些,有的地方发展慢一些,有的地方可以不搞。

要大力发展战略性新产业,发展节能环保、新一代技术、生物、高端制造、新能源、新材料。要大力发展养老、文化、海洋等新兴产业。许多老产业如农业、物流、中草药、餐饮等也要大力创新。除了大力发展第二产业外,要大力发展第三产业。去年我们的第三产业所占比重第一次超过了第二产业。只有第二、三产业发展起来了,新型城镇化才有内容。同时,也要有农业现代化。什么是农业现代化呢? 就是"四四一一三五"。农产品优质、高效、生态、安全,农业生产要集中化、专业化、组织化、社会化,要进行社会主义新农村建设,城乡建设要一体化,不要同质化,政府要实行支农、富农、强农的政策,要经济建设、政治建设、文化建设、社会建设和生态文明建设一起抓。只有推进农业现代化,才会有更多的劳动力节约出来,同时农村也需要中心城镇的配套和服务。

我国城镇化的速度和规模取决于新型工业化、信息化和农业现代化。新型城镇化的资金也来源于新型工业化、信息化和农业现代化。一些地方城镇化之所以困难重重,就是因为没有处理好"四化"同步的问题。

五、处理好新型城镇化的各种关系

新型城镇化是系统工程,哪一方面的关系处理不好都会影响全局。全面处理好各种关系,看上去标准高了,但是没有办法,它跟企业不一样,建成了再改变很难,所以要力争全面。要坚持走"以人为本、四化同步、优化布局、生态文明、传承文化的新型城镇化道路",难在什么地方?查阅大量研究资料,发现没深刻论述过。可能是不能毕其功于一役,要有蓝图,然后一步一步实现。群众急迫心理可以理解,但是我们的力量有限,经验有限,可能要逐步实现。外国有很多典范的城镇都是经历漫长岁月才建成的,有的教堂就建了几百年,对我们有没有启发?我们有没有中外比较的研究?

在这里着重谈谈优化布局的问题。为什么优化不起来?做了哪些研究?结论是什么?优化布局关键就是不能大家平均主义。有的是中心,有的就不是;有的上,有的下;有的发展,有的保护。一定要让那些局部服从大局。服从大局不能光讲贡献,要有补偿。这是很好的研究课题。如远离中心的人的交通补助、文化娱乐补助、教育补助等。一定要承认差别,社会主义容易滑向平均主义。几个方面孰轻孰重,谁主谁次?应该不分彼此,缺一不可。当然,比重有大有小,"四化"同步可能大一些,传承文明可能小一些,但是也不能牺牲传承文明,可能要拿出更多的钱花在传承文明上。这种关系如何数量化?例如住宅一平方米花多少,保护遗址一平方米要花多少,应该具体研究。

六、如何科学研究政府的作用

在"四化"当中,相对而言,新型工业化、信息化、农业现代化中,企业的作用大一些,而城镇化中,政府的作用大一些。在研究中,有对政府的作用夸大的一面。科学地讲,政府的作用确实十分关键。政府应该把城镇化规划、土地规划、城市规划统一起来。

政府应该讲科学,严格遵循客观规律办事。为什么不讲科学呢?当然是掌握科学很不易,政府要努力。相比掌握科学来讲,更加困难的是掌握科学以后能坚持。为什么坚持不下来?因为迎合大家,迎合社会舆论,迎合领导。要提倡不唯众,不唯上,不唯书,只唯实。光提倡还不行,要有一整套体制机制。科学规划是怎样产生的,产生之后领导不执行怎么办,如何修改。体制机制让领导只能讲科学,不讲科学行不通。

政府应该广泛听取群众意见,好的意见积极采纳,对于不全面的意见,要认真加以引导,不能迎合。政府要关注社会舆论,引导社会舆论。现在的社会舆论往往随意化,片面化,表面化,要加强科学化、理性化、逻辑化。

每届政府不要短期行为,要传好新型城镇化的接力棒。过去没有做完的接着做,对于不足的加以弥补,为将来打下良好基础。政府要做好规划、政策等分内的事,不缺位、不越位,很多事让社会去做,让企业去做,让中介组织去做,让个人去做,让外人去做,给予支持、规范和引导。

七、如何理解智慧城市的意义

对于智慧城市的意义,研究得很不够,新型城镇化一定要智慧城市。为人民服务的主观愿望过去就有,但是没有智慧的手段,效果达不到。中共中央关于全面深化改革的决定指出,改革的总目标是完善中国特色社会主义制度,推进国家治理体系和治理能力的现代化。治理国家的体系和能力的现代化,过去从来没有这样讲过,而且放在总目标这样重要的位置上,为什么?

因为只要实现了治理国家的体系和能力的现代化,治理国家的体系和能力就可以和别的国家进行比较;实现了现代化,就是走在当今世界各国的前列,达到比较先进的水平。治理国家的体系和能力比较科学,比较合理,比较有效率,人民得到了更好的政府服务,得到了更多的幸福,就会更加拥护政府。什么叫现代化?就是信息化、网络化、自动化、智慧化、人性化、科学化,就是以人为本的理念,运用现代信息手段,更加科学地管理社会、管理城市、服务人民,用在城市上就是智慧城市。可不能理解为比别人更聪明一些,而是根本的改变。信息手段的发展,为人民监督政府,政府更加开放、更加透明、更加廉洁、更加有效率,提供了强有力的手段。新型城镇化离开了智慧城市,那不落后吗? 因此,千万要把智慧城市的建设、国家治理体系和能力的现代化,作为政府的奋斗目标,给予高度重视。研究要有前瞻性、系统性、对于实践加以指导。现在只有一些如智慧交通、智慧社区、智慧医院、智慧学校等的局部研究,还很不成气候。应该把智慧城市作为主攻方向,大力研究。

综上所述,本文没有直接研究新型城镇化的问题,而是从当前新型城镇化研究的缺失入手,力求在推进此项研究中发挥一些作用,好处在于借助了已有的成果,不必再作重复研究,集中力量解决存在的问题。本文深刻分析了城镇化的动力在于自然的历史进程,确保人的主观能动性更好地适应客观规律,主客观的有机统一。分析了为什么要四化同步,指出新型工业化、信息化和农业现代化是城镇化的内容,全面阐述了城镇化和现代化、全球化、小康社会和中国特色社会主义的关系。指出在各个方面我们的研究继续深化的前进方向,着重指出存在的不足之处,力求提供一些新的视角、新的路线、新的办法,力求更加具有针对性、挑战性,节约别人的宝贵时间。

Lack of New Urbanization Research

Song Chengmin

Abstract:There are obvious lack of research on the new urbanization. Many studies are not focus on problem solution, but is confined to academic circles, and write for their own,so their articales are not practical and lack the practitioner's attraction. Correctly understanding the central spirit:the power of urbanization is the historical process of nature, the content of urbanization is a new type of industrialization, information technology and agricultural modernization. To promote urbanization is to deal with all aspects of the relationship. Put forward to improve the direction of urbanization research.

Keywords: New Urbanization; Research Status; Digita City

小康社会建设下的社区
治理发展路径选择

王　淳

摘　要　小康社会建设要求实现全面、协调、可持续发展。社区治理是社会建设的缩影,社区治理在发展过程中所遇到的困境以及这些困境的解决反映着小康社会建设的状况。本文采用参与式观察法、访谈法、文献研究法,深入了解北京市某社区的治理现状,如居民归属感缺失、社区社会组织造血能力欠缺等,全面分析这些问题背后的社会和个人原因,结合笔者的参与体验提出寻求公共价值空间,推动参与式社区治理发展等对策建议。

关键词　社区治理;居民自治;社区社会组织;社会工作

作　者　王淳,北京工业大学社会工作专业,研究生。

自中国共产党"十六大"提出全面建设小康社会以来,十六届四中全会明确提出了建设社会主义和谐社会的目标,积极推进社会建设,确认了"党委领导、政府负责、社会协同、公众参与"的社会管理新格局;"十七大"报告为社会建设单辟一节,与经济、政治、文化建设并列,强调以民生为重点的社会建设;"十八大"报告进一步将社会建设与经济建设、政治建设、文化建设、生态文明建设一起确立为"五位一体"总体格局;十八届三中全会,提出了创新社会治理,推进国家治理体系和治理能力的现代化,激发社会组织、社区组织活力,鼓励和支持社会各方参与,实现政府治理和社会自我调节、居民自治的良性互动。在笔者看来,社会治理是社会建设的一部分,而社区治理又是社会治理的缩影,通过对北京市朝阳区某社区治理的探讨,可以更好地理解社区治理内涵,在实际发展过程中找寻社区治理的发展路径。

一、国家与社会理论对社区治理的阐释

20 世纪 90 年代,国家与社会理论被引入中国并迅速传播。改革开放前,中国社会的权力高度集中,国家通过单位制和街居制对社会进行一元化领导,实行对社会的高度整合和对整个社会生活的支配。改革开放后,随着计划经济的解体和市场经济的建立,社会逐渐从国家权力的强势覆盖中解脱出来,国家与社会的关系发生变化,原来的高度一体化变得各自相对自主,治理权力走出了非政府即市场或非市场即政府的非此即彼的狭隘观念。就政府部门而言,治理就是从统治到掌舵的变化;就非政府组织而言,治理就是从被动和排斥到主动参与的变化。

全球治理委员会于 1995 年发表了一份题为《我们的全球伙伴关系》的研究报告,报告中对治理做出了如下界定:治理是各种公共或私人的个人和机构管理其共同事务的诸多方式的总和,它是使相互冲突的或不同的利益得以调和并且采取联合行动的持续的过程。[①] 现在的治理不同于统治,也不同于管理,而是一种新型的国家与社会关系,是一种服务型的社会治理,治理权力不再只局限于国家和政府,不同部门依靠自身的资源和优势解决共同关切的公共事务是社会治理希望达到的目标。社区是社会生活的基础平台,也是政府管理社会的神经末梢,社区治理,简单理解就是关于社区的治理,它包含党居站关系(党组织、居委会、社工站)、居民自治、社区社会组织等。目前,我国正处于社会转型时期,社区治理也已经开始向服务型社区治理转变,治理的主体不再只是政府,而是基层政

---

① 俞可平:《治理和善治:一种新的政治分析框架》,《南京社会科学》2001 年第 9 期。

府、街道社区、社会力量、社区居民的多方主体参与,①社会治理的良性运作必然促进社区治理的良好发展。

二、社区治理在实践中的发展

自十八届三中全会提出社会治理以后,无论是社区居委会响应政府号召开展各种居民自治活动,还是研究者用自己的视角解读社区治理,都体现了社区治理、社区营造、参与式社区发展这类名词的火热。笔者在朝阳市某社区半年的实习,亲眼见证和参与了社区的日常工作和大型活动,与社区工作者的交谈也让笔者对"党居站"的关系、人大代表的换届选举有了较为明晰的认知。

(一)社区治理的发展现状

社区治理发展理念的提出,说明政府已经意识到了转变政府职能的重要性,简政放权、促进社区居民自治、鼓励社区社会组织发展,形成多方协同发展局面是必要的。不过,发展理念是顺经济发展、社会建设态势提出的,实际社会环境是否具备社区治理的土壤?居民是否有了较好的自治能力和认知?社会组织是否能承担起多方协同的重任?社区治理发展会遇到什么困境?遇到困境的原因是什么?困境如何解决?这一系列问题是我们必须考虑的。只有不断结合实际进行社区治理的探索并解决实践中的问题,才能更好地推进社区治理。

笔者实习的北京市朝阳区是"三社一体化"社区治理项目的试点社区,通过阅读项目资料、参与项目活动、访谈社区工作者和社区居民,较为全面的了解了社区治理项目的目标和运作。

社区"三社一体化"的背景是,2013 年朝阳区农委根据十八届三中全会内容制定《朝阳区农村地区社区"三社一体化"专业社会工作试点实施细则》,倡导建立起在社区党组织领导下、在社区居委会指导下,社区、社区社会组织、社工服务站三位一体的社区民主自治体系。三个目标分别是推进社工人才队伍建设、提

---

① 胡祥:《城市社区治理模式的理想型构:合作网络治理》,《中南民族大学学报》2010 年第 5 期。

升社区专业服务能力、推进社区民主协商自治。推进社工人才队伍建设方面主要是鼓励社工参加职业水平考试,提高社工持证通过率;邀请相关专家对社工做多种形式的培训指导;通过社区项目建设活动提升社工实践水平。提升社区专业服务能力方面主要是形成"社工＋志愿者"小组,做好工作和居民需求的对接,组织专业社工带领志愿者应用"助人自助"理念及个案、小组、社区工作专业方法为特定人群提供服务,及时评估工作效果,积累工作经验。推进社区民主协商自治方面,以社区居委会换届选举为契机,及时跟进民情,扩大公民有序参与、推进信息公开;通过"互联网＋"做好居民需求和服务提供的有效现实对接;通过系列主题行动和活动,开展社区协商实践。

(二)社区治理的发展困境

社区治理如火如荼开展,取得了一些积极成果。例如,居民通过社区社会组织了解社区活动、参与社区活动,将大部分老年群体吸纳到社区活动中,带来了社区活力;社区工作者经过社工考试和培训,对社会工作专业有了一定的认知,学习能力得到培养。但是,现实中也存在一些方面的问题,给社区工作者、社区居民、社区社会组织发展带来了困扰,下边将以案例的方式呈现。

1. 社区居民参与自治意识不足

案例1:社区居委会选举方式有三种,居民代表选举、户代表选举和海选。目前,多数社区是居民代表选举,少数社区开始试验户代表选举,海选还没有在城市社区推行,主要存在于村干部选举。该社区居民代表多数是平时与居委会联系较多的居民,以老年人居多,青年选民很少。由于居民参与直接投票选举的比例不高,不是居民代表的社区居民很少关心社区的换届情况,随意跟风决定居民代表,对谁担任社区居委会委员更是漠不关心。

居民代表手中握有选票,能行使选举权,但对社区工作者的工作态度、工作状况、工作业绩了解不全面,通常是赞成票通过,不对具体情况进行深入了解,这样信息的不对等使得投票在一定程度上流于形式。

2. 志愿者群体多为老年人

案例2:社区经常活跃的志愿者群体多为退休的老年人。无论是治安巡逻站岗、社区文艺会演,还是社区居民代表、社区志愿者,都以老年人为主。在社区居委会能见到的也基本是老年人,因而居委会工作人员对社区的老年群体了解较多,对青年群体了解较少。青年群体来社区办的事基本是在社区服务站办理相关政策手续和为孩子参加社区活动报名。

青年群体忙于事业和家庭,导致在社区方面投入的精力少之又少。虽然几个全职妈妈全身心投入到社区志愿服务中,为社区 6—12 岁的孩子们提供了很多服务,但是她们在整个社区青年人中所占的比例很低。

3. 社区社会组织造血能力欠缺

案例 3:该社区成立了社会服务协会,下设民议团、民治团、民乐团、民帮团,民议团主要参与理事的换届选举,召开会议协商协会走向;民治团主要承担本社区的治安巡逻和站岗,维护社区治安;民乐团包含很多诸如舞蹈、乐器、模特等兴趣班,参与节日会演和外出比赛;民帮团主要倡导社区居民互助,营造良好的社区互助氛围,增进居民之间的往来和感情。

协会将社区居民资源有效整合,负责人是社区党委书记。社区服务协会发展方向正确、各类资源较为充足,但是居民自我管理、自我服务、自我协商、自我解决问题的能力稍显欠缺,比如不同兴趣班的时间和场地有冲突,他们并没有做到内部协商解决,而是通过居委会规划解决。自我造血功能欠缺,依赖社区输血支援。

4. 工作人员专业水平有限

案例 4:该社区在职工作人员 16 名,持证社工 7 名,没有社工证的工作人员在努力考取证书,持证率呈上升态势。但是,社工理念和方法的应用并不乐观,很多工作人员考取社工职业资格证是因为证书可以为他们增加工资。对社会工作专业的认同、对社会工作理念的贯彻、对社会工作方法技巧的应用处于初级水平,限制了社会工作专业的职业化进程,专业化也没有在社区实务领域获得深入发展,如何将工作经验总结提升为社会工作的实务经验是社区工作者面临的一大困难。

社区邀请相关领域专家来社区为工作者进行知识和能力的培训,上级政府也积极链接资源为社区工作者提供各类讲座和素质能力拓展,这些培训在一定程度上扩大了社区工作者的知识面和视野,但是他们没有实践的土壤,没有专业人士督导,实务能力没有提升。

三、社区治理困境成因分析

上述案例在一定程度上揭示了北京市朝阳区在推进社区治理方面面临的困境,这些困境不能简单地归因于制度或体制架构存在缺陷,还必须从公共生活的原动力、民众素养、社区类型特点以及社会工作本土化等更为深层次的因素中找原因。

(一)地缘社区居民的社区归属感缺失

该社区为保障房小区,社区居民来自五湖四海,少部分是北京原住居民,多数是外地居民购房居住。外地人员来到北京后,有的通过自己打拼获得了北京市户口,有的户口仍在老家,呈现人户分离状态。对于户口不在北京的外地人来说,社区只是他们居住的地方而不是"家",他们在社区内享受城市服务,但没有将自己定义为社区的主人,自然不会想到要付出自己的时间和精力去呵护社区这个大家庭,而且户口不在北京也不具备选举的资格。社区对于户口在北京的"外地人"来说,虽然落户给他们带来了生活的安稳,但是每日工作的奔波使得他们无法腾出时间来参与社区相关活动,人际关系的不熟悉也在一定程度上削弱了他们参与社区居委会换届选举和社区志愿服务的动力,把时间更多放在事业和家庭上。另外,钢筋水泥的高层建筑隔离了居民之间的交往,每户家庭有自己的作息特点,碰面机会较少,即使碰面了,因为不熟悉,交流大多是点头问候。

(二)习得性无助使社区居民活动欲望下降

习得性无助是指通过学习形成的一种对现实的无望和无可奈何的行为和心理状态。① 以社区居委会选举为例,社区居民普遍认为不管自己选择谁不选择谁,结果都一样,自己的一票并不能起到作用,这种行使权利却得不到相应重视

---

① M. 派恩:《现代社会工作理论》,何雪松、张宇莲、程福财、丁慧敏译,上海:华东理工大学出版社,2008 年,第 299 页。

的事件,会逐步降低居民的心理预期,从而在重复过程中习得无助感,不再积极投入时间和精力在无用的事情上,而是去做那些让自己有成就感的事情。这在一定程度上可以解释参与志愿服务人少的现象。如果一个人不能在参与的活动或事件中获得满足感、成就感、存在感、归属感,他的热情就会逐步降低,进而退出这个领域,去找寻其他的领域。在志愿服务不契合居民需求而被提供时,服务的被提供者感受不到被满足,服务的提供者也感受不到对方的感谢,志愿者的满足感就不能在服务中获得,相反还会质疑志愿服务的意义,重复性的、低质量的志愿服务会让社区居民退出志愿团体。

(三)社区社会组织发展原动力不足

在国家倡导社区治理、鼓励社会组织发展的社会环境下,社区社会组织雨后春笋般迅速发展,有的是居民自我组织起来的,有的是由上而下按照要求组织起来的。前者更贴近于社区治理中的社区自组织,它的存在基于社区居民自己的需求,所以得到居民的支持比较多,居民会在组织发展过程中自我管理、自我服务,链接资源满足群体需求。后者不一定是居民自发自愿组成的,[①]很多活动是社区居民不愿意参加而被迫参加的,或者社区没有存在某种社区组织的土壤,即使强行长出了芽,也会因为养分不足夭折。

(四)社会工作本土化选择混乱

社会工作在我国发展时间短且为舶来品,社会工作的本土化一直在探寻中,期待将国外的社会工作专业与中国本土环境结合起来,发展出适合我国国情的中国化社会工作。这种想法符合从普遍性到特殊性的发展逻辑,在学习国外经验方面,我国的社会工作教育即专业化走在了职业化的前列,形成社会工作专业。但是,单方面学习经验,不联系实际总会造成发展的畸形。职业化发展缓慢阻碍了专业化进程,专业认同度低导致了大量社工学生的流失;本土社区工作者在实践中因对社会工作理论知识缺乏而造成职业化和专业化再次脱节。

---

① 朱仁显、邬文英:《从网格管理到合作共治——转型期我国社区治理模式路径演进分析》,《厦门大学学报(哲学社会科学版)》2014年第1期。

四、走出社区治理困境及其路径选择

社区治理虽然遭遇到制度、文化、心理等多重困境，但是在多个维度和层次上得到呈现。笔者结合实习经历，提出一些构想，期待社区治理能获得更好的发展，造福于民。

(一)面向全体社区居民举办社区活动

笔者在社区实习中发现，如果社区举办的活动是面向全社区居民，活动中就可以看到很多新面孔，参与人数因为活动约束少而上升。在举办活动时，平常不熟悉的居民通过社区活动平台见面聊天活动，社区活动便成了居民相互来往的交友平台。比如经常举办羽毛球、乒乓球、亲子运动会、青年游艺会、文艺会演等不同类型活动，居民可以根据自己的兴趣爱好进行选择，从而在活动中结识有共同追求的同伴，增加活动结束之后的邻里往来。与此同时，发展社区的青年志愿者是很有必要的，社区工作者可以把孩子作为连接不同家庭的纽带，孩子聚集在一起，家长也一起探讨孩子相关问题，促使彼此熟识和共同行动。社工运用链接资源的能力培养居民的社区归属感，引导社区居民自己内部熟识，建立熟人社区。

(二)创建公共价值空间与信任关系

社区的志愿活动要重实在而不是形式，把利于他人的公益性与参与者自身的利益性结合起来，促进陌生人之间相互理解、平等、信任、友善、宽容、分享、责任和爱，让助人者和受助者都能在志愿活动中受益，从而增加满足感，激励积极行为与思想。公共性价值坚持以参与者的志愿精神和对组织公益理念的认同来保障组织的有效运转，借助参与者的资源，激发他们的创造力，信任并赋予其更多权利，使他们直接参与公益活动的设计和全程运作；重视在平等合作的前提下同政府、社区一起开展有影响力的志愿活动，推动志愿事业的发展。以现代科技应用为例，老年群体对微信、电脑等现代科技不了解，社区可以组织志愿者对老人进行有效教学，大家互相讨论、互相学习，在这个过程中志愿者和老年人的信任关系得以成长。

(三)推动参与式社区治理发展

当前,参与式社区发展和社区营造得到了多数社区工作者认可,罗伯特议事规则和开放空间的使用受到大家追捧。在推动社区社会组织发展时,要给居民机会坐下来商讨社区发展事宜、关注本社区居民的共同需求,容许不同意见和建议的存在,容许组织出现问题时自己内部解决。当然仅有社区社会组织的自我发展和自我定位还不够,持续稳定的发展有赖于稳定的、合理的、张弛有度的社区社会组织政策的制定和实施。更为重要的是,明确社区组织的活动边界,用制度约束节约交易成本、减少行动者的机会主义行为和其他各种形式的偷懒行为。社区社会组织的培育和深化有赖于国家制度的认可,也需要社区居民将社会协同、公众参与的行为和相关知识内化为自己的选择。以罗伯特议事规则为例,单纯讲授何为议事规则是没有用的,培训人应该以一个主题切入,组织参与者开展讨论,这个过程会发生组内认同或者组内冲突,在他们寻求共识的过程中观察记录他们的言语表现,最后总结引导。让他们体验罗伯特议事规则在商讨过程中的作用,学习效果会更好。

(四)理清社会工作本土化发展选择

本土化反映的是一种变化和过程,指的是外来事物进入另一社会文化区域并适应后者的要求而生存和发挥作用的过程。本土化社会工作指的是对某种助人模式(包括理念、过程和方法)的判断和认定,即指那些土生土长的、发挥着有效的助人功能的制度化的行动过程。笔者认为,社会工作的本土化应该是二者的同时发展。我们要通过社会工作专业教育培养社会工作人才,努力促使社会工作教育水平迈上新台阶,同时,培育本土性社会工作的社区工作者,通过考取资格证书、培训学习等手段,传授社会工作专业知识,再获得政府的政策和资金支持,提倡社区工作者去做真实的个案、小组和社区工作,在真正的实务过程中内化社会工作知识,提炼社会工作实务经验,提升社会工作实务能力,增强专业认同感。

五、结　　论

当代中国社区治理的发展一方面需要制度和政策上的支持和推进,另一方面每个社会成员的自我反思和参与到超越利己的社区治理中。社区淡漠与信任的缺失是分不开的,社区居民不参与组织活动、社区活动、政府活动,与居民不信任社区和不接纳这些群体有关。但是,民众参与和社会信任是相互强化的,积极参与社区活动的人,更有机会去了解组织、了解别人、了解政府,从而培养信任他人的能力。相反,脱离社区活动的人认为自己被恶人环绕,不信任社区、不信任政府,从而产生了各式各样的矛盾和误会。因此,社区治理的良好发展依赖政府和公民共同努力,在制度、服务等多方面进行提升。

The Choice of Development Path of Community Governance In the Building of the Well-off Society

Wang Chun

Abstract: Construction of a well-off society requires us to achieve a comprehensive, coordinated and sustainable development, the community governance is the epitome of social construction, reasons and dilemmas of community governance in the development process encountered difficulties, the plight of the solution also reflects construction of a well-off society. In this paper, the participant observation method, interview method, literature research methods in-depth understanding of the status of community governance in a community of Beijing City, as belonging to residents deletion, community and social organizations hematopoietic and lack of the ability of sense and so on, a comprehensive analysis of the social and personal reasons behind these problems, combined with their own calendar also proposed to seek public value space, promote community participatory governance development countermeasures and suggestions, in order to promote the development of community governance better.

Keywords: Community Governance; Residents' Self-Governance; Community Organization; Social Work

非公经济组织参与城市
志愿服务的情况和对策①

李 洋

摘 要 非公经济组织在城市志愿服务参与上具有人力、物力和财力上的优势,且灵活性较强,既是城市志愿服务工作的突破口和潜在力量,也是非公经济组织社会参与的重要组成部分。当前迫切需要通过大力发展民间志愿团体,完善专门面向非公经济组织的招募机制和方案,增加志愿服务中民生项目的范围和数量,并建立和完善服务保障机制、差异化的激励机制,以及政府购买志愿服务工作机制等方式来促进非公经济组织参与城市志愿服务。

关键词 非公经济组织;城市志愿服务;社会参与

作 者 李洋,北京市社会科学院社会学研究所,助理研究员。

一、研究目的和意义

非公有制经济是指除了公有制经济形式以外的所有经济形式,是资产由我国私人控股、我国港澳台商控股、外商控股的"非公有控股"的企业法人单位,主

---

① 本文系北京市社会建设专项资金购买决策研究与信息咨询服务一般项目"非公经济组织参与志愿服务工作情况研究"(编号 SHJC0231)成果。

要包括个体经济、私营经济、外资或合资经济等。因此,非公经济组织主要包括个体工商户、私营企业和外资企业等。截至 2015 年底,北京市共有非公经济企业 70 余万户,其中形成规模的已经达到 3.9 万户,中小微型企业占到 95% 以上,每年接纳新增就业岗位达 85% 以上,而内资企业数量占比达到 86.2%。因此,动员非公经济组织参与城市志愿服务工作具有巨大的社会基础和动员潜力。

当前,非公经济组织在整体上占全部经济形式的比重越来越高且发展越来越快,随着现代企业制度和理念的日益更新,非公经济组织履行社会责任、投身社会事业的诉求和意愿愈发明显,并付诸大量行动,成为企业生产经营活动的重要补充。以“光彩事业”为例,从 2005 年到 2015 年,非公经济组织累计捐款金额的年增长率基本保持在 40% 左右,2014 年多部委在《关于鼓励支持民营企业积极投身公益慈善事业的意见》中指出:“广大民营企业家和民营企业深入践行社会主义核心价值体系,切实履行社会责任,积极投身公益事业,已成为我国公益慈善事业的主体力量。”参与社会事业既是各个企业履行社会责任、践行企业精神的重要体现和诉求,而且当前也初步形成和具备了一定的社会氛围和实践基础。

自 2008 年以来,北京市在城市志愿服务工作上取得了一定的进展,尤其在赛会志愿服务和基层志愿服务体系建设等方面。“十二五”期间,市民志愿服务参与率达到 20% 以上,全市注册志愿者平均每人每年服务时间达到 50 小时以上。但是,全市志愿服务工作仍面临一些发展困境,表现在:志愿服务活动的专业化程度低、人才缺乏、活动内容单一且脱离社会需求、志愿活动持续性不足、资金来源渠道少、能力建设不足和制度设计不完善等,这些问题已经成为制约志愿服务发展的重要瓶颈,需要在当前的工作格局中寻求新的生长点和突破口。与传统上的公有制经济和一般的社会组织相比,非公经济组织在志愿服务工作中具有以下四个方面优势:一是企业在生产经营和管理上有较强的自主性,能根据社会需求自主开展志愿服务活动;二是所从事的行业、规模和人才队伍多元化,能根据不同层次、不同社会群体的多元需求提供有针对性的服务;三是很多中小企业尤其是个体工商户直接从事民生服务活动,对民生方面的需求更为敏感、熟识,其中很多已经成为服务商;四是与一般的公益性社会组织相比,更能为志愿服务提供可持续的财力和物力来源。

因此,通过创新性的发展思路和针对性强的政策措施,来进一步促进非公经济组织参与志愿服务,有助于充分调动不同社会阶层和行业参与志愿服务的热情,增强志愿服务活动的有效性和针对性,进一步消除当前志愿服务工作中的弱点和盲点。尤其是面向非公经济组织中的重点领域和重点企业开展工作,既是进一步完善北京市非公经济组织社会动员工作的体制、机制和工作方法,寻求和完善非公经济组织参与志愿服务工作的实施路径的重要举措;也是探索形成北京市志愿服务工作新模式,促进北京市志愿服务工作迈上新台阶的一个重要突破口。

二、研究对象、内容和方法

(一)研究对象

根据全国工商联的界定,非公有制经济包括个体经济、私营经济、外商投资经济、港澳台投资经济以及混合经济中的非国有成分和非集体成分。[①] 由于外商、港澳台投资经济通常借鉴了国外的企业治理理念,形成了较为成熟的履行社会责任模式,具有相对独立的管理和评价模式,因此本研究重点关注非公经济组织中的内资部分,即内资私营企业和个体工商户。根据 2015 年北京市统计局发布的不同领域第三产业的企业和从业人员数,将非公经济组织归纳为四个重点领域:一是商业,含批发零售业、租赁和商业服务业等,共约 192.2 万人;二是高新技术产业,含科学研究和技术服务业,以及信息传输、软件和信息技术服务等,

① 根据第三次全国经济普查的定义,本研究中的私营经济是指存在雇佣劳动关系的私有制经济。在我国现阶段,私营经济的存在形式就是私营企业,即由自然人投资设立或由自然人控股,以雇佣劳动为基础的营利性经济组织,包括按照《公司法》《合伙企业法》《私营企业暂行条例》规定登记注册的私营有限责任公司、私营股份有限公司、私营合伙企业和私营独资企业。个体经济是指生产资料归劳动者个人所有,以个人劳动为基础,劳动成果由劳动者个人占有和支配的一种经济形式,主要形式是个体工商户,即公民在法律允许的范围内,依法经核准登记,从事工商业经营的,为个体工商户,其特征是劳动者以本人或家庭的生产资料和本人及家庭成员的劳动从事经营活动。

共约 122.1 万人；三是服务业，含居民服务业、住宿和餐饮业、物流和物业管理业等，共约 113.4 万人；四是文化教育业，含文化体育娱乐业、教育业等，共约 30.8 万人。

首先，上述领域涵盖了第三产业中的大部分从业人员和门类，在企业数量和职工数量上是第三产业的主体，如商业和服务业等；其次，这些行业有的是当前和未来北京市重点发展和大力支持的行业，反映了产业结构调整的需求和未来发展的趋势，如高新技术产业和文化教育业等。因此，本研究将上述四个领域中从事生产经营活动的内资私营企业作为重点研究对象。

（二）重点内容

1. 当前非公经济组织参与志愿服务的基本情况，政府相关部门促进非公经济组织参与志愿服务工作的主要做法和相关成效。

2. 非公经济组织参与志愿服务工作面临哪些困难？当前在促进非公企业广泛参与志愿服务工作中，在动员和激励机制上存在什么问题？

3. 在体制机制上，如何更好地对非公经济组织进行社会动员？在具体的对策上，如何将志愿服务工作落实到企业的日常运行中，如何更好地发挥其在日常动员中的作用？

（三）研究方法

本课题采取了定量和定性相结合的研究方法：在定量研究方面，一是面向高新技术企业这一重点研究产业进行抽样调查；二是采用 2010 年"全国私营企业调查数据（北京市）"的相关数据进行统计分析；在定性研究方面，主要采用深入访谈的方法，涉及的对象包括：西城区、海淀区和朝阳区等社会办、共青团等相关职能部门和群团组织，以及辖区内街道办事处、社区居委会等 10 家单位；入驻于叶青大厦等地的 20 家私营企业和个体工商户等。

三、基本情况和数据分析

（一）基本情况

1. 非公企业参与志愿服务的数量和规模

据相关部门的不完全统计,截至2014年底,北京市共有约2.9万家非公企业常年开展志愿服务活动,其中参与志愿服务工作的规模以上的非公企业约有3600家,共成立志愿者服务组织约3600个。商务楼宇①工作站主要是根据非公企业服务管理工作的需要而设立的,而以商务楼宇工作站为抓手进行社会动员已成为当前开展非公企业志愿服务工作的重要举措;截至目前,全市共有273家商务楼宇工作站建立起了志愿者服务站。

2. 热衷参与志愿服务活动企业的产业结构、企业规模和发展阶段

根据全国工商联2013年发布的"私营企业发展报告"统计数据,从产业分布来看,北京市民营企业中参与公益志愿活动表现较好的是第二产业,占所有参与公益志愿活动企业的63%,是履行社会责任的骨干力量。其中,制造业企业占到48.1%。第三产业在企业数量和从业人员数量上优势明显,但参与情况并不乐观。从企业规模来看,资产总额在1000万元到1亿元的中型企业参与公益志愿活动的积极性更强,占所有参与公益志愿活动非公企业总数的45.4%,而资产总额在100万元以下的微型企业比重最低,仅占5.2%。从企业发展阶段来看,成立时间在10~20年的非公企业参与积极性最高,占所有参与公益志愿活动非公企业总数的41%,其次是成立时间在5~10年的企业,占比达到28.2%。可见,处于稳定发展阶段或者成熟发展期的私营企业,其参与积极性要明显高于处于初创阶段的私营企业。

---

① 商务楼宇一般是指城市内占地面积较小、容积率较高、建筑面积较大并且用于经营性的写字楼、商务楼和工业楼房。因楼宇内汇集大量人才流、资金流和信息流,楼宇经济逐渐成为新的经济形态。

3. 非公企业员工志愿者的规模和数量

从私营企业从业人员情况看,在 2014 年面向实名注册志愿者①开展的抽样调查中,注册志愿者人数最多的是在校学生,占到了调查注册志愿者总数的68.6%,排在第二位的是国有集体企事业单位人员、退休人员和自由职业者,占调查注册志愿者总数的 16.3%,排在第三位的是未就业人员,占调查志愿者总数的6.5%,而排名最后一位的是私营企业从业人员,其注册志愿者数量仅占调查志愿者总数的 4.75%。②

(二)分析和结论

在 2010 年全国私营企业调查数据库中,共有北京市的 110 家企业数据,以此为依据探索建立起私营企业参与公益志愿服务的多元回归模型,即:将行业类别、企业上一年度效益、广告宣传投入资金、私营企业主政治参与情况等多个变量作为自变量,将上一年度私营企业参与公益志愿活动情况作为因变量,结果发现:

1. 私营企业参与公益志愿活动的积极性与企业效益紧密相关

这里的企业效益主要是上一年度的营业收入,统计显示,私营企业上一年度营业收入越高的企业参与公益志愿活动的积极性越强,而营业收入较低的企业参与公益志愿活动的积极性也较低,两者呈现显著相关。由此可见,私营企业履行社会责任和参加社会活动的意愿、行为主要还是建立在企业经营效益和状况的基础之上,今后针对私营企业开展工作时,有必要充分考虑这一点,这样才能做到有的放矢、取得事半功倍的良好成效。

2. 私营企业在广告宣传上的投入越大,参与公益志愿活动的积极性越低

人们或许会认为,在广告宣传上投入重金的私营企业都比较重视企业形象,并由此得出此类企业比较重视履行企业社会责任的结论。但统计结果显示,就北京地区的私营企业而言,越是愿意在广告宣传上投入重金,其公益志愿活动的参与程度也越低,两者呈现出负相关关系。

---

① 注册志愿者是指在北京市志愿服务联合会(原志愿者协会)进行注册的志愿者。
② 丁元竹等:《北京志愿服务报告》,北京:国家行政学院出版社,2014 年。

3. 政治参与意识较强的私营企业主具有较强的公益志愿参与意识

统计显示,那些私营企业主同时担任人大代表、政协委员或者工商联、行业协会负责人等社会职务的私营企业,通常对履行社会责任拥有较强的积极性,这些企业大多会积极参与公益志愿服务活动,两者呈现出较高的相关性。实际上,这其中可能会涉及激励机制的问题,即:如果能够给予私营企业主一定的社会性奖励尤其是"社会认同感",可能会在一定程度上对私营企业参与公益志愿活动产生较强的推动作用。

四、问题和困难

(一)非公经济组织志愿服务的总体参与率较低

1. 私营企业第三产业从业人员志愿服务参与率较低

如前所述,从事第三产业的私营企业数量和员工人数在所有经济成分中均排名前列,但注册志愿者的人数仅占所有志愿者总数的不足 5% ,[①]且全国工商联发布的北京市分产业履行社会责任的企业情况中,第三产业也要落后于第二产业,这与北京市经济结构的现状和趋势极为不符,面向第三产业开展的志愿服务动员工作仍有较大潜力可挖,这有望成为全市非公经济组织志愿服务工作的突破口,因此亟须形成专门的动员思路和策略。

2. 个体工商户具备接近民生和社会需求的天然属性,是志愿服务工作动员的潜在力量

个体工商户往往都"躬耕"于基层社区,满足社区、市场周边居民的日常生产、生活需求是其本业所在。调研发现,由于个体工商户的经营范围大多以居住社区为中心,因此其志愿服务活动往往被纳入所在社区的基层社会动员范畴,但现实情况是,出于组织便利性和人员可靠性等方面的考虑,以社区为单位的基层社会动员的对象往往仅限于北京市居民,而北京市从事个体经营的基本都是外

---

① 丁元竹等:《北京志愿服务报告》,北京:国家行政学院出版社,2014 年。

来人口，因此，这些个体工商户基本被排斥在志愿服务社会动员的范围之外，这种状况亟待改变。

（二）企业用工成本上升和负责人的主观抵制是参与不足的重要症结

访谈发现，相当一部分私营企业和个体工商户都表示企业用工成本上升、经营实在不易，可以说，当前经济环境的制约是影响志愿服务参与的重要因素。由于当前的宏观经济环境不利和用工成本高企，即便组织志愿者招募，员工也有参与意愿，但他们却很难放下工作来从事志愿服务，因此在很多时候，现场组织的志愿服务活动往往只有老板本人来参加。而单位负责人的主观意愿也直接影响企业志愿服务活动的状况，调研发现，包括一些入驻于写字楼内的高端服务业和高新技术企业，虽然企业负责人收入或学历层次较高，但仍对商务楼宇管理方和社区居委会等组织的具有"官方"背景的志愿服务活动抵触情绪较强烈，甚至抵制入户联络等基础动员工作。

（三）企业自发的志愿者服务团队的成长渠道有待畅通

一是民间志愿服务团队的角色和定位有待明确。当前全市范围内已经建立起统一的志愿者登记平台，但对于基层尤其是企业志愿者来说，面临着不登记没有保障，登记后项目过多而"分身乏术"的窘境，许多企业有自己的志愿者队伍，从自己的业务范围出发开展各项志愿服务工作，但由于无暇认领志愿服务项目而至今"不敢"完成注册，也就无法从正规渠道得到志愿服务工作的相关保障。

二是民间志愿服务团队的制度保障有待强化。自发的志愿服务团队大多依靠企业自身的支出来保证活动的开展，需要持续的资金来源、制度保障和专业指导。虽然当前许多民间志愿服务团队的活动组织、项目设计都是自行完成，但由于很多紧密结合受益人的需求，活动的社会效果较好，因此具有一定的持续性和发展基础，迫切需要纳入政府购买服务等制度化机制的保障范围。

（四）非公经济组织的社会动员机制有待完善

一是在宣传和动员思路上。在实践、执行的过程中，对非公经济组织的动员工作往往以服务或者以被动宣传为引导，前者往往"重服务、轻奉献"，造成享受便捷服务的企业多，参加志愿服务的企业少；而后者缺乏主动宣传意识，缺乏对志愿服务精神和内涵的系统性宣传普及，容易造成有的人"凑热闹"心态凸显，真心参与的少。再次,在项目设计、志愿者和受益者三者关系的匹配上,项目设计既容易忽略志愿者的专业能力和工作需求,又难以满足服务对象的民生需求,同时缺乏专门面向企业开展的志愿服务项目。因此,在枢纽型志愿组织以及其他政府购买服务的项目设计、组织上,都有待进一步从民生需求出发,充分考虑志愿者的需求和能力,提升项目设计和组织的专业性。

二是在激励机制上。与学生和退休人员的注册志愿者相比,企业志愿者在志愿服务激励机制方面显得更为敏感,学生志愿者有参加志愿服务的校方义务和要求,退休人员尤其是社区志愿者有一定的时间和物质奖励,但企业志愿者则需在完成繁重的工作任务之余开展服务活动,他们的参与诉求更为多元、参与反馈更为敏锐。

五、对策和建议

(一)完善专门面向非公经济组织的招募机制和方案

首先,要深入挖掘非公企业人才资源,由志愿者联合会牵头,面向非公企业专门制定非公企业招募计划,一些行业协会之间可以建立合作关系,提升志愿服务在行业协会整体工作中的比重;如果某些行业没有建立专门的行业协会,则可以探索建立起相关行业的志愿者协会。由行业协会或志愿者协会根据本行业的特征和需要,负责制定和实施本行业的志愿者招募计划。

(二)通过多种方式大力发展民间志愿团体

一是要在充分走访调研的基础上,逐渐将民间志愿团体中那些涉及特定群体的民生需求,以及长期开展志愿服务活动的组织或团体纳入政府购买服务的范畴,从资金、项目和活动保障上予以支持;二是探索将其吸收进社会组织孵化器,进一步提升其服务的专业性和持续性;三是要明确"志愿服务不分你我"的发展思路,充分实现各种志愿服务团队和项目的资源共享,这其中既包括不同部门志愿服务资源的共享,也包括注册志愿者和社会志愿者之间的资源共享,比如充分向社会放开"蓝立方"的使用权。

(三)在已有志愿服务精品项目的基础上,增扩民生项目的范围和数量

精品项目是在长期的志愿服务中不断总结和提炼而形成的品牌项目,具有较强的社会号召力、影响力和美誉度,它对志愿者的专业能力要求较高,当前在全市的志愿服务中已经形成了"蓝立方"等精品项目。由于北京市人口社会结构复杂,不同群体的民生诉求差异较大,面向不同群体的服务项目需要涉及民生需求的各个方面,需要在精品项目的基础上,增加民生服务项目的类型和数量。实践证明,贴近民生需求的志愿服务项目更受人们欢迎,更有"市场",相应的也更容易吸引志愿者参与。因此,在项目设计阶段,要充分考虑服务受众的接受程度和需求程度,并将其作为立项的重要标准之一。

(四)进一步完善规范化的保障机制和差异化的激励机制

首先,要继续完善规范化的志愿服务保障机制,包括志愿者注册、服务记录、考核评价等规章制度。其次,要探索建立差异化的激励机制。一是逐步出台和落实非公企业开展志愿服务的优惠政策。二是建立完善针对志愿者的社会回报机制。规范的志愿者激励机制应当充分考虑志愿者队伍的需求,这就要对全市当前和今后志愿者队伍的基本特征进行分析和预测。实际上,不同志愿者群体的利益诉求相差很大。只有建立起正规化和差异化的保障、激励机制,才能真正将非公经济组织中的不同社会群体动员起来,积极主动的参与志愿服务工作。

(五)完善政府购买志愿服务的工作机制

当前,改革和创新政府购买志愿服务的工作机制势在必行。首先,政府部门要转变观念。志愿服务的开展离不开政府资金的支持和投入,但在符合法律和政策法规的框架下,政府资金如何使用、用于哪些服务对象、开展哪些活动,其主导权应该划归于志愿服务组织。其次,保证资金支持力度和可持续性,增加志愿服务类政府购买服务项目的数量和比重。再次,要创新政府购买志愿服务项目的运营机制。具体说来,一是要确立"小处着眼,大立意"的项目设计思路,减少上级下派或委托的面向全体居民的大型服务项目的数量和比例,缩小项目规模、增加项目数量;二是在此思路的基础上,改变当前政府主导的项目选题确定方式,政府不划定选题目录,仅仅出台志愿服务的指导思想和原则,实行志愿服务团体申报、第三方机构、专家委员会和社区居民评估的选题确定方式。

(六)发挥工会等非公企业内部组织的作用

当前,在各个非公企业中专门发挥社会职能且普及程度较高的是工会组织。作为企业员工自发成立的群众组织,尽管企业并未被要求建立工会,但是有一定规模的非公经济组织通常都会成立工会。各企业的工会主要在保障职工权益、组织开展员工活动中发挥作用,但有的发挥作用也有限。因此,可以探索通过企业工会系统实现非公企业的志愿服务参与,例如:对于尚未建立工会组织的,可与全市总工会联系,引导各非公企业建立健全工会组织;对于已经成立工会组织的,分行业或地区开展基于工会组织的志愿服务项目或活动,力争在现有机构框架内充分调动企业志愿服务参与的积极性。

Status and solutions on Non-State-Owned enterprises participating in the urban voluntary service

Li Yang

Abstract: Non-State-Owned enterprises have many advantages in urban voluntary services in aspects of human, material and fiscal resources, not to mention their flexibility in the form of participation. Thus they could be the breakthrough and potential in urban voluntary services, and the important part of social participations. Now it is necessary to urge the NSOEs to participate in the urban voluntary services by developing the civil organizations, improving the enrollment mechanism, increasing the covering range and number of people livelihood projects, and optimizing the motivation and government purchasing services mechanisms.

Keywords: Non-State-Owned enterprises; Urban Voluntary Service; Social Participation

福利共享:城乡公共文化服务建设

李春龙

摘 要 随着社会经济的飞速发展,社会福利的涵盖范围不应再局限于物质领域,而应扩大到精神领域,将公共文化服务纳入其中。这既是社会发展的客观要求,同时也是全体社会成员的现实需要。

关键词 社会福利;公共文化服务;制度建设

作 者 李春龙,山东社会科学院社会学研究所,助理研究员。

一、社会福利的性质

什么是社会福利,不同学科、专业背景的学者有不同的看法。因为"福利"一词运用广泛,平时经常见到的诸如单位福利、福利事业、福利国家、社会福利等概念,都涉及"福利"一词,然而这些概念中"福利"的含义并不一样。就字面意义而言,福利是指与人的幸福相关的利益。英文中"福利"(welfare)的基本含义就是幸福(well-being)。基于共识,学界一般认为社会福利是指政府和社会通过社会化的福利设施和有关福利津贴,以满足社会成员的生活服务需要并促使其生活质量不断得到改善的一种社会政策。①这一含义明确指出了作为福利提供主体

---

① 贾后明,丁长青:《社会福利的性质界定与模式选择》,《前沿》2009 年第 5 期。

的政府不单负有保障全体社会成员基本物质生活的责任,同时还要努力促进社会成员的生活质量不断得到改善和提高。而社会成员生活质量的改善和提高不仅包括物质生活方面,也包括精神生活领域。在此意义上,社会福利所要达到的目标就是通过向社会成员提供必要的物质或精神产品,逐步提高他们的幸福程度。这其实也就是社会福利的基本性质。

二、公共文化服务作为社会福利的客观必要性

(一)社会福利超越物质福利范畴是社会进步的体现

在人们已有的观念中,福利都是与物质利益相联系的,社会福利自然也不例外。这种观念误区的存在一方面说明人们对社会福利概念的认识还是比较肤浅和片面的,还没有真正把握社会福利的深刻内涵和精髓;另一方面也说明我们过去乃至目前享有的社会福利是低层次的,属于满足基本生活需要,故主要集中在物质利益的提供方面。

然而当我们对社会福利的发展历程及概念内涵做一个全面审视后,上面的认识误区就完全不会存在了。社会福利最初起源于政府的济贫活动,目的在于通过向社会最贫困人群提供物质救助,帮助他们维持基本生存,以此弱化社会冲突,保障社会长期稳定。随着资本主义经济的发展和社会的进步,社会福利所包含的内容越来越多,覆盖的社会领域越来越广,实现目标也由最初的维持生存向全面保障社会成员的正常发展需要迈进,核心内容由最初向贫困人群发放救济,逐步发展到向所有社会成员提供医疗保险、养老保险、失业保险、基础教育、住房保障等方面,这些领域不能简单地都归之于物质的方面,有许多福利内容在于提高人的综合素质,以适应社会发展的需要,避免社会成员被社会边缘化。

就社会福利的概念含义而言,社会福利的根本目的在于不断提高社会成员的生活质量,增加其幸福感,而生活质量的提高和幸福感的增加都不是仅仅依靠物质利益的满足就能够实现的。社会成员在基本生存需要得到保障后,往往会在精神文化方面提出更高的要求。这既是成员个体正常的心理需要,也是社会

成员为改善自身不利状态而提出的客观要求。政府所提供的公共文化服务有助于社会成员提高自身竞争力，适应现实社会生活，客观上减轻了政府的社会负担，是一个双赢的良性互动。

（二）公共文化服务成为社会成员的现实需要

社会成员的福利需求具有不同的层次，这种层次水平取决于社会的整体经济发展水平，在不同的经济发展阶段，社会福利的主要内容不一样。

在社会整体经济处于一个较低水平的时候，社会成员所关心的是如何获得足够的食物，以便能够维持正常的基本生活状态。改革开放之前，全国基本都属于这种情况。统计数据显示，1978 年我国城镇居民人均可支配收入和农民人均纯收入仅为 343 元和 134 元，①2014 年则分别达到 28844 元和 10489 元。城乡居民生活消费水平也反映了收入水平的变化，食品消费占消费支出的比重逐步降低，恩格尔系数分别由 1978 年的 57.5% 和 67.7% 降至 2013 年的 35% 和 43%。②由此可见，当社会成员基本生活状况无法得到保障时，他们最看重的是政府为他们提供的物质福利。

随着社会整体经济实力的提高，当绝大多数社会成员不再为解决温饱而发愁时，他们对政府所提供的福利显然也提升了一个层次。虽然物质福利的提供仍有必要，但是已不再是所有社会成员最为关心的福利选项。越来越多的人开始对福利内容有了新的要求，针对我国农民的统计数据在这方面尤其具有说服力。统计数据显示，进入 20 世纪 90 年代以后，全国农民的收入水平和消费水平同步提高，消费结构加快转型升级，逐步由温饱型向享乐型和发展型转变，消费结构发生了巨大变化。尤其是进入新世纪以后，农民消费的八项主要支出构成比重序列从大到小排列为：食品、居住、文教娱乐、交通通讯、医疗保健、衣着、家庭设备等。这一时期，食品支出所占比重快速下降，文教娱乐、交通通讯、医疗保健所占比重快速增长。客观现实越来越强烈地表明，随着生活水平的提高，物质福利已不再是人们追求的唯一目标，文化福利开始进入人们的日常视野，成为重

---

① 国家统计局网站：http://data.stats.gov.cn/easyquery.htm? cn = C01&zb = A0A03&sj = 1978

② 国家统计局网站：http://data.stats.gov.cn/adv.htm? m = advquery&cn = C01

要选项之一。

（三）公共文化服务有助于提高社会成员的生活质量

不断提高生活质量是每个社会成员的热切期望，也是政府全力发展经济的根本目的，公共文化服务在这方面具有积极促进作用。

首先，公共文化服务可以满足社会成员在物质基本生活得到保障后所提出的精神文化方面的新需求，这是一个自然发展的客观进程。俗话说"仓廪实而知礼节"，当社会的整体经济发展水平实现保障社会成员的基本生活无忧后，社会成员必然在精神文化领域提出新的要求。简单来说，就是休息和娱乐的要求。

改革开放以后，伴随我国经济实力的不断增强，社会大众的生活水平也是水涨船高，随之出现的就是广播电视、戏曲电影等文化产业的大发展和大繁荣。伴随着思想的解放，广大普通民众开始有了休闲意识。人们不再终日局限于工作，开始注重休息的质量。正是在整个社会都存在着对公共文化服务强烈需求的大背景下，广播电视的人口覆盖率迅速提高，广播频率和电视频道大量增加，内容日趋丰富；影剧院也逐步摆脱过去的老化、停步不前的旧面貌，不仅在数量和规模上增长迅猛，而且在内部设施、演出装备等方面的水平也是日新月异。尤其值得我们注意的是，这种变化不仅发生在城市中，它同样也发生在广大的农村，虽然农村的发展速度可能稍慢于城市，但足以说明城乡居民对精神文化的需求是同样迫切的。

其次，公共文化服务可以提高社会成员的内在素质，为其在今后的社会竞争中不被淘汰并能继续保持较高的生活质量提供了一个基础。

当社会成员的物质生活已有保障的时候，他们在精神文化领域的需求除了休息和娱乐以外，还有一个非常重要的方面是不容忽视的，并且更应该引起政府的高度重视，将其作为今后公共文化服务建设的重中之重，这就是学习需求。信息社会，人们对信息提供的速度和数量均有要求。除了收听收看广播电视之外，最迅速、最有效的接收信息渠道就是读书看报了，这就要求政府提供相应的阅览设施，公共图书馆也就应运而生了。公共图书馆在满足整个社会精神文化需求，提高城乡居民整体文明素质方面具有不可替代的地位，发挥着越来越明显的作用。学习可以将人们潜在的智力潜能和创造因素转化为现实的工作动力，从而间接地改善着每个社会成员的现有生活水平,最终帮助人们实现并维持较高的生活质量。

(四)公共文化服务已经成为社会福利的重要内容

随着经济的持续增长和社会事业的快速发展,政府开始将公共文化服务纳入社会福利提供体系,并逐步扩大内容范围。

公共文化服务属于社会建设领域已是不争的事实,但对其是否具有社会福利性质恐怕还有不少人持怀疑态度。关键在于如何理解社会福利的含义,核心在于是否具有公共品性质。凡是由政府提供,服务对象为全体社会成员的社会公共品,均属于社会福利范畴。基于此种认识,可以看出公共文化服务完全具备社会公共品的属性,当然可以划入社会福利体系。这是从被动方面来认定公共文化服务作为社会福利提供内容所具有的可能性。

我们还可以从主动方面来认定公共文化服务的社会福利属性,这就涉及政府部门的政策制定。政府部门是否意识到公共文化服务在居民生活中的重要作用,是否考虑到将其作为一项社会政策制定实施,以及政府财力是否足以承担相关开支等,都会影响到公共文化服务是否会被政府纳入社会福利提供体系中,提供给全体社会成员。

当前,随着人民生活水平的逐步提高,社会对公共文化服务的需求是越来越强烈,这是一种最好的现实动力。此外,经济的持续快速发展为政府提供了充足的财力。二者的结合就是政府部门已经意识到了广大群众的需求,并开始采取积极措施加强对公共文化服务体系的建设,加大对各种公共文化服务硬件设施的投入,不断完善公共文化服务提供内容,让广大社会成员共同分享社会发展的成果。

三、公共文化服务作为社会福利的现实可行性

前面,我们从理论上探讨了公共文化服务成为社会福利提供内容的重大社会意义及现实必要性,接下来我们有必要再看看公共文化服务成为社会福利提

供内容的现实可能性。

(一)政府已经意识到了公共文化服务的重要社会作用

对于社会建设在改善民生、促进社会和谐发展等方面的重要作用,国家决策层已经充分意识到并给予了高度关注,在涉及国家未来发展方向、发展规划的重要会议、重要文件中均有多方面的论述,许多重要观点已落实到后续制定出台的各种具体政策中,并已开始发挥积极作用。

在长期的社会发展实践中,我国各级地方政府对社会建设在维护社会稳定、促进社会公平,最终极大地推动当地社会经济全面协调发展等方面的积极作用已经有了清晰的认识,正积极着手将国家出台的有关方针政策结合本地社会发展实际制定切实可行的具体措施落到实处。作为社会建设重要内容的公共文化服务建设,自然也在其中。

(二)社会基本公共服务体系已经初步建立

中华人民共和国成立以后,政府在改善民生、服务社会大众方面投入了大量力量,形成了社会基本公共服务体系的雏形。改革开放以来,随着国民经济的高速发展和社会现实的急剧变迁,人们对各种公共服务的需求也越来越强烈。在现实社会发展的推动下,各级政府逐步扩大了基本公共服务范围和内容,使得原有基本公共服务体系日趋完善。

尤其是在最近几年,国家将社会建设作为保障民生、促进社会公平的重要方针提出来以来,我国各级政府进一步加大了社会基本公共服务体系建设,逐步形成了一个较为完善的服务提供网络,成为政府提供各项公共服务的基本平台。公共文化服务自然可以借助这个平台将政府提供的公共品输送到千家万户之中,使所有社会成员受益。

(三)经济的持续快速发展为公共文化服务提供了坚实的财力基础

一切公共品的提供都是以政府的财力为基础的,我们之所以到现在才将公共文化服务纳入政府的社会福利提供体系,除了认识的因素外,更主要的是基于我国经济发展水平和经济发展现状考虑的。

经济的持续发展一方面提高了人们的生活水平,使得人们在物质领域极度匮乏的贫困状况获得极大改善,另一方面是大大增加了政府的财政收入,提升了公共财政水平,使得政府有可能考虑为社会成员提供各种基本公共服务(包括公共文化服务在内),并有能力将其作为社会政策付诸实施。

(四)公共文化服务成为社会福利符合我国建设适度普惠型社会福利制度的目标

将公共文化服务纳入政府社会福利提供体系,符合我国当前及今后一段时期建设适度普惠型的社会福利制度的政策目标。"适度普惠"的具体含义可以从以下两个方面进行理解:

首先,适度普惠应该是适用对象的适当扩大。之所以这样说,是因为过去相当长的一段时间里,因为受到政府财力的限制,各种具体福利政策、福利项目或其他福利待遇,在公民享受资格方面都有非常严格的条件限制,每一种福利待遇都只针对特定的人群,无法做到全民覆盖,诸如住房、公费医疗、义务教育等领域,皆是如此。适度普惠就是要逐步扩大覆盖面,由特定群体向全民过渡,即人们所说的广覆盖。

其次,适度普惠还包括福利内容的增加。同样是受财力的限制,政府过去向居民提供的社会福利内容范围很窄,基本局限在为老、弱、病、残等特定群体提供的有限服务内容上。随着政府财力的增强,现在有条件进一步扩大社会成员都能平等享有的福利内容。从最初的老弱病残项目到仅仅局限于物质方面的福利待遇,逐步扩大到现在的文化精神领域,公共文化服务就属于这方面的社会福利内容。

四、相关政策建议

(一)政府应进一步提高为民服务意识

建立适度普惠型的社会福利制度,逐步扩大福利覆盖人口,增加福利提供内容,都充分体现着政府的公共属性和服务性质。政府作为一个公共服务机构,必须牢固树立为民服务的意识。只有不断强化这种服务意识,才能让政府部门不敢懈怠,牢记民意,时刻体察民情,努力为改善民生、增进百姓福祉而勤奋工作。

政府为民服务意识的高低强弱,将直接影响到政府在多大程度上重视人民的疾苦,影响到政府在多大程度上能够倾听百姓呼声并接受对其工作的意见、建议,影响到政府在多大程度上会从社会福利角度看待某些社会需求,最终影响到相关社会政策的制定实施进程。只有当政府切切实实认识到公共文化服务的社会福利属性,努力推动其成为一项社会政策,落到实处并且让广大群众实实在在享受到益处,公共文化服务才真正成为社会福利。

(二)大力完善社会公共文化服务体系

公共文化服务提供的是文化产品,属于精神领域。这种产品的输送和传播是需要相应的服务体系和物质基础的,这就要求政府首先要加大对公共文化设施的投入力度,书店、公共图书馆、公共博物馆、影剧院以及相关的文化活动场地等,都是需要我国各级政府下大力气进行建设的,这是搞好公共文化服务的"基础设施"。

除此之外,光有物质的文化设施是不够的,还需要有相应的服务机构和文化服务团体,他们才是整个公共文化服务体系的核心。因此政府还应努力打造一批高素质、能够满足现实社会文化需要的文艺队伍,这样才能真正做到使公共文化服务"有米下锅",广大群众享受公共文化服务才不会是"望梅止渴"。

(三)逐步推进城乡基本公共服务均等化进程

建立适度普惠型的社会福利制度,首先要求我们实现福利待遇的广覆盖,甚至是全民覆盖。我们把公共文化服务作为政府社会福利提供的内容组成部分,当然是就全体人民群众而言的,所以应该努力做到服务全体社会成员。

当前我国建设适度普惠型社会福利制度的突出问题是逐步推进城乡基本公共服务均等化进程。政府向社会提供的基本公共服务被现实城乡二元结构分割成了两大部分:城市基本公共服务和农村基本公共服务。两部分各自内部成员之间的差别相比而言不算悬殊,而城乡居民之间在享受政府提供的各项基本公共服务方面体现出来的巨大差距,已经严重损害了社会的公平、公正原则,违背了普惠型社会福利制度的根本宗旨,是不利于整体和谐社会建设的。

今后政府在向全体社会成员提供公共文化服务时,应努力贯彻均等化原则,尽力实现社会福利的普惠化目标。

Welfare sharing:urban and rural public cultural service

Li Chunlong

Abstract: With the rapid socio – economic development, social welfare coverage should not be limited to the material sphere, but should be extended to the spiritual realm, public cultural services included. This is both the objective requirements of social development, but also the practical needs of all members of society.

Keywords: Social welfare; Public cultural services; System construction

试论康复医疗与社区医养
一体养老模式的有效结合

丛　梅　仇嘉禾

摘　要　"十三五"规划纲要指出:推动医疗卫生和养老服务相结合,统筹规划建设公益性养老服务设施,支持面向失能老年人的老年养护院、社区日间照料中心等设施建设。随着我国人口老龄化和退行性疾病发病率增高,社会对老年康复医疗的需求急剧增加,如将康复医疗与城市社区养老有效结合,通过增加纳入医保的康复项目,建立服务于老年人的社区小规模多功能服务站等措施,探索建立社区医养一体养老新模式。不仅使康复医学改革与发展走上良性、可持续发展的道路,而且对城市老年人老有所养、老有所医具有重大现实意义。

关键词　康复医疗;社区;医养一体;养老模式

作　者　丛梅,天津社会科学院社会学研究所,研究员;仇嘉禾,日本东北大学医学部研究科内部障害学分野,硕士。

康复医学是医学的重要分支学科之一,是构建"防、治、康"相结合的医疗服务体系的重要一环,康复医学事业对当今医疗卫生事业发展的大局有着重要作用。发展康复医学事业对于预防和减少各类伤残、提高功能障碍和伤残者的生活质量、提高医疗资源使用效率、控制疾病经济负担、减轻社会和家庭压力、维护社会和谐稳定有着重大意义。

社区医养一体养老模式是集居家养老、社区养老和机构养老的优长,针对老年人老年病发病率高,需要长期或短期康复治疗和日间照料等特点于一身的新型养老模式。这种"养老院＋小型医院"的模式已经在同样老龄化严重的日本经过了30年的探索与实践,在制度建设、人才培养、服务标准化、老年康复与预防等方面积累了丰富的经验,值得我们学习与借鉴。

目前,随着我国人口老龄化和退行性疾病发病率增高,社会对康复医疗的需求急剧增加,这将给康复医学带来新的挑战和发展机遇,如果将康复医疗与社区老年人养老相结合,探索建立社区医养一体养老新模式,不仅使康复医学改革与发展走上良性、可持续发展的道路,而且对城市老年人老有所养、老有所医及发展社区医养一体养老模式具有重大现实意义。

一、康复医疗与社区养老相结合的意义

按照联合国给出的定义,当一个国家或地区60岁及以上人口占总人口的比重超过10%,通常认定这个国家已经进入老龄化社会。截至2014年底,我国60岁以上老年人已经达到2.12亿人,预计到2020年,我国老年人口将达到2.48亿,占全国总人口的比重将达到17.17%,[①]我国成为世界上老龄化速度最快的国家。且老年人口健康状况堪忧,据《全国城乡失能老年人状况研究》报告显示,到"十二五"期末,我国部分失能和完全失能老年人将达4000万,[②]他们都不同程度地需要社会为其提供照料和服务。而我国目前对于这些失能和半失能老人的照顾和服务主要依靠家庭,受中华传统"孝"文化的深刻影响,居家养老成为当前老年人养老的主要模式,赡养父母成为儿女义不容辞的责任,而家庭中的年轻成员由于要工作、学习和生活,无法同时承担照顾老人的繁重任务,家庭成员由此而背负上沉重的生活负担和精神负担,不仅不利于老年人安度晚年,而且容易产生新的家庭矛盾,不利于家庭和睦、社会和谐。

---

① 王贝芬:《社会化养老模式研究综述与展望》,《天府论坛》2014年第3期,第118页。
② 王金元:《推进养老机构"医养结合"发展》,《中国社会科学报》2016年6月29日,第6版。

随着社会的发展变迁,我国传统的居家养老模式受到来自家庭结构、居住方式和文化观念等诸多方面的挑战;而社会养老,因其养老成本高,老年人远离家庭而不被多数老年人所接受。于是,有些研究者提出应以人为本,博采众长,积极发展以社区养老机构为依托,不离家或者离家不离社区的养老模式新主张。这一养老模式使老年人既能生活在已经熟悉的环境里,给老人带来认同感和归宿感,又能整合社区内各种资源为老人提供生活服务、康复治疗和日间照料,对老年人、家庭、社会和国家来说都是最优选择。同时,社区服务具有成本低、效率高、参与面广、效应大等特点。因此,提倡和完善社区医养一体养老新模式,可以更好地应对老龄化趋势下更多老人的养老和医疗问题,减缓老龄化带来的社会压力。

社区医养一体老年照料中心(或称托老所)与幼儿园(或称托儿所)的最大区别不仅是需要照料的对象不同,而且社区老年照料中心要求是医养一体的机构。考虑到老年人普遍患有一两种甚至更多的老年性疾病,在养老机构中配备一定数量的老年病医生和护士是极为必要的。2011 年中国老龄科研中心发布的《全国城乡失能老年人状况研究》的专题报告显示:现有的养老机构拥有医疗卫生室的比例小于60% ,拥有疾病康复理疗功能的比例低于20% ,养老医疗设施严重不足。[1] 而康复医疗与社区养老的有机结合,恰恰能够通过康复治疗、运动康复和长期或短期生活照料和服务,帮助一部分患病老人逐步恢复体能,达到生活自理,即便不能达到生活自理,也不会给家人增添过于繁重的生活负担。不仅如此,还可解决大型医院医疗资源紧张的问题。

并且,康复医疗更强调对患者的医学人文关怀,不仅治疗患者的疾病,还可以帮助解决患者心理和精神方面的一些问题,尽可能维护患者生活品质,帮助他们提高生活质量和生活信心。因此,社区医养一体的养老模式将是康复医疗和社区养老产业完美结合的最佳模式。

---

① 王贝芬:《社会化养老模式研究综述与展望》,《天府论坛》2014 年第 3 期,第 121 页。

二、医养结合过程中将会面临的主要问题

(一)急需政策支持、法律支撑和相关理念变革

人口老龄化已不仅是人口年龄结构变化的问题,它与社会经济发展、社会保障体系和养老制度建设等密切相关。世卫组织构建了促进健康老龄化的公共卫生体系,这一公共卫生体系要求我们在制度上,构建覆盖所有人群的长期照护系统、以老年人为中心的卫生服务体系,并将老龄关爱理念融入政策设计和社会观念。[①] 然而,我国目前还处在积极探索中,相关理念尚需变革,相关政策和立法亟待出台。首先,作为社区医养一体养老模式的重要支撑的康复医疗体系,目前还处于刚刚起步,尚待完善阶段,例如:根据《中共中央国务院关于深化医药卫生体制改革的意见》、卫生部《全国康复医学事业发展规划纲要》(2011—2015 年)和《"十二五"时期康复医疗工作指导意见》《综合医院康复医学科建设与管理指南》要求:"二级及以上综合医院应当独立设置科室开展康复医疗服务,科室名称统一为康复医学科。"而很多城市并没有达到这个要求。据对天津市康复医疗资源调查结果显示:在被调查的二、三级医院中,仅有 50% 左右的医院开设了康复医学科或康复病房。同时,康复医院、综合医院中的康复医学科、社区康复服务的康复医疗服务链尚未搭建,临床治疗患者和康复患者的转会诊机制还不健全。[②] 这将影响康复医学的健康发展,同时,也将影响康复医疗进入社区养老机构,为广大老年患者服务。

其次,政府有关部门和领导对社区作为医养一体养老服务新模式的载体和重要依托认识不足。由于我国社会福利服务的社区提供与生产长期被忽视,以社区为基础的福利提供有利于拓宽资源,提高社会效益,社会福利政策的落脚点

---

① 杜鹏、董亭月:《促进健康老龄化:理念变革与政策创新——对世界卫生组织〈关于老龄化与健康的全球报告〉的解读》,人大复印资料《人口学》2016 年第 2 期,第 103 页。

② 郭琪、丛梅、仇嘉禾:《天津市康复医疗资源现状及问题分析》,《天津社会科学年鉴2014》,第 215 页。

应该直接放到社区。① 如果把社会养老和机构养老的资源全部集中在市级层面，没有直接放到社区，那么，生活在广大社区里的众多老年人将很难享受到这一社会福利。因此，构建政府、社区、家庭责任共担的长期照护系统，以制度建设为基础，加大老年康复治疗和长期或短期照护服务覆盖面，提高医养一体服务质量，并整合医疗卫生资源和社区、家庭长期或短期照护系统是未来我国养老产业发展的新趋势和新亮点。

（二）专业人才队伍建设有待加强

人才队伍建设是医养一体养老服务体系建设的关键和基础。而缺乏从事老年人康复医疗和医疗护理的专业人才，不仅成为养老机构、医院面临的难题，而且成为构建医养一体养老服务体系面临的共同难题。针对老年人同时患有多种慢性病的特点，急需具有老年医学和康复医学知识的医生、治疗师和护士。例如：根据卫生部 2010 年制订的综合性医院康复医学科标准要求床位数不低于总编制床位数的 3%，每个康复医学科病床至少配备 0.25 名康复医师、0.5 名康复治疗师、0.3 名康复护士。按照这一标准，目前，综合性医院康复专业人员还存在一定的缺口，更不要说社区医院康复医师和治疗师的数量更加不足。参照上海市康复医学会对上海康复医疗资源的调查显示：②上海常住人口为 2302 万，为本市（天津市）的 1.78 倍；上海市康复医师共 585 人，为本市的 2.47 倍；康复医师占总人口比例为 2.54/10 万人口；康复治疗师共 754 人，康复治疗师占总人口比例为 3.28/10 万人。而我市目前康复医疗资源还未达到这一标准，且从业人员学历多为本科，研究生学历的康复治疗师凤毛麟角。因此，为保证社区医养一体养老服务体系人力资源的可持续发展，急需加强老年医学和康复医学专业培养、继续教育和在职培训，为养老服务体系建设提供人才队伍支撑。

（三）缺少资金支持，且众多康复项目没被纳入医保

医养结合养老模式还将遇到缺少资金支持、不能纳入医保定点，许多康复项

① 吴来苏：《构建具有中国特色的养老方式——推进以家庭养老为主、社区养老为支撑的养老方式》，《长沙民政职业技术学院学报》2005 年第 3 期。

② 郑洁皎，俞卓伟，张炜，周萍，梁贞文，王雪强：《上海市康复医疗资源调查报告》，《中国康复医学杂志》2013 年第 5 期，第 28 页。

目没被纳入医保等实际困难。这将是未来社区养老机构发展医养结合的"拦路虎"。国外康复医疗机构多属于福利性质,能够得到慈善捐款和政府支持。而目前我国的康复医疗经费由中央经费、地方经费及相对较少的民间资本注入三部分组成。中央经费、地方经费这两部分政府拨款经费在用途上有所区别:中央经费主要用于全国社区康复工作的组织协调、制定标准、康复教育和国家下达社区康复任务地区的补贴;地方经费主要用于康复需求与服务调查、人员培训、康复机构建设等。① 近几年,随着中央经费、地方经费这两部分政府拨款经费的逐年增长和经费管理上的逐渐完善,相比之下民间资本注入方面的不足日趋明显。特别是在上千项医保项目中,康复医疗项目仅仅占 29 项,在多数康复项目没有纳入医保的情况下,绝大多数老年患者只能选择回家养病。而家庭成员的护理由于缺乏应有的基本医学知识和专业训练,往往还会增加患病老人的痛苦,事倍功半。

三、构建医养一体养老模式的对策建议

(一)政府应加大政策支持和引导,鼓励民资注入

目前,我国基本建立起以居家养老为基础,社区养老服务为依托、机构养老为补充的养老服务体系。养老服务工作取得了一定成绩。且 2013 年,国务院印发《关于加快发展养老服务业的若干意见》和《关于促进健康服务业发展的若干意见》,提出积极推进医疗卫生与养老服务相结合。但是,由于养老服务供给不足、服务设施不健全、服务内容不全面等问题,亟待政府刚性政策推进和引导,加快出台和完善医养结合的相关发展规划、服务标准、设施标准和管理规范。

目前,应本着"以人为本"的理念,动员社会各方力量,建立以社区养老机构为基础,居家养老、政府养老、医疗养老为补充的新型养老模式。正如"十三五"规划中所指出:全面放开养老服务市场,通过购买服务、股权合作等方式支持各

---

① 朱毅:《社区康复建设中的资金问题》,《中国康复医学杂志》2010 年第 10 期。

类市场主体增加养老服务和产品供给。因此,可以通过政府医疗补助、商业医疗保险和养老保险对社区养老服务机构进行资金补助,并积极引入市场竞争机制,向私营机构和社会组织"购买服务"来鼓励民资注入和民办养老机构的发展。

（二）政府要加强医养结合相关法律法规的制定和保障工作

结合我国具体国情,借鉴先进国家养老服务的成熟经验,积极构建适合我国国情的养老服务法律体制。建立、健全医养一体养老服务相关法律法规和准入、退出、监管制度,规范养老服务市场行为。政府通过完善配套法规,使老年人在经济收入、医疗、养老、住房等方面得到应有保障,并通过政府医疗补助、商业医疗保险和养老保险对社区养老服务机构进行资金补助,积极适应银色浪潮的发展需求。例如:日本法律规定,地方政府在每万人口的区域内必须建设一个"居家养老支援中心",为老年人提供"看护经理""社会福祉""康复师"等多样化服务。[1]

（三）建设康复医疗与医养一体养老模式相结合的养老服务产业链

老年人是社会上的弱势群体,需要社会为其提供必要的帮助和支持,社区作为连接家庭和社会之间的桥梁纽带,应该充分发挥社区的承载功能和保障作用,整合社区养老和康复医疗资源,多部门共同协作,政府、企业、家庭、个人多方共同出资,建设康复医疗与医养一体养老模式相结合的养老服务产业链。中国社会科学院财经战略研究院发布的《中国服务业发展报告2012》认为,养老服务产业将成为我国最具发展潜力的新兴服务业。

借鉴日本较为成熟的养老经验,并结合我国当前实际,建立社区日间照料和康复的医养一体新型养老机构,如日托中心、小规模多功能服务站、住宅介护支援中心等,是未来我国养老模式的发展趋势。小规模多功能服务站是日本政府近年来着力推行的养老服务模式。其通过政府主导下的市场运营模式,实现养老服务全方位的就近服务,及养老服务全方位进入家庭。其特点在于:小规模,以小规模功能体嵌入社区的模式,有助于维系老年人原有居住模式、人际关系、

---

[1]　张俊浦:《日本养老经验对我国社会养老服务体系建设的启示》,《改革与战略》2014 年第 8 期,第137 页。

家庭氛围和地域熟悉感;近距离,以社区为基本单元,在生活区域内提供所有服务,让老年人能就近、便捷地享受各种服务;多功能,考虑设施的灵活性,可以与其他服务机构拼设,如老人公寓、幼儿园比邻相建等。对于生活能够自理,但需要日间照料陪伴的老年人,每天早上由社区日托中心或小规模多功能服务站负责接至机构,完成康复训练、吃饭、休息、洗浴等医护和治疗工作,晚上再送回各自家庭。对于生活不能自理、需要长期治疗和看护的老年人,可以长期居住在社区养老机构内,家人周末定时来机构陪伴和看护,使老年人没有脱离家庭独自养老的孤独感觉,既强化了家庭功能,又发扬了传统孝文化精神,这样的养老模式将日间照料养老与长期的慢性病康复项目有效地结合了起来,有机地发挥了家庭和社会各自的养老功能和责任。

(四)加强专业人才队伍建设

"十三五"规划纲要指出:建立以居家为基础、社区为依托、机构为补充的多层次养老服务体系。加强老龄科学研究。实施养老护理人员培训计划,加强专业化养老服务护理人员和管理人才队伍建设。从社会职业分工角度看,专业养老看护人员的职业地位较低,护理人才十分短缺,全国养老护理员缺口达 500 万。[①] 因此,医学院校要逐步完善康复本科生培养制度,同时加强老年护理专业专科学生的培养。从社会需求出发,审核并制定更加合理的培养计划,加大财政扶持,解决现存的问题,如学校培养目标模糊、课程设置不够科学、专业师资队伍建设滞后、实验室建设缓慢等,为康复医学和老年护理专业的发展提供充足人才保障。

加强在职人员的职业培训。通过设立技术等级,实行职业资格技术认证,持证上岗等措施,推动社区医养一体养老服务向专业化方向发展。努力将社区医养一体养老服务发展成为一种专门的职业,逐步提高养老服务工作者的社会职业地位。

此外,借助社会力量,发挥来自社会各行各业志愿者的积极作用,并对志愿者进行专业培训。孙熠等人认为,我们可以借鉴欧美发达国家的经验,扩大非正

---

① 王贝芬:《社会化养老模式研究综述与展望》,《天府论坛》2014 年第 3 期,第 121 页。

式照顾者队伍,开展志愿者培训,满足养老多元化需求,①为老年人提供志愿无偿或是低偿的服务。

Analysis on Relationship of Medical-Rehabilitation Combined Institutional Communal Care Mode

Cong Mei   Qiu Jiahe

Abstract：As China's aging population degree is deepened and incidence of ageing disease is increasing, existent to our country pension model put forward a huge challenge. Formulating the 13th Five-Year Plan, reinforce the combination of medical-rehabilitation and communal care for ageing people; increase in the spending will be invested in social security and healthcare; build community multi-function service stations could not only promote the reform and development of medical-rehabilitation service, but also illustrates the necessity and feasibility of linking ageing provision model with communal medical – rehabilitation service.

Keywords：Medical-Rehabilitation；Community；Medical-RehabilitationCombined；Ageing Provision Model

---

① 孙熠,应丹丹,姜丽萍:《国外主要养老模式介绍》,《中华护理杂志》2013 年第 3 期。

城镇化进程中社区文化遗产传承发展研究

齐　骥

摘　要　社区是充满了归属感和生活方式共性中的多样性的地域单元和时空坐落,是文化遗产传承创新的鲜活经验和创新智慧的磁场和容器。以时间逻辑和空间逻辑重构社区文化遗产传承和创新路径,以故事逻辑呈现、诠释、传播文化遗产内涵和价值杠杆,是城镇化进程中文化遗产活化和社区精神重塑的有效方式。

关键词　城镇化;社区;文化遗产;中国故事

作　者　齐骥,中国传媒大学经管学部,副教授、博士、新型城镇化研究中心主任。

社区是人的聚集及形成结构化空间的社会过程。文化与社会因素的相互依赖是社区形成的动因,因此,社区不仅是人的群居地,更是文化的组织和社交的单元。文化遗产尤其是非物质文化遗产的内容多来自于民间,它们凝聚着群众的集体智慧并在日常生活中薪火相传,一方面充满了较强的文化认同感和情感归属,另一方面延续着难以磨灭的文化记忆与价值共识。作为充满归属感并孕育和涵养多元生活方式的地域单元和时空坐落,社区是文化遗产传承创新的鲜活经验和创新智慧的贮存器,对文化遗产价值的重拾与未来的重塑有着至关重要的作用。

一、城镇化进程中文化遗产的社区坐落

首先,社区是文化遗产完整性的基因库。城镇化进程中,社区以特有的角色和作用,在历史文化教育、乡土情结延续、文化身份认同、城市特色塑造等方面维系着一个地区和民族的文化生态系统。社区的演进与记录文化遗产"活态性"、体现文化遗产"传统性"、具有文化遗产保护"整体性"的遗产功能演绎总是保持同步更新,对文化遗产的传承和创新起着重要作用。而文化遗产保护与传承的目标就是让遗产走进人们日常生活,融入社会经济发展,给人们以精神享受和智慧启迪,给人们昭示未来发展方向。社区作为重要的组织单元和生活空间,在创造邻里和睦相处、精神归依、心理安全的过程中所形成的"社区感",在一定程度上起到替代发挥传统村庄生活模式的部分优势的作用,可以更好地为"人的城镇化"提供丰厚土壤。

其次,社区是文化遗产多样性的容器。社区作为一个"生命体",充满了人性光辉与生活气息,蕴含着城市文脉和城镇景观的多样性。在社区包容多元文化和承载多样化生活图景的背景下,文化遗产尤其是非物质文化遗产又大多源自社区,其发轫与民俗、民间活动和乡土生活有紧密关联,它们本身又是社区共同价值观与社区群体精神世界的集中反映,深厚地积淀和蕴含着社区的历史记忆和社区民众的智慧情感,代表了具有群体特征的"社区期望"与"社区意识"。①基于上述两方面的互动,以社区为基本单元和发展载体,生成了文化遗产群落式活态发展的空间尺度,从而避免文化遗产在城镇化进程中遭遇的种种矛盾和困境。

再次,社区是文化遗产本源性的场域。在城镇化集中式、规模化改造与文化遗产保护复杂性的矛盾突出境况下,社区多元参与机制成为维护文化遗产"不离本土"的传承和实现文化遗产生活化的最好场域。例如以社区学校为代表的社

---

① 蔡丰明:《上海城市民俗文化遗产的保护》,《社会观察》2005 年第 2 期。

区教育在普及文化遗产相关知识、提高遗产保护意识方面已经展现出其他正规教育在遗产传承方面无可替代的优越性。因为文化遗产尤其是非物质文化遗产,对人本身的依附性较强,在当代社会文化的传播方式中,这些自然的、本源性文化因素,很容易被现代科技带来的规模化复制所消解。而社区正好提供了一个适宜其价值传承的场域,在这个具有共同根基和更易形成认同的族群中,文化遗产可以更充分融入群体中,使社群成员能够在传承中产生密切的互动关系,形成浓厚的群体氛围。

二、文化遗产与社区割裂状态下的传承弊端

首先,阻隔了"物"与"人"的关联。文化遗产传承一旦脱离了社区这一基础性社会组织结构,就脱离了一种有序的文化更新与重建方式。这是因为构成社区的关键性因素是特定空间里人类群体的相互交往方式及相关文化。与社区文化遗产传承方式不同,博物馆对文化遗产的保护方式往往更为"刻板。"例如,博物馆的收藏、研究、保护、展示、教育的五大职能中,保护往往被视为博物馆的天职,其最常规的保护方式就是以展品的形态来保护。无论遗物还是遗迹,无论是历史文物还是民族文物,也无论是按时间、地域分类,还是按质地分类,这些文物都是实体、可见的,是支撑博物馆教育、研究、欣赏等功能发挥的唯一基础。虽然近年来出现了数字博物馆、虚拟博物馆等新兴陈列展示手段,但仍脱离不了对原始馆藏文物的依托。这些陈列更侧重于以静态的方式突出"物"的价值和审美,而不擅长用动态的方式呈现"物"与"人"的联系。然而,从民族文化的传承和文化景观和谐发展的角度看,文物绝不能脱离造就它的物质条件、环境与民众基础。如果只在博物馆里摆放一些反映民族文化的物质,那么这些物质只能起到代表一个民族的文化符号的作用,而不能体现它对非物质文化所起到的作用和二者之间不可分割的紧密关系。

其次,拉长了"历史"与"现实"的距离。以"互联网＋"为时代背景的城镇化进程中,信息触角愈加发达、文化变革愈加迅速,许多作为遗产的传统景观和传

统习俗正成为以"文化自卑"为代表的"文化包袱",成为日益强烈和迅速被摆脱的束缚。一面是具有悠久历史又现实岌岌可危的古村落和古建筑,另一面是生活在近乎危房的文物建筑中向往"水泥森林"式现代生活又经济拮据的居民。在现代化使人们"衡量舒适和方便的标准"发生了极大的变化①的同时,文化遗产在"对传统的文化价值规范、社会生活准则以及政治合法性的怀疑,乃至激进的批判和攻击"的"破旧立新"中变得更加"不安全",因而亟须通过摆脱其生存和发轫的载体——传统乡村及其文化的"束缚"而与现代社会对接。许多城镇化进程中的古村落往往都选择了这种直接粗暴的方式进行现代化转型,而其主体却始终无法真正融入城市生活,城镇化留给文化遗产的是破败的乡村外壳及断裂的文化乡愁。离开本土和离开社区的文化遗产传承方式,与居于深宫之中的文物一样,只能是静态标本式展示、临终关怀式关注。

再次,划定了"馆区内"与"馆区外"的界限。文物是看得见的物质文化遗产,背后却蕴藏着看不见的非物质文化遗产。社区传承方式与生活有机融合,与居民精神生长和审美历程呈现出立体嵌入状态,相对于以往传统博物馆对文化遗产的保护方式,更加生动、具体。传统博物馆往往以"馆区"为具体界限,文化遗产被"孤立"在馆区内,而广大居民在馆区外难以感受到文化遗产带来的文化浸润,也难以让馆区周边的居民因文化认同产生文化自豪,从而以文化自觉的方式参与到文化遗产的保护、文化空间的重构及文化精神坐标的重建中来。例如1997 年列入世界文化遗产的丽江古城,其遗产价值堪与雅典、罗马、威尼斯等比肩。但 10 年后,丽江古城的纳西族居民从原来的四万人左右减少到几千人,大多数人搬离了古城,过度商业化与原住民流失,异化了遗产空间的文化内核,消解了遗产资源的文化精神。尽管在博物馆的发展中,生态博物馆开发理念一度流行,推进了许多自然地景与文化景观结合的博物馆的生存状态不断活化,与生产、生活结合的逐渐紧密,并在开发理念上以没有围墙的博物馆为建设原则,但因为与生活不完全对接和与居民非全域式融入,往往被利益驱动而打上景区的烙印,难以通过增强居民文化认同感建立以文化治理为纽带的文化遗产传承与

---

① 陈立旭:《欧美历史文化遗产保护历程审视》,《中共浙江省委党校学报》2004 年第 2 期。

创新的新场域。

三、城镇化进程中社区文化遗产的价值

首先,促进文化遗产传承的城乡认同。文化是城市的灵魂。城市不仅是人类文明的聚合地,而且是各种旧文化的存储器和新文化的发生器。当前城市文化的认同危机一方面是由外来文化与本土文化的冲突造成的,另一方面也是由现代文化对传统文化的疏离和拒斥引起的。[①] 我国的乡土文化尤其是民族地区根植性较强的文化遗产资源,原本就在科学化、商业化、全球一体化的竞争中处于劣势。在文化冲突和文化冲击中,文化遗产的表现形态和呈现方式不断式微,并由此造成恶性循环,使许多文化遗产伴随着城镇化进程不断被破坏、被消解。以社区为单元,既可以有效保护当下社区文化遗产境况,又能够聚焦未来(潜在)社区文化遗产发展,既着眼于文化遗产不离本土的文化涵养与抚育,又强调社区居民生活美学的当代重构和文化融合,为文化遗产在社区空间的保护、生存和发展提供了有效手段和创新路径,是创造一个具有集体认同感和文化认同感的城市形象,打造具有文化认同感的记忆之城的有效路径。

其次,维护文化遗产传承的相对稳定。社区的特定文化空间是非物质文化遗产赖以产生和发展的土壤。社区文化空间的特质与文化遗产的传承方式和使用方式有着密不可分的关系。然而,在当前社区发展中,文化遗产生存的文化空间和传承主体往往难以得到全面重视。在城市空间中,居民因为失去了城市记忆而对于"家园"的失去充满了焦虑;在乡村地区,社区文化遗产的破坏性开发与技艺流失严重,村落遗产不断消解。而城镇化进程中的社区构建,承担起栖身之所和精神家园的双重角色,为文化遗产传承提供了稳定的物理空间、心理空间和记忆空间。"城市的日常生活、市民风尚、城市风情和城市精神,借助时间和空间的流转,把记忆的碎片连缀成章,让本是封闭的城市空间敞开自己的情怀来容纳

---

① 张海燕:《城市记忆与文化认同》,《城市文化评论》2011年第4期。

天地万物,于是城市记忆和文化认同在这一过程中不断得以生成或拓展"①;而社区鲜明的族群意识和社区成员相对稳定的族群关系在一定程度上提高了文化遗产的稳定性,并赋予了社区文化以历史温度和发展特色,使社区成为城镇化进程中有效的"文化容器"和"文化磁场"。

再次,实现文化遗产与社群成员的相互受益。社区的社会组织要素和社会存在特征,决定了文化遗产社区参与的保护模式,但如何有效实现当地社区民众的利益受到尊重,同时减少将遗产保护完全变为政府行为以及由此带来的弊端,使保护项目和社区发展二者实现双赢仍是当前社区文化遗产保护的难点。社区文化遗产保护和传承方式,一方面缓解城镇化同质发展、千城一面的危机,并在一定程度上弥补了社区缺乏主题、缺少特色的盲目发展问题,另一方面以旧城改造和新区开发对社区全方位的建设为契机,可以充分激发社区文化遗产保护的能动性和创造力,从而有效摆脱政府原来在文化遗产保护中,从设计、组织、决策、实施和评判大包大揽的角色,创新社区文化遗产发展的路径。

四、城镇化与社区文化遗产发展的时空逻辑

(一)从固态到活态:社区文化遗产的空间逻辑

文化遗产是广大民众为满足日常生产、生活需要而创造积淀的智慧结晶,其诞生的空间是活态的生活和生产,因此,文化遗产"不是供移植或替换的模块,更不是铁铸石凿、僵硬凝固的古董"②。在文化遗产的空间逻辑构建上,我国许多城镇往往割裂了旧城改造与新区开发的关系,对文物和文化遗产进行固态保护,或在旧城改造中陷入对古建筑、古街区的单一保护中,抑或在新区开发中陷入对仿古建筑的盲目迷恋中,文化遗产诞生的空间正义诞生于最广泛的社会生活的不断发展,当其生存空间被固化、禁锢,便会产生异化,进而使其真实性、完整性的

---

① 张海燕:《城市记忆与文化认同》,《城市文化评论》2011 年第 4 期。
② 张保国主编:《新疆对外开放战略研究》,乌鲁木齐:新疆人民出版社,1989 年,第 167 页。

原生状态日渐式微并难以修复。

文化遗产一旦与区域社会文化发展相衔接,与日常生活图景相融合,便逐步建立一种不同社会主体能够相对平等和动态地享有空间权利、相对自由地进行空间生产和空间消费的理想状态。从这一维度看,文化遗产的空间逻辑主线,是活态的文化遗产形成的生态组群及其构成的生态系统。例如,集合特殊文化资源结合的线性或带状区域内的物质和非物质文化遗产族群而形成的文化线路,把多样的地理、自然和文化景观关联起来,并由于经过地区和区域的不同而展示出各自的风格和特征,让活跃的文化流动可以更好地将遗产资源置于真实的空间范畴去生存和演绎,使文化遗产从静态向动态、从单个遗产向群体遗产转变,拓展了文化遗产的空间,使文化遗产更加多边稳固。

(二)从静态到动态:社区文化遗产的时间逻辑

如果说空间逻辑是延续文化遗产的技术手段,那么时间逻辑便是延续文化遗产的情感体验与怀乡范式。构筑活态的文化遗产传承发展机制,是构筑了文化遗产最优化的生存方式,而动态的文化遗产,则是避免将文化遗产置身于历史断层中而割裂其活态的存在。

文化遗产的未来,很难完全在定格于特定历史时间点上对物化形态的即器物层面进行机械地、被动地封存式保护,即静态保护,而是将历史的时间坐标不断拉伸,将文化遗产赖以生息的原生状态不断延展,从而实现在社会历史发展的过程中,不离本土的动态保护、更迭创新。即从时间的逻辑主线中寻找赋予遗产传承创新的鲜活思路,通过历史与未来的对话,在"留住往日的时间"中"再造往日的空间"的过程中实现文化遗产的时间价值。遗憾的是,目前我国许多濒危的文化遗产均采取了输血式的静态保护方式,尽管在一定的时间逻辑中确保了文化遗产的阶段性安全,但从长远看却只是权宜之计。一些濒危遗产可以花钱将其保护下来,但如果不能活态传承便只能是"死灵魂",最终只能以"过去时"的陈列方式进入历史博物馆。以"时间无限"弥补"空间有限"并改造、重构和创造新空间,是实现从静态到动态的文化遗产发展的时间逻辑的有效方式。

(三)形塑地域社会:社区文化遗产的情感归属

地域社会是基于地缘关系形成的集团、结构和各种社会关系的总和,作为一个地域内居民生活的场所(或空间),地域社会铭刻着本土生活和生产的痕迹,反映了人们日常生活的体验和民间智慧,在其逐渐退出现实生活之后,又将成为人们乡土记忆和寄托乡愁情感的载体。① 地域社会对文化遗产保护与传承的贡献在于,它提供了历史文化空间和居民生活空间交织的社区。其中,时间逻辑、空间逻辑和故事逻辑可以在地域社会得到有机统一,文化遗产的活态生存和动态发展可以在地域社会获得不离本土的传习和演绎。

以地域社会为单元形成多元社会参与机制,实现动态场域的再生,是保护文化遗产的最优化路径。地域社会有利于形成较强的归属感和认同感,而被珍视和重视的文化遗产及无形文化遗产的传承人将因此获得文化自豪感,"'尊重'无形遗产及其艺术家/实践者是最重要的。'尊重'赋予这些艺术家和实践者一种'自豪感'(sense of pride),而'自豪感'是自发性无形文化遗产保护行为最有力的驱动力。培育文化自信以及由此而衍生的自觉参与和多元参与,是文化遗产在城镇化进程中传承文脉、重构动力基础。"②在基于文化认同的前提下,以文化自觉为内在的精神力量,通过增强居民的文化认同感建立以文化治理为纽带的新城镇,也是保护文化遗产最好的时空。

五、跨越时空:社区文化遗产发展的未来

文化遗产的时空逻辑诠释了文化遗产当代生存的价值逻辑,并在定义程度上实现了文化遗产的文化安全。文化遗产的安全性意味着文化基因、文化传统、文化发展等既有的文化价值免于受到城镇化等外部性带来的文化威胁,主观上意味着文化遗产的时间和空间等外部性条件改变时,文化没有被异化或消解,没有遭遇外来威胁时的恐惧,是一种文化自信的深度表达。③社区以活态的空间构

---

① 周星:《文化遗产与"地域社会"》,《河南社会科学》2011 年第 2 期。
② Noriko Aikawa. An Historical Overview of the Preparation of the UNESCO International Convention for the Safeguarding of the Intangible Cultural Heritage [J]. Museum International,2004,56(1－2):137－149.
③ 王元:《城镇化进程中的城市文化安全与文化遗产保护》,《北京社会科学》2015 年第 3 期。

成和动态的参与机制,最大限度地维护了文化遗产安全。在此基础上延展的文化遗产的故事逻辑,则是跳出时空逻辑限制,以多面呈现、诠释、传播文化遗产内涵和价值的杠杆。

(一)文化遗产的故事逻辑与社区价值重拾

社区是诠释文化遗产时空逻辑的重要场所,而文化遗产重构的故事逻辑则赋予了社区可持续的生机。社区文化遗产的构成形态,恢复和重建了时间和空间,体现了时空交叉共存的特殊价值。为什么许多古村落可以在传承文化遗产的同时焕发出文化产业的生机? 正是因为那些透露着历史信息的空间形态,往往有着艺术创作必不可少的时间素材。它不仅留住了往日的时间,而且再造了往日的空间。[1] 以浙江省桐庐县荻浦村为例。作为历史文化名村,荻浦村古造纸文化历史悠久。清代嘉庆年间,荻浦村全村便有上百只纸槽,利用荻溪石滩为主要晒纸厂,生产规模很大,造纸一度成为全村主要经济来源。荻浦村不但留下了古法造纸完整而生动的遗址,而且记录了拌草、腌草、踏草、洗草、捞纸、扦纸、晒纸、理纸、刨纸等作为非物质文化遗产的复杂工艺。荻浦村就地城镇化形成的社区,将古法造纸作为重要遗产景观予以活化,一方面规划设计造纸博物馆,诠释古法造纸文化;另一方面,打造与社区居民深度融合的遗产旅游体验区,将造纸文化和孝义文化、古戏曲文化、古树文化融合,将造纸遗迹和古松坞、范家井和申屠氏始祖墓址等古迹融合,共同营造成开放的文化景观。它们与城市商业圈、居民生活圈、高校创业空间楔形融合,鱼骨型插入城镇化的改造中,重塑了晋华鼎盛时期的历史尊严。将时间价值转化为可复制、可再生的非线性逻辑,将空间价值转化为可回忆、可体验的建设逻辑,形成了社区文化遗产的故事逻辑。可见,时间和空间素材提供了古村落创造故事价值的逻辑,并完成了就地城镇化进程,在村落体制向社区建制转变的过程中,文化遗产与社区融合,形成了特殊的时空魅力。

(二)文化遗产的故事传播与社区复兴

"讲好中国故事"是重构文化遗产传承创新的思维方式,社区赋予乡土中国

---

[1] 胡惠林:《时间与空间文化经济学论纲》,《探索与争鸣》2013 年第 5 期。

鲜活的实践路径和生动的传播平台。传播是保证社会遗产代代相传的重要机制之一。传统民间文化凝聚着乡土生活的情感和智慧,体现了独一无二的特性。以故事逻辑表达文化遗产,可以更好地让传统文化在现代语境下焕发新的生机,从而以更广谱的方式维护文化安全、延续文化遗产生命、传承城镇演进中的基因谱系。例如,电视纪录片《舌尖上的中国》从主题到内容均体现着文化遗产传承的视角,将中国人最质朴的原生状态、和谐共存的自然相处之道及人们对自己家乡情感的坚守,通过对饮食文化的剖析展现出来,而正是基于故事逻辑,纪录片瞄准的不仅是作为美食的文化及作为美食烹饪、酿造、制作技艺的文化遗产,还将地理地貌、地方建筑、特色文物等物质文化元素与制作工艺、民间习俗等非物质文化元素相融合,展现了对吃的敬仰、对血缘的共鸣产生的欣喜、对故里的眷恋产生的归家的期盼。例如,第二集《主食的故事》中,进行谷物加工的石磨盘和筛属于物质文化遗产范畴,石磨将谷物碾成粉末,用筛过滤掉粗粒杂质的工艺属于非物质文化遗产,①最后做出来的主食花卷则传递着丰收的喜悦和阖家团圆的幸福。作为一种故事逻辑,"吃在中国"成为全世界的共识,文化遗产的价值共鸣演绎为主流国家话语体系中积极展现国家形象的传播手段。不难看出,"讲好中国故事"强调文化遗产当事人的能动性,以社区中的人为主角,激活他们对地方问化的理解,对文化遗产的诠释、对乡土文化的革新的愿景,实现人、文、地、景的融合,它们构成了城市更新与社区复兴的中坚力量。

社区文化遗产发展的本质是在不离本土的文化传承与创新的前置条件下,实现遗产可持续发展。以社区为时空坐落,以故事逻辑和故事传播为重拾社区价值、推动社会复兴,是"讲好中国故事"语境下将中华民族优秀传统文化保护好、传承好、发扬好,让文化遗产成为滋养民族心灵的清泉,成为培育民族精神的沃土②的重要索引。

(三)文化遗产的故事延续与社区规划

以社区为载体延续文化遗产的文化基因,必将社区带入一种新的情境模式,

---

① 王丹:《论文化遗产传播类电视纪录片的创作方法》,《新视界》2013 年第 12 期。
② 王福州:《非遗讲述中国故事》,《人民日报》2015 年 1 月 13 日第 14 版。

这种模式既标榜着城市作为一个具有想象力的恢宏巨作所发挥的以最深远而持久的方式重塑自然的能力,又传达着城市作为人类不再依赖自然界的赐予而是试图构建一个新的、可操控的秩序的载体。在这一背景下,文化遗产在城镇化进程和社区可持续发展的双重主线中,势必需要以客观、审慎、前瞻的规划为引领。以广阔的视角、全球化的眼光、战略性的思维规划社区文化发展路径,设计文化遗产社区化生存中的成长模式,是新型城镇化进程中文化创新和发展的有效方式。

实现文化发展与城市成长多规合一的协作规划,是社区文化遗产可持续发展的逻辑起点,城市规划与文化规划的双规合一越来越成为城市演进的要求。随着城镇化进程的不断推进,外部环境与内生动力的变化使得未来的城乡发展无法沿袭既有的路径,粗放、短视的治理模式已经难以为继。同时,随着城乡规划日益为社会公众所认同与熟悉,越来越多的社会主体要求通过城市规划来表达自身利益诉求。城市规划与文化规划的双规合一,正是在基于文化认同前提下,以文化自觉为内在的精神力量,以文化创造活力激发人们探索集约高效、功能完善、环境友好、社会和谐、个性鲜明的新城市发展空间的主体行为,体现了以"文化弹性"和"文化自觉"推进文化治理的路径创新。城市规划与文化规划的双规合一通过主动寻求一种创造性文化增生的范式实现了文化的包容性发展,以较强的规训弹性,实现了沟通协作下的多元治理,有助于改善社会管理模式。①实现可从单向度的规划立法到多向度的规划协商,是文化规划的范式创新,更是文化治理的路径创新。

值得注意的是,在社区文化规划中,独立精神和国际视角是两个重要的维度。就前者而言,在全球化背景下,世界城市在城市形态、制度规范、市民行为等方面日趋雷同,只有文化上的区别显得尤为重要、更有价值。秉持规划的独立精神,是社区成长和建设的破立并举的过程,也是社区文化遗产保存文化记忆、复兴文化价值的过程。就后者而言,文化规划的路径是全球视野下顶层设计与路线图并行不悖的有效范式。城市的演进展现了人类从草莽未辟的蒙昧状态到繁

---

① 胡惠林:《国家需要文化治理》,《学习时报》2012 年第 6 期。

衍扩展至全世界的历程。文化规划正是建立在传承城市记忆、绵延城市文脉、永续城市基因、发掘城市性格、重塑城市品质的基础上。文化规划的编制,首先需要广阔的视野和战略的思维,以广泛吸纳和融合世界城市多元文化和多维生态为积淀,以注入人文关怀、关注人文精神、融入人文内涵的思考和探索,设计城市文化产业发展的战略路径。

Research on the innovation and development of community cultural heritage in the process of new urbanization

Qi Ji

Abstract:Community is the carrier of cultural heritage and innovation. By the time logic and spatial logic reconstruction of community cultural heritage and innovation, with the logic of the story rich cultural heritage connotation, realize the value of the cultural heritage, is the effective way to reshape the community spirit in the process of urbanization.

Keywords:Urbanization; Community;Cultural heritage; Chinese Story

老工业城市人口发展问题研究

——以哈尔滨市为例①

徐雪野　李洪杨

　　摘　要　在老工业城市所面临的诸多问题中,人口的生存与发展问题是最基本的问题。近年来,随着城市建设的不断深入,作为老工业基地的哈尔滨市普遍表现出失业率高、社会保障程度低、教育落后、生态环境污染严重等问题,直接影响着城市社会的稳定。这些问题的出现,既与国家过去老工业基地建设的政策有关,也与城市中人口自身的原因有关。本文以哈尔滨市近年人口发展的基本现状为例,剖析当前老工业基地城市人口发展在性别比例、人口素质、城市化水平、就业情况、民生福祉等方面的各类问题,结合当前我国经济社会发展情况和城镇化进程水平,提出解决老工业城市人口发展问题的对策和保障措施。

　　关键词　老工业城市;人口;人口发展

　　作　者　徐雪野,黑龙江省社会科学界联合会《知与行》编辑部,编辑部主任;李洪杨,黑龙江大学建筑工程学院,助教。

　　①　本文系黑龙江省科顾委项目"人口变化对哈尔滨市经济社会发展的影响"、哈尔滨市发展和改革委员会项目"哈尔滨市'十三五'人口规划专项课题"成果。

一、哈尔滨市人口发展现状

人口发展是衡量一个城市城镇化进程的重要指标之一。随着哈尔滨市城镇化进程的不断加速,城市人口发展呈现出了不同以往的新内容和新特点,从其现状来看大体有以下几个方面。

其一,人口性别比处于正常范围。根据人口计生统计报表显示,2012 年哈尔滨市出生人口性别比为 105. 81,比 2011 年下降 2. 31;2013 年性别比为 101. 1,2014 年性别比为 100. 9,从整体来看,出生性别比在下降,实现了人口性别结构均衡发展。

其二,人口素质稳步提升。出生婴儿及孕妇死亡率下降,人口寿命提高。另外,九年义务教育、职业教育及高等教育得到长足发展,人才结构均衡发展,基本覆盖了经济社会发展的各个领域。到 2014 年末,哈尔滨市人才资源总量达到了 107. 3 万人,其中党政人才 4. 9 万人,企业经营管理人才 18. 9 万人,专业技术人才 45. 14 万人,高技能人才 19. 66 万人,农村实用人才 17. 5 万人,社会工作者1. 2 万人。总体来看,无论是人才资源总量还是人才资源结构都在一定程度上满足了全市经济社会发展的需求。

其三,人口城市化水平有所提高。"十二五"期间,哈尔滨市积极稳妥推进城市化建设,深化户籍管理制度改革,加强流动人口服务管理,积极建立和完善积分落户制度,对本市户籍人口取消农业和非农业的户口性质划分,按实际居住地登记为"居民户口",实行一元化户口登记制度,在黑龙江省率先形成城乡经济社会发展一体化的新格局。

其四,就业创业政策不断出台。截至 2014 年底,哈尔滨市城镇新增就业 51. 1万人,下岗失业人员再就业 35. 81 万人,就业困难人员实现就业 16. 58 万人,城镇登记失业率控制在 4. 3% 以内,进一步完善了创业政策体系建设,通过实施"产业升级""创新带动""企业成长""载体优化""项目支撑"等创业创新"五大工程",将创业创新扶持政策向城镇登记失业人员、高校毕业生、农村劳动者、退役军人、残疾人等城乡各类创业创新者延伸和拓展,形成了"大众创业、万众创新"的良好社会氛围。

其五,人口福利保障能力显著增强。截至2014年底,哈尔滨市将城镇各类企业职工、事业单位长期临时工、城镇个体劳动者、农村户籍、外省户籍灵活就业人员、民办非企业单位及其职工和进城务工人员、返城未就业知青等全部纳入哈尔滨市基本养老保险覆盖范围。2011年,在全省率先实现失业保险基金代缴医疗保险费。2012年,哈尔滨市失业保险在全省率先实现市级统筹,同时启动生育保险待遇网上申报制度,共有近千家企业、几千名职工通过网络平台成功申领生育保险待遇。

二、人口发展面临的主要问题

其一,人口自然增长率低,总量增长缓慢,给经济社会发展带来了人口短缺压力。第一,人口自然增长率低。据哈尔滨市人口计生委统计,截至2013年3月31日,全市人口自然增长率为2.67‰,2014年人口自然增长率为0.4‰。从总体上来看,人口自然增长率在降低。第二,人口死亡率呈走高趋势。2013年为5.5‰,2014年为8.2‰。第三,人口迁出数量逐年增长。2013年迁出人口比上一年增长-9.8%,2014年迁出人口比上一年增长50.2%。迁入人口有所增多,但规模较小,2013年迁入人口比上一年增长-19.4%。2014年迁入人口比上一年增长-6.5%。(见表1)

表1　哈尔滨市迁入迁出人口数量统计(2013年-2014年)①

指标	2013年	2014年	比上一年增长(%)
迁入人口(人)	92812	86774	-6.5
迁出人口(人)	104909	157536	50.2

① 数据来源:哈尔滨市统计局——人口主要指标情况(2013年-2014年)。

社会文化的变迁,人口生育意愿的差异,加上哈尔滨市人口迁出率的上升,致使哈尔滨市人口总量增长比较缓慢。2013 年末,哈尔滨市区人口比上一年增长了 0.5% 。2014 年末,哈尔滨市区人口比上一年增长了 0.03% 。随着经济的发展,人口对经济及社会的支撑作用正在出现新的拐点。

其二,人口结构性矛盾加剧,协调人口与经济社会发展的难度增大。第一,人口老龄化问题加剧,人口抚养比问题较为严峻。到 2015 年,哈尔滨市区 60 岁及以上老年人达 200.8 万人,约占总人口的 18.8% ;65 岁及以上老年人达 132.4 万人,约占总人口的 12.4% 。(见表 2)第二,区域之间、城乡之间人口发展不平衡。哈尔滨市区流动人口大量涌入,给社会管理和公共服务带来较大压力;周边市县人口大量外流,留守老人、留守妇女、留守儿童等问题较为突出。

表 2　哈尔滨老龄人口数量统计(2014 年—2015 年)①

年份	≥60 岁			≥65 岁		
	总人数	男	女	总人数	男	女
2014 年	1991646	982349	1009297	1313001	646490	666511
2015 年	2007645	989795	1017850	1324118	651581	672537

其三,人口素质问题突出,制约经济社会发展和城市综合竞争力的提升。第一,公共卫生问题相对突出。未婚人群、流动人口以及其他特殊群体的计划生育和生殖健康问题近年表现突出。第二,高层次人才外流严重,吸纳高层次人才的机制缺乏。在哈尔滨构建"一带、一核、三组团"新格局中,对各类、各层次人才都提出了新的要求,如何留住人才、吸纳人才的任务十分紧迫。

其四,人口流动和迁移持续增加,社会管理任务艰巨。近年农村向城市流动人口持续增加,他们对转为城镇居民、享受均等基本公共服务要求迫切,但流动人口服务管理体制改革滞后,保障流动人口合法权益的长效机制尚不健全。

其五,人口政策处于重大调整时期,政策与现实选择之间出现矛盾。"十二

---

① 数据来源:哈尔滨市统计局——哈尔滨老龄人口数量统计(2014 年—2015 年)。

五"期间,我国的人口政策一直处在渐进式调整过程中,从党的十八届三中全会启动实施单独两孩政策到党的十八届五中全会提出全面实施一对夫妇可生育两个孩子的政策过程中,哈尔滨市同样面临着人口政策的重大调整,这种调整可能会在公众的生育选择、政策的出台过程中出现博弈和徘徊局面。

其六,家庭结构变迁、家庭功能弱化,社会负担加重。随着经济社会发展和生活方式的转变,家庭结构出现小型化,家庭功能出现弱化倾向。哈尔滨市小型家庭居多,并且呈现居住离散化、关系松散化趋势,单亲家庭、空巢家庭、失独家庭、准失独家庭比例提高,家庭养老功能弱化,迫切需要提升家庭扶养与赡养能力,大力发展社会组织,提高社区照顾能力。

其七,就业形势依然严峻,社会保障亟须调整。哈尔滨市劳动力市场整体情况不容乐观,各层次人才就业面临不同程度困难,就业市场很难留住高精尖人才。当前的就业形势以及两孩政策的放开,都对完善社会保障体系提出了新的要求和挑战。

总体来看,在新型城镇化进程中,哈尔滨市人口发展持续保持低速增长,人口老龄化程度不断加深,未来时期哈尔滨市人口发展将面临经济社会发展对劳动力数量需求增加、人力资本质量要求提高、养老服务需求快速增长、城镇化转型等多方面的挑战。面临新型城镇化进程不断推进和经济发展新常态,哈尔滨市经济社会发展处于重要转型期,也是统筹解决人口问题的深化阶段,挑战与机遇并存,必须从战略上把握好人口发展问题,充分利用有利时机,遵循人口发展规律,全面做好人口工作,为支撑哈尔滨市经济社会持续健康发展营造良好的人口发展环境。

三、解决城市人口发展问题的对策

当前,哈尔滨市人口发展问题的解决要以全面做好人口工作为导向,以促进人口长期均衡发展为重点,更加注重体制机制创新,更加注重绿色发展、协调发展,更加注重民生福祉,加快实施人口均衡发展战略、人力资源强市战略和人口有序流动战略,改革创新新时期人口发展工作,统筹解决人口问题,努力形成人口数量平稳增长、素质全面提升、结构动态优化、分布科学合理、人与自然和谐、人口经济社会协调发展的新格局。

(一)稳定人口总量,保持人口可持续发展

稳定人口总量,防止人口规模过度萎缩,是未来五年人口发展的主要任务。目前,哈尔滨市人口生育率低,人口老龄化问题严重,外迁人口逐年增长,人口总量一直处于负增长状态。未来五年,伴随人口老龄化,预计人口死亡率会逐年提高,虽然实施放开二孩政策,但预计未来五年人口生育率还不会明显上升,并且上述情况与人口大规模迁出叠加,因此,未来五年人口发展形势比较严峻。保持人口总量稳定并促进人口长期均衡发展,并根据哈尔滨市市情适时调整人口政策以及人口保障政策已刻不容缓。

(二)调整人口结构,促进人口长期均衡发展

哈尔滨市人口空间分布不平衡,区域间、城乡间差异较大,要抓住哈尔滨"建设两新城",即哈尔滨新区建设、哈尔滨市棚户区改造、老工业企业搬迁、海绵城市建设以及基础设施、道路系统修建等契机,疏解人口密度,引导人口结构均衡发展。坚持计划生育的基本国策,全面落实一对夫妇可生育两个孩子政策,帮扶存在特殊困难的计划生育家庭,提高生殖健康、妇幼保健、托幼等公共服务水平。

哈尔滨市出生人口性别比尚处正常范围,但也要加大男女平等的宣传力度,并逐步消除性别歧视,坚持男女平等基本国策,实施妇女儿童发展规划,保障妇女儿童合法权益,支持残疾人事业发展,健全扶残助残服务体系,促进人口长期均衡发展。

哈尔滨市人口年龄结构尚需优化,老龄人口比重逐年升高,要组织制定和实施有效应对老龄化的系列政策。实施养老服务普惠工程,开展国家首批养老服务业综合改革试点,推动医养结合型养老服务模式发展,支持有条件的养老机构设立医疗机构。吸引社会力量建设养老长期护理机构、老年公寓和休闲养老基地。巩固完善居家养老为基础、社区养老为依托、机构养老为补充的养老服务格局。争取到 2020 年,养老床位达到每千名老人 40 张,民办养老机构床位与公办养老床位比达到 7∶3,护理型床位占全市养老床位总量的 70% 。

（三）提高人口素质，实施人力资本强市战略

提高出生人口素质。建立健全"政府主导、部门协作、社会支持、群众参与"的优生机制，大力开展优生咨询、均衡营养的宣传指导，实行免费孕前优生健康检查制度，完善出生缺陷一级、二级、三级干预体系，有效降低出生缺陷发生率。重视对未婚人群、流动人群的生殖健康服务，加强 0～3 岁儿童早期发展的促进工作，抓好人口素质的第一道关口。①

提高全民健康水平。推进全民健身运动，倡导健康文明的生活方式。深化医疗卫生事业改革，充分利用基层医疗卫生和人口计生服务网络，形成以预防为主的公共卫生服务体系。缩小城乡居民基本公共卫生服务差距，促进公共卫生服务均等化。控制和减少传染病、地方病的发生传播，特别关注人口的心理卫生和精神健康。

加快推进教育现代化。明确各级人民政府职责，完善义务教育投入保障机制。深化教育体制改革，全面实施素质教育，促进人口全面发展。普及巩固义务教育，提高高等教育质量。重视儿童早期教育，加强青少年健康人格教育，为老年人提供更多老有所学的机会。

加大创新型、技能型、应用型人才培养、吸引力度。国家正处于推进"中国制造 2025""互联网＋"行动计划、"一带一路"战略、创新社会治理体系的关键时刻，哈尔滨市正在推进哈尔滨新区建设。这一时期是哈尔滨市发挥科技创新综合实力优势、抢占科技与产业深度融合制高点的关键时期，是哈尔滨市充分发挥对俄合作中心城市作用的关键时期，是有效进行社会治理的关键时期，也是创新型、技能型、应用型人才的急需时期，如何留住、培养并吸引包括科技人才、养老服务人才、社会工作人才、社会组织人才在内的急需人才是"十三五"时期的一项重要任务。

提升城乡居民文明道德素质。大力弘扬社会主义核心价值观，广泛开展群众性的精神文明创建活动。开展社会公德、职业道德、家庭美德教育，推动诚信社会建设。切实加强未成年人思想道德建设。倡导文明节俭的社会风尚，教育

---

① 莫龙：《中国的人口老龄化经济压力及其调控》，《人口研究》2011 年第 6 期。

引导广大市民形成科学文明的生活方式,促进资源节约型社会建设。①

(四)引导城乡人口有序流动,推动人口布局优化

发挥特大城市集聚效应,实现人口合理分布、人力资源有效配置。优化提升哈尔滨的大都市综合服务功能,有序疏解特大城市非核心功能,引导人口向新区、开发区合理布局,向资源环境承载能力强、经济发展空间大的地区集聚迁移,推进城区、开发区、县域协调发展。根据哈尔滨新区总体规划、主体功能区规划、城乡建设规划,统筹协调人口分布与经济发展、国土利用的关系,构建促进人口合理分布的政策框架,有序推进棚户区改造和农民工融入城市等城镇化进程,增强人口承载集聚能力。强化宜居环境建设,扩大对外围乡镇人口的服务和吸纳半径,引导农业转移人口就地就近实现市民化。

推动以人为核心的新型城镇化,加快城乡一体化发展。以"哈长城市群"国家战略为依托建设哈尔滨大都市圈,促进有能力在城镇稳定就业和生活的常住人口有序市民化,引导要素在哈尔滨城市群空间集聚,形成更合理的人口、城市与经济布局体系,实现人口、经济、社会、生态协调发展。按照统筹城乡发展要求,深化户籍改革、土地使用管理、社会保障等制度改革,引导人口有序流动。积极创造条件,在城镇化进程中拓展人口发展空间,加大城市交通、水电气供应、垃圾处理等公用事业和基础设施建设,吸引人口合理集聚。②

创新流动人口管理与服务机制,实现人力资源、人力资本的有序流动。把流动人口管理服务纳入流入地经济社会发展总体规划,完善人口动态管理机制,建立统一、规范、灵活的人力资源市场。探索实施有利于人口有序流动的政策措施,加强流入地与流出地双向管理服务,推进流动人口基本公共服务均等化,切实解决好流动人口就业、就医、定居、社会保障以及子女受教育问题,切实关注农村留守人口生活状况。

(五)积极应对人口老龄化,促进经济社会协调发展

巩固完善居家养老为基础、社区养老为依托、机构养老为补充的养老服务格

---

① 程恩富,王新建:《先控后减的"新人口策论"——与六个不同观点商榷》,《人口研究》2010 年第 6 期。

② 周学馨:《区域人口发展战略管理的实施机制及政府政策创新研究》,《南方人口》2009 年第 2 期。

局。哈尔滨市将实施养老服务普惠工程,开展国家首批养老服务业综合改革试点,推动医养结合型养老服务模式发展,支持有条件的养老机构设立医疗机构。吸引社会力量建设养老长期护理机构、老年公寓和休闲养老基地。

完善人口老龄化政策与保障体系。健全完善老年人养老、医疗、服务、福利、护理等制度体系。全面实施城乡养老保险制度,探索老年护理保险制度,提高养老保障水平。

推进养老服务产业、加强养老产业服务标准、行业规范和管理制度建设,鼓励国有、民营资本进入养老产业。利用哈尔滨市的季节优势探索候鸟式养老模式,并带动旅游产业发展;加强老年人宜居环境建设,推广适合子女、老人就近居住的公寓建设模式。

另外,鼓励老年人参与社会活动。利用哈尔滨的教育与人力资源,扩大培养老年人护理队伍,建设养老服务职业化队伍。积极发展老龄事业和老龄产业,推进老年福利事业社会化。

(六)建立完善就业体系,保证人口收入稳定

千方百计促进居民就业。统筹推动重点群体就业,开展贫困家庭子女、未升学初高中毕业生、农民工、失业人员和转岗职工、退役军人等群体免费接受职业培训行动,帮助城镇零就业家庭、残疾人、低保对象等就业困难人员尽快实现就业,到2020年实现安置就业困难人员13万人。积极推进"春潮行动",实施新生代农民工职业技能提升计划,到2020年实现完成就业技能培训7.5万人。加强对灵活就业、新就业形态的支持。完善就业服务体系,加强公共就业培训服务载体和能力建设,构建劳动者终身职业培训体系,完善职业培训制度和培训补贴制度,到2020年实现城镇失业人员技能培训5.5万人。实施公共就业服务场所功能一体化工程,建成覆盖全市的公共就业服务平台体系。到2020年,全市实现城镇新增就业55万人,城镇登记失业率控制在4.3%以内。

千方百计增加居民收入。把增加收入作为民生之源,实施城乡居民增收行动,"十三五"时期实现居民人均可支配收入年均增长6.5%。全面推行企业工资集体协商制度,企业工资集体协商率达到90%以上,建立企业职工工资正常增长机制。逐步提高最低工资标准,保障最低收入者及其家庭成员的基本生活。

大力发展农村非农产业,提高农民职业技能和创收能力,加大农民转移就业力度,提高农民工资性收入。完善农业补贴制度,提高农村社会保障水平,增加农民转移性收入。鼓励多种形式流转土地承包经营权,提高土地经营规模效益,拓宽农民财产性收入增长渠道。

(七)增进家庭发展能力,夯实社会稳定基础

建立健全家庭发展政策。完善相关社会政策,在生殖健康、子女教育、抵御风险、家庭致富以及养老保障等方面,加快建立和完善提高家庭发展能力的政策体系。加大对孤儿监护人家庭、失独家庭、准失独家庭、空巢家庭、残疾人家庭、单亲家庭、留守家庭、受灾家庭以及其他特殊困难家庭的扶持力度。

建立和完善家庭保障体系。加强社会救助体系建设,积极发展社会福利和慈善事业。深化财政体制改革,改善消费预期,缓解家庭在生育、医疗、教育、住房和养老等方面的后顾之忧,提高家庭发展和抗风险能力,增进家庭福祉。[1]

推进家庭文化建设。政府及相关部门积极引导群众树立科学、文明、进步的家庭观;相关部门及社区积极开展活动,营造新型家庭文化氛围;各教育和科研机构积极开展家庭文化理论及应用研究,努力构建新型家庭文化模式,共同推进人口文化事业繁荣发展。

(八)建设人才高地与良好环境,推进大众创业万众创新

实施"大众创业、万众创新"的人才战略。优化创新创业人才培养与流动机制,重点培养一线创新人才、青年科技人才和科技领军人才,造就杰出科技创新创业团队。打破体制壁垒,鼓励人才合规有序流动和兼职兼业。建立完善人才吸引制度,健全人才公共服务体系,引进高层次人才和急需紧缺人才,激发各类人才的创新活力和创业热情。建立以智力资本为重点的科技人员收入分配机制,实行以增加知识价值为导向的分配政策,提高科研人员成果转化收益分享比例,鼓励人才弘扬奉献精神。

构建"大众创业、万众创新"的良好平台。发挥行业领军企业、创业投资机构等社会力量作用,鼓励发展众创、众包、众扶、众筹等新支撑平台。大力发展创客

---

[1] 李洪侠:《完善人口发展战略需多措并举》,《中国统计》2016 年第 2 期。

空间、创新工场、创业社区等新型孵化载体。建立面向全市人口范围的创业创新平台,开展小微企业三年创业创新基地城市示范,加快推广创客空间、创业咖啡、创新工场等新型孵化模式,积极组建和引导建立创业实体与机构。争取到 2020 年,建设大学生创业孵化基地 30 个,全市小微企业新增就业人数累计总量超过 24 万人,达到 105 万人以上。

完善"大众创业万众创新"的扶持政策。降低哈尔滨市的创业门槛,深化商事制度改革,鼓励更多社会成员特别是科技人员和高校毕业生自主创业,形成政府激励创业、社会支持创业、劳动者勇于创业的活跃局面,以创业带动就业。构建普惠性"双创"支持政策体系,加大金融支持和税收优惠力度。

健全"大众创业、万众创新"的服务体系。加快重大产业集群及小微企业集聚区公共服务平台建设,大力发展创业辅导、信息咨询、技术支持、融资担保等公共服务,联合打造一批"双创"服务品牌。打破行政分割,建立科技基础设施、大型科研仪器和专利信息资源共享机制。研究探索创业人员的公共服务新模式,完善管理和运行机制。

(九)积极发展人口养老产业,形成经济社会发展新动力

立足哈尔滨独特的自然生态优势,围绕满足"候鸟式"养老旅游和健康服务需求提档升级的市场需求,推进健康服务业与旅游业、医疗服务业融合发展,重点发展医疗服务、养生康复、健康管理等产业,开发一系列集慢性病防治、观光度假、绿色食品配餐为一体的养老产品。鼓励现有医疗机构扩大疗养服务范围,引进国内外高水平医疗机构和康复疗养、养老养生服务机构,引入国际医疗卫生机构认证,满足境内外游客的健康服务需求。发挥湿地、森林、温泉等特色资源优势,规划建设一批集休闲度假、医疗服务、养老服务于一体的健康服务产业集聚区,建立"互联网+"养老信息平台,打造精品健康养老品牌和产品,建设具有国际竞争力和区域特色的人口养老产业聚集地。

四、解决城市人口发展问题的主要保障

组织实施人口工作重点工程和建设相关机制是解决新型城镇化进程中城市人口发展问题的关键和保障,是推动新型城镇化进程中城市人口科学、健康、持续发展的根本原则和举措。

其一,建设人口信息化工程。建设人口基础信息库,实施"全员人口统筹管理信息系统"工程,建立人口信息动态采集和更新机制,科学监测、评估人口发展状况。构建科学的人口发展指标体系,规范人口统计口径。建立完善部门间人口信息共享制度和人口统计信息沟通机制,及时发布人口总量、结构、分布预测、预警信息,为科学决策、人口综合服务管理提供信息支撑。

其二,建设人口素质提升工程。发挥人口和计划生育相关部门及机构的作用,促进人口优生优育。实施教育优先发展战略,深化教育改革,努力发展全民教育、终身教育。提高学前教育普惠水平,推进义务教育均衡发展,提高义务教育质量,推进普通高中多样化、特色化发展,推进教育信息化,发展远程教育。健全特殊教育体系、建设现代职业教育体系,推进产教融合、校企合作,推广订单式培养模式。建设高水平大学,提高高等教育人才培养质量。另外,要积极引进人才,并提高全民科学文化素质。

其三,建设人口保障工程。健全社会保障体系。推动全民参保计划,扩大基本养老、医疗、失业、工伤、生育等保险覆盖面,逐步提高企业退休人员基本养老金和失业人员保险金标准。持续推进助保贷款工程,将呼兰、阿城、双城纳入实施范围。深化社会保险管理改革。实施社会救助提升工程。完善城乡社会福利设施建设,建立健全社会福利服务体系。加强流动人口的社会管理与社会保障。

其四,妇女儿童权益保障工程。切实维护妇女在参政、就业、创业、教育、卫生、社会保障等方面的权益,促进男女性别平等。深入开展"关爱女孩"行动,为女孩健康成长创造有利的社会环境。建立人口计生、卫生、公安等部门出生人口性别比综合治理协作机制和信息联动机制。加强孕期保健、服务和监测,切实保障妇女儿童的合法权益。

其五,养老保障和服务工程。不断提高老年人社会保障水平,加强老年人医疗保健服务。大力推进社会化养老服务,建立资金保障和服务保障相匹配、基本服务和选择服务相结合的养老服务体系。建立高龄老人、无子女老人、失独老人、失能老人、空巢老人养老服务补贴、老年护理补贴制度。

其六,建立健全人口投入保障机制。加大对科技、教育、卫生、计划生育、就业、社会保障和社会服务等人口发展及家庭福利的投入力度。健全完善人口和计划生育投入保障机制,健全以财政投入为主、稳定增长、分类保障、分级负担的投入保障机制,确保法律法规、政策落实到位。加大对经济薄弱地区、流入人口集聚地区的转移支付和重点项目投入力度。

其七,加大人力资本投入力度。通过投资于人,形成和开发附着在人身上的人力资本,包括加强人口教育、健康、保障、文化和迁移。通过提高人力资本蕴含的更高的生产率、更强的创新精神和人口消费率,为未来五年哈尔滨市的经济社会发展提供强劲动力。

其八,建立完善统筹解决人口问题的决策机制。将人口发展规划纳入哈尔滨市"十三五"经济和社会发展总体规划,科学把握人口发展规律,充分发挥人口规划对其他规划的基础性和支撑性作用。建立健全促进人口长期均衡发展的法制体系,完善人口发展的地方法规规章。建立人口发展战略研究长效机制,深入研究人口发展与社会治理、公共资源配置、产业结构调整、资源环境保护之间的关系等重大问题。建立人口预警机制和人口评估制度,在重大经济社会政策实施和重大项目建设以前,开展对人口发展影响的综合评价,推动经济社会政策与人口发展政策的有机衔接和良性互动。

其九,建设人口规划督查评估机制。各级政府、各有关部门要共同做好规划的实施工作,制定本地、本部门的具体实施方案和年度计划。加强对规划实施情况的动态监测与跟踪分析,及时发现和解决执行过程中存在的问题,定期组织对规划实施情况的检查,开展规划执行情况期中和期末评估,确保规划各项任务落到实处。

Research On the Problem of Survival and Development of Chinese Population In Old Industrial Cities—Using Harbin City As an Example

Xu Xueye   Li Hongyang

Abstract: Among many problems the old industrial cities face, the survival and development of their population is the most fundamental problem. In recent years, with the developement of urban construction, many social problems, such as high unemployment, low social security, poor education and heavy pollution of the ecological environment have arisen in Harbin, which is one of the most typical old industrial cities. Those above mentioned problems directly affect the social stability in Harbin City. The emergence of these social problems is linked with both national policies of the construction of China's old industrial bases and the urban population in Harbin City itself. This paper uses Harbin City to exemplify and analyze various problems the old industrial cities currently face in the process of urban population development. The paper analyzed from various aspects, for example, sex ratio, population quality, the quality of urbanization, the employment situation and people's livelihood and well-being. This paper also proposes many countermeasures and supporting measures to solve the problems Harbin City faces in the process of urban population development according to the situation of economic and social development and level of urbanization in China.

Keywords: Old Industrial City; Population; Population Development

异质性社区群际关系探讨

赵思宇

摘　要　改革开放以来,与人群紧密联系的社区逐渐成为我国大城市治理的聚焦点之一。像北京这样的特大城市吸引了大量外来人口,社区居民变得异质化,形成了众多的异质性社区。本文针对 H 社区目前治理的问题,从群际关系角度进行探究,通过对冲突事件的追踪,在弱连带优势理论的基础上分析了现有的群际关系中可能性受到阻滞的原因。

关键词　异质性社区;群际关系;社区关系网络;弱连带优势理论;社区治理

作　者　赵思宇,北京工业大学人文社科学院社会学系研究生。

改革开放以来,我国持续推进市场经济改革,成就有目共睹。以前很多学者认为,市场经济的发展对于整个社会领域也是有积极作用的,因为它开放多元,并且能够积累足够的财富,这些都是让文化和社会走向百花齐放的前提。然而,这些年的发展似乎并没有印证这种看法,社会发展不但没有与经济高速增长同步,反而产生了大量的新型社会问题。

一、研究背景

中国的城市发展既有西方城市化的影子,在本质上又有自己的特色。人在社会建设和发展中的作用不容忽视,过去中国的很多人口政策都基于户籍制度,但从目前实际情况来看,城市存在着大量无法通过户籍制度管理的群体,这些人的生活、生产已经与户籍所在地脱离,他们在城市过着与城市居民无异的生活,但在户籍上,他们还不是城里人,生活圈子也无法与城市中心挂钩;虽然是农村人,但是背井离乡多年,与农村的连带早就剪断。这些人构成了迷茫的大城市流动群体。纵观目前一些大城市的社会治理,主要还是普适性的价值取向,表现为规模大、行政化、技术革新、工具性强。一定程度上,这种治理模式对创新治理造成了阻碍,一些治理制度往往无法涉及外来人口。

本文主要从居民的来源地、生活方式、户籍情况等多个角度进行考虑,将流动群体的聚居方式归纳为两种类型:一种是同质性聚居,即所谓"城中村",同乡、亲属、朋友等这种类型的外来人口聚集在城市外围相对破旧的区域,形成自己的文化生态,他们的社会关系网络基本是以强关系为主的情感型连接方式;另一种是异质性社区,即外来人口与城市居民共同居住在城市外围的新建社区,经济条件较前者好,社会关系网络不以强关系为支撑,而是弱关系网络中相对较弱的关系。对前者已经有大量的探讨,对后者的研究较少。本文对北京市朝阳区的异质性社区 H 进行调研,发现这种异质性聚居模式存在的问题主要聚焦在异质性群体的群际关系上。

社会资本、异质性和弱连带优势概念是本文的主要分析工具。社会资本概念是布迪厄 1980 年在《社会科学研究》杂志上发表的《社会资本随笔》中提出来的,核心内容是网络资源、信任感以及组织合作,以及通过动用网络中资源,利用相互间的信任规范得到一定的收益的结果。本研究的立足点在于社区异质性是社会资本强化的积极因素,异质性对群际交往的可能性有着积极的作用,并且有利于链合性社会资本的形成,反之弱连带的构建也会对异质性群体间群际交往产生积极作用。弱连带优势概念是格兰诺维特在 1973 年发表的论文《The Strength of Weak Tie》中提出的。他从认识时间长短、互动的频率、亲密性以及互惠性服务的内容等一些特征考察连带强度,分为强连带、弱连带和无连带。强连带的朋友圈重叠最多,因而信息重复也多;弱连带因其差异性和多样性而起到跨越阶层和团体而传播信息的作用。① 弱关系理论本土化以后,对于强弱关系有了较为具体的界定,强关系是与亲缘、血缘以及亲密的友情等相关的关系,弱关系是更倾向于功利性、功能性、福利性的关系模式。本研究在弱连带的定义上与链合性社会资本的定义基本保持一致,即一种功能性的资本,强调这种关系网络的可利用性和有用性,而不考虑情感和认同归属的心理层面。

二、H 社区的一些冲突

H 社区是一个建立十几年的回迁社区。目前居住在这个社区的居民分为三类,即新移民群体、老城区拆迁居民、原住民。社区建立初期,第一类群体很少,几乎可以忽略不计,主要是老城区拆迁群体和当地原住民。据社区工作人员描述,当时两个群体间的关系还算和谐,但也有一些不和谐因素,在社区工作的积极开展中,这些不和谐因素慢慢地减弱。社区工作真正遇到挑战是从外来移民群体大规模进入开始的。从此以后,人多混杂,管理不力,设施逐渐老化,治安和停车问题层出不穷。在这种情况下,老城区居民和原住居民之间的关系较原先拉近了很多,他们以"一致对外"的姿态与移民群体成为社区的两个对立的阵营,冲突就这样产生了。社区的介入管理并没有缓和这种冲突,反而愈演愈烈。以下是 H 社区具有代表性的几次冲突事件:

(一)"锁不上的安全门"

H 社区是半开放式社区,临时出入口没有保安,外来的闲杂人员可以随意进出,加上社区老年人占多数,很多居民都认为存在安全隐患,于是就向居委会反

---

① 马克·格兰诺维特:《镶嵌——社会网与经济行动》,罗家德译,北京:社会科学文献出版社,2007 年。

映了。居委会了解到情况后,决定安装安全门,并对是否需要安装安全门进行了民意调查。由专人入户或者在社区定点发放问卷,很快就得到很多居民的响应。从反馈信息来看,大部分认为应当设置安全门。于是社区居委会花费了大量的时间和精力和物业协调,建起了安全门。

可是,在安全门安装一两个月后,有的居民反映自己楼的安全门居然被砸开了。社区联合派出所进行调查,发现砸坏安全门的是在小区租房的上班族们,他们上班时间紧,晚上休息较晚,早上起床后着急上班,如果不经过安全门出小区,需要绕行很远才能到达公交站,耽误时间。因此,一些男性上班族居民不约而同地把门砸了。对于这个结果,很多居民非常的惊讶和气愤,冲突一触即发,于是社区介入调解。在调解中发现,早期安装前的民意调查虽然也有部分发放到了移民群体手中,但他们普遍没有反馈信息和意见。理由多是没有时间,工作忙,或者就是感觉和自己没关系。这件事过去已经很久,社区很多北京居民回忆起来仍旧十分愤懑。

(二)"被搁置的团结"

H 社区归两个物业公司共同管理,但由于社区建立较早,社区内部设施老化严重,加上开放式的格局,社区内环境非常恶劣,单靠社区居委会的力量是无法整治的,需要与物业共同协作,而物业却总以各种借口回避这些问题,很多问题迟迟不能解决。

久而久之,社区设施问题就成了搁置问题,有些居民表示非常不满物业这种撒手不管的态度,希望成立业主委员会来督促。社区居委会对成立业主委员会始终保持中立态度。只能靠居民自发建立,一些京籍户主主动与周围邻居商议成立业主委员会,希望推举一些人,然后进行民主选举,可是此事最终不了了之。据一些居民说,由于租房群体总是换来换去,几乎每次都很晚才回来,没法找他们讨论,就算和他们讨论,他们持无所谓态度,不置可否,导致成立业主委员会成了空口号,至今仍没眉目。

(三)"被遗忘的人群"

在提出想和社区的居民做访谈的时候,领导很热心地找了几个善言的居民。我发现,他们都是京籍的非移民群体,对于社区里的事情倒是明白清楚,对社区工作评价也很高。我问社区领导,那些租房子的人能不能找到一些来访谈一下,社区领导很为难地说:"实在很难,一方面我们都没个准确的登记,也不知道谁在这租,人也会换来换去,今儿是他明儿就不是他了,所以啊,咱们干脆别考虑他们了,就面向主体,考虑主要人群就行了吧?"那几位接受访谈的居民也跟着搭腔说:"就是啊,那些人就别考虑了,你也召集不来,来了也对你们没帮助,别叫他们了。"

三、H 社区内部社会关系网络分析

在开始调查时,笔者对于 H 社区群际关系探究有两个预设:

预设 1:群体异质性强的社区,治理的瓶颈在于群体间关系的断裂,H 社区两类冲突群体间缺乏弱关系联结,存在断裂。

预设 2:强异质性群体的进入会导致原有异质性群体冲突减弱,从而形成边界明显的冲突阵营。

H 社区中主要存在四个主体元素,即社区、移民群体、老城区居民和原住居民(见图 1)。

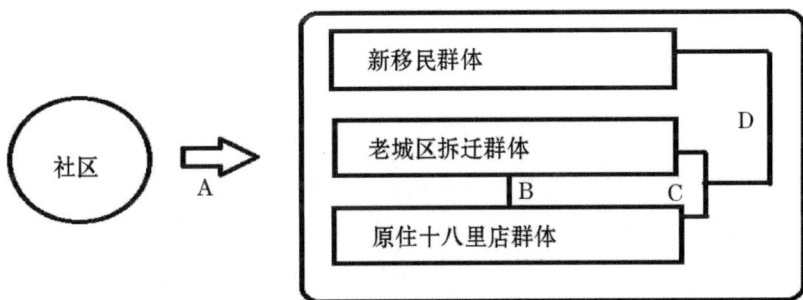

图 1 H 社区主体构成图

在调研中,社区工作人员对于社区内部冲突的看法具有一定的共性:

访谈员:您认为现在社区是否存在较大的冲突?

社区工作人员:这是肯定的。

访谈员:您认为这些冲突产生的原因是什么?

社区工作人员:外来人口进入,没有社区认同感,早出晚归,也不爱护公共设施,很乱,搞得其他居民都很有意见,我们都知道,也没法治理。

访谈员:社区做过什么缓解冲突的具体行动?

社区工作人员:我们就是办活动呗,也没有经费举办太多丰富的活动,就那些唱歌跳舞的,只有老年人喜欢,那些外来人口都不参加,我们也不能强制人家来,所以常常就是见不着面,入户的时候也觉得特陌生。

访谈员:目前的很多社区活动都是针对老年人的吗? 也就是主要是北京籍的居民?

社区工作人员:是的,实在没有办法调动非京籍移民的积极性。我们想了很多办法,比如办亲子活动,这个倒是有些外来家庭带着孩子来了,但办亲子活动很费资源,需要老师、场地,反正经费和设施上很难保障。

目前的社区治理仍然是将社区与居民系统分开进行的,社区组织关注的是参与者,并简单将与固定参与者的连带模糊化为与全体居民的连带,并且希望通过社区活动在参与者中间建构起一种群体的情感认同,但是对于城市移民群体来说,他们本身在居民体系中就与其他群体断裂了,他们不是参与者。在社区治理中(参与者=社区群体),他们甚至被割裂在社区群体之外,他们没有时间和精力去培育情感认同,流动性决定了社区内群际关系重要程度的弱化,他们对效用性强的生活圈子更加有热情去投入和参与,所以直接导致了移民群体隔离于社区本身和社区其他群体之外。

在异质性强的 H 社区内,老城区拆迁群体与原住十八里店居民群体之间的关系可以用 B 表示,这种关系是一种通过早期社区治理与活动建立的弱连带关系,值得注意的是,在强异质性群体进入以后,这种弱连带本身受到冲击反而增强了,带有链合性社会资本向整合性社会资本转变的特点,甚至形成明确群体界限。

访谈员:请问您是从崇文门拆迁过来的居民还是原住居民?

居民 A:我是十八里店乡这儿的老居民了,她是拆迁过来的。

居民 B:我是拆迁过来的,我和我老伴两人现在在这儿住着。

访谈员:现在这种差异,就是原住民和拆迁居民这种差异,还大吗? 你们还会区分谁是城里搬来的,谁是这儿原来的吗?

居民 B:我们都是差不多时候住进来的,那会儿有点那种意识吧,现在天天一块儿玩儿,老姐妹了,都挺好的,谁管你是哪儿的呀。

访谈员:现在你们都是一起活动,相互之间也没有不满?

居民 A:我觉得我们挺和谐的,一块儿玩儿一块儿跳舞,谁跳得好谁就来教我们,其他社团也一样,有的是老城区那些人组织的,有的是原住的居民组织的,大家都一块儿玩呢。

居民 B:没有不满,都满意呢,大家都挺体谅对方的,大家互帮互助的,好得很。我们都觉得和那些租房的年轻孩子有点隔阂,他们没什么公德心,那个监控、灯,都是他们弄坏的。我们一起找过他们,敲门都敲不开。

另外一次访谈是在端午节期间,H 社区举办"端午爱粽"的包粽子活动,共有 24 名社区居民参与,都是在社区活动的骨干,没有一个是移民。这场活动别开生面,非常热闹。通过这类活动,原有异质性群体——回迁居民和原住民之间的关系愈加和谐。

访谈员:阿姨,您会包粽子吗?

居民 A(回迁居民):我也是去年和刘阿姨(刘阿姨是原住民)学会的,她可会包了。

刘阿姨:你舞跳得好,我粗活干得好呗。

预设 2 在访谈中得到验证。

两个群体在群际交往的断裂中成为团结群体即 C——京籍非移民群体(按照他们的话说是"早期住这儿的人"),非京籍城市新移民与非移民群体间的关系 D 表示的就是一种断裂和冲突。在与移民群体的交流中,我们发现他们对于目前社区治理也存在一些误解和偏差。

访谈员:社区的一些民主决议,您会关注吗?

居民 C:我不知道这些东西和我有什么关系,我也没收到过要去决议什么的通知啊。

访谈员:您和其他居民之间关系和谐吗?

居民 C:我觉得还可以啊,主要平时没什么交流,他们年纪都挺大了,我和一块儿的几个同事关系还行,他们也住这儿,在另外一栋,也是租的房子。

访谈员:您对于社区办的一些活动是什么态度,您愿意参与吗?

居民 C:我真的没有时间去参加,而且我知道有一些唱歌跳舞的活动,我是少数民族,我也会一些,但是一直没去,突然去,和一群年纪比较大的人一起跳舞也挺奇怪的。我还是觉得住这儿就是安安稳稳住着就行,别搞什么活动之类的,耽误我们工作,我们也是夜里都要加班的那种。

访谈员:对于社区在办的活动就没有一个可以吸引你们的吗?

居民 C:真的没时间,而且你看年轻人谁去啊,社区的活动不就是为了丰富老年人生活的吗,没什么兴趣。

移民群体对于社区已存在的冲突的估计比较乐观,这和他们脱离于社区治理体系之外有很大的关系,无法正确了解到自己在社区中的位置和影响。另外,他们对于社区这一主体的态度非常明确,他们认为社区的一些活动是为老年人群体办的,而社区老年人群体大部分是京籍居民。换言之,就是移民群体主观认为社区对自己群体的忽视是合理的。最后,移民群体中不乏有一定特长的能人,这是社区潜在的社会资本和资源。在和社区工作人员的交流中发现,很多社区工作人员认为目前社区的资源很匮乏,经费又比较紧缺,很多活动难以进行和维持,但却忽略了调动本社区移民群体中的能人这一环节。总体来看,无论是从移民群体到社区,社区到移民群体,还是移民群体到非移民群体,连带都是断裂的。预设 1 得到证实。

存在问题的原因:首先,社区的定位存在偏差。H 社区居委会非常热心,但仍然脱离居民体系。社区治理必须是双向互动,这种互动在 H 社区由于居民群体的异质性而被曲解和模糊了。社区建立起的互动连带只是和居民群体中的非移民群体,而居民内部的断裂却很难在社区与居民的互动中得以缓解和填补。其次,社会组织力量薄弱。在 H 社区,没有具有影响力和动员精神的社会组织,居民在遇到问题和诉求的时候第一个想到的还是居委会,这就给居委会的工作增加了无形的负担和压力。最后,居民群体异质性强。居民群体间的强异质性,在 H 社区主要表现为移民群体和非移民群体间的冲突。强异质性群体的进入，导致原有的异质性群体间的关系发生了改变，在京籍群体的内部分异，因移民群体进入而式微，甚至由链合性社会资本向整合性社会资本过渡，导致了一种偏强关系的产生，这就使居民形成了界限分明的两个团体。这种关系的断裂难以在自然而然的发展中得到弥补，必须通过外界的措施和手段方法来改善。

四、结　　论

根据以上分析，H 社区治理困难在于群际关系的冲突和断裂，而未来的方向必须要保护社区系统的完整性，社区和组织需要发挥"桥"的作用，利用社区的职能优势和社会组织的动员优势分别与移民群体与非移民群体建立起弱连带，统合两个群体的社会资本优势，为二者的良性互动提供可能性。

从行政机构层面来说，政府、街道、社区应该发挥好自己宏观调控的优势，完善服务的功能，为社区提供社会资本的积累空间，比如鼓励支持相关社区社会组织的发展。在市场进行资源配置的同时做好配合工作，关注弱势群体，不仅从物质上提供支持，也要给予心理上的关注和支持。宏观政策的出台需要考虑各方的接受程度，对于社区群体多元化趋势，需要予以更多的关注。

从居民个人来说，加强教育非常有必要。很多非移民群体不愿意打破自身的社会关系网络，盲目排外，而移民群体则不愿接触外界事物，没有学习和进步的动力。应当首先在观念上改变封闭的特性，积极主动地融入社会去寻求新的关系网络，充分地利用社区和社会组织提供的机会，谋求自身的发展。另外，对于概念模糊的治理问题，应该本着求知意识去学习，身处城市就更应该有城市主人翁意识，明确自身权益，诉诸合法渠道来实现。

从社区自治角度来说，目前在城市外围的一些社区具有混合和复杂的特性，需要更加有效和体系化的治理方式。一个社区应该有居民自治系统和社区组织系统，两个系统内部应该自成体系。在异质性社区内部，居民系统应该由各类型居民群体构成，而社区组织系统则由社居委和各类社会组织构成。它们应该是相互交融的关系,居民内部的资本和资源比较分散,社区系统应该发挥整合和再分配作用。

The Study On the Relationship Between Heterogeneous Community Groups

Zhao Siyu

Abstract: Since the reform and opening up, the community has been closely linked with the community gradually become one of the focus of governance in China's big cities. Large cities such as Beijing have attracted a large number of foreign population, community residents become heterogeneous, forming a large number of heterogeneous communities. According to the current H community governance issues, to explore from the angle of intergroup relations, through the conflict event tracking, based on the theory of weak ties to analyze the possibility of intergroup relations in the existing block by reason.

Keywords: H Community; Inter Group Relationship; Social Network; Weak Tie Theory; Community Governance

智慧城市建设对特大城市治理的作用研究

杨鹏宇

摘 要 智慧城市是信息时代的城市新形态,代表着高效发展、智能进步,符合创新、协调、绿色、开放、共享的发展理念。本文将以北京城市副中心建设的提出为契机,探讨智慧城市建设对城市治理所发挥的作用。

关键词 智慧城市;城市副中心;大城市病

作 者 杨鹏宇,中共北京市丰台区委党校教师。

改革开放以来,我国经济社会快速发展,许多大城市人口激增、交通拥堵、环境污染,患上了严重的大城市病。北京作为特大城市的代表也不可避免地落入城市发展的摊大饼的恶性循环,这也引起了中央的重视。2014 年初,习近平总书记在北京视察时指出北京患上了严重的大城市病,并提出了以下要求:北京结合功能疏解,集中力量打造城市副中心,做强新城核心产业功能区,做优新城公共服务中心区,构建功能清晰、分工合理、主副结合的格局。2016 年 5 月 27 日中共中央政治局召开会议,研究部署规划建设北京城市副中心和进一步推动京津冀协同发展有关工作。中共中央总书记习近平指出,建设北京城市副中心,不仅是调整北京空间格局、治理大城市病、拓展发展新空间的需要,也是推动京津冀协同发展、探索人口经济密集地区优化开发模式的需要。会议强调,要遵循城市发展规律,要坚持以人民为中心的发展思想,建成绿色城市、森林城市、海绵城市、智慧城市。

智慧城市是信息时代的城市新形态,代表着高效发展、智能进步,符合创新、协调、绿色、开放、共享的发展理念。本文将以北京城市副中心建设的提出为契机,探讨智慧城市建设对城市治理所发挥的作用。

一、建设智慧城市的机遇

1. 理念层面:智慧城市的理念与大城市病治理相契合

2008 年国际商业机器公司(IBM)的董事长彭明盛对未来全世界要共同面对的任务进行了预言,提出了智慧地球和智慧城市的概念。这一概念的提出一方面是科技信息技术发展趋势所指向,另一方面是由于城市发展扩展模式面临两难抉择。据联合国人口基金会数据显示:2008 年,城市居民人数首次在历史上超过农村居民。世界城市化进程预计将在许多发展中国家继续快速进行,至 2050 年世界人口的 70% 可能是城市居民。未来人口增长将主要集中在发展中国家的城市和城镇。发展中国家的城市人口预计将增加 29 亿,从 2007 年的 24 亿增加至 2050 年的 53 亿,而发达国家城镇人口将可能从 2007 年的 9 亿增至 2050 年的 11 亿。2007 年至 2050 年期间,发展中国家城市人口比例预计将从 44% 增至 67%,而发达国家将可能从 74% 增至 86%。

快速的城市化使得城市面积不断扩展,人口规模不断膨胀,资源供应短缺,基础设施薄弱,交通拥堵,环境污染,城市治理面临多重压力。这是当前困扰全球各个城市尤其是大城市的城市发展进程中的问题,也是城市管理者寻找未来城市发展方向的动力。智慧城市的提出为这一问题的解答提供了选项,为未来城市的发展方式指出了可尝试的方向。智慧城市的高效发展、智能进步的理念与未来城市发展的理念相契合,也为治理大城市顽疾提供了路径选择。

智慧城市在城市治理上的优点体现在以下三个方面:一是可以综合政府各部门的数据信息,为城市治理者提供决策咨询。二是通过数据分析挖掘预见问题,减少甚至杜绝异常终端对城市管理和运营造成的影响。三是在出现突发事件时,能够协调整合跨部门的资源,提供高效的应急响应。当前,神州数码为城市打造了公共服务平台,这个平台的运营给市民和城市管理者均带来了便利。对于市民来说,借助此平台可以使生活的选择和决定更加智慧。利用平台可获得便捷的公共服务,降低出行成本,减少交通拥堵。对于城市管理者来说,神州数码正在利用以市民为中心的城市公共服务平台积累数据,这些数据将作为未来政府部门决策的重要参考。下一步,神州数码将利用这部分数据,再整合其他数据,为政府部门开发决策支持平台。

2. 技术层面:智慧城市为城市治理提供技术支撑

智慧城市作为一个新兴的概念,目前还没有统一的定义和标准。联合国国际电讯联盟提出:智慧城市被定义为知识化、数字化、虚拟化和生态化的城市,是以信息和信息技术为基础设施,对当今城市功能和结构的一个改善。神州数码公司提出:智慧城市是信息时代的城市新形态,是将信息技术广泛应用到城市的规划、服务和管理的过程中,通过市民、企业、政府、第三方组织的积极互动,对城市各类资源进行科学配置,提升城市的竞争力、吸引力和可持续发展能力,实现创新低碳的产业经济、绿色友好的城市环境、高效科学的政府治理、最终实现高品质的市民生活。从以上定义可以提炼出智慧城市建设的核心推动力是以物联网、大数据、云计算等为代表的信息技术。这些高科技的使用为城市治理提供了技术支撑,使城市高效智能运转成为可能。智慧城市的技术架构可以理解为以下步骤:首先,利用物联网技术,通过传感器和现场采集设备,采集到城市各部门的原始数据;其次,利用互联网传播让数据实现传输和共享;最后利用大数据及云计算技术挖掘和分析原始数据,让城市的管理者制定更好的决策并执行,达到城市治理的智能化,实现城市运营的新方式。

目前大量的智慧项目集中应用在智能交通上,有效疏导了高峰时段的交通流量,缓解了高峰时段的交通压力。美国学者通过分析洛杉矶的交通数据,发现8% ~74%的交通拥堵的原因是车主在目的地附近兜圈寻找停车位。每辆车的兜圈看似影响不大,但是全社会加总,就造成了交通拥堵,资源浪费,环境污染等诸多问题。美国创新公司 Streetline 开发的手机应用程序 Parker,为车主提供动态更新的城市交通及停车信息,为出行规划最便捷顺畅的路线,提升车主的出行效率,减少出行成本,降低环境污染。在我国,神州数码也为许多城市打造了公共服务平台,可以实时查询城市中停车场的位置及剩余的停车位数量。

如今的城市管理者们借助信息科技的力量,拥有了过去想象不到的能力,使我们的城市变得更加智慧,更加宜居。

3. 政府政策支撑层面:智慧城市是未来城市治理模式发展方向

21 世纪以来,大数据、云计算、无线移动、物联网等新一代信息化技术不断涌现,新技术的聚合效应催生了一大批新应用、新业态、新产业和新管理方式,为城市管理提供了更具前瞻性、超前性的解决方案。发达国家和地区在产业转型和社会发展当中,相继提出了智慧城市的战略举措。美国提出注重用信息技术促进国家的经济繁荣与社会可持续发展,建设"可持续发展、团队精神、健康生活、奋斗和成就"的智慧城市;英国提出主要运用科技手段来健全民主与法制,建设方便人们生活的智慧城市;日本推出"i－japan(智慧日本)战略 2015",将目标聚焦在电子化政府治理、医疗健康信息服务、教育与人才培育等三大公共事业,建设方便人们工作与生活、跟上并适应社会生活节拍的智慧城市;韩国以网络为基础,努力打造无缝连接便捷的生态型和智慧型城市;新加坡提出"智慧国家 2015"计划,通过包括物联网在内的信息技术,建设四通八达的"连城"。

我国智慧城市的建设已从概念的推进发展到具体落实的阶段,十八大报告中提出的"新四化"对智慧城市的发展起到了引领的作用。党的十八大提出"工业化、信息化、城镇化和农业现代化"的"新四化"发展战略,明确"信息化是为其他三化提供现代化管理、支撑的手段,也是实现科技兴邦的源泉",并将信息化作为全面建成小康社会的关键性指标。2011 年以来,国家发改委、工信部、住建部相继出台了关于智慧城市建设的一系列政策文件、技术标准和试点示范推动举措。北京、上海、天津、广州、南京等诸多城市纷纷加入"智慧城市""感知中国"的建设行列,希望借助新一代信息化技术在未来的城市发展和区域竞争中脱颖而出。[①] 2014 年 3 月 16 日,中共中央、国务院正式发布《国家新型城镇化规划(2014—2020 年)》,在第十八章"推动新型城市建设"第二节中明确提出:"推进智慧城市建设。统筹城市发展的物质资源、信息资源和智力资源利用,推动物联

[①] 徐宪平:《促进智慧城市健康发展》,经济日报,2014 年 11 月 25 日。

网、云计算、大数据等新一代信息技术创新应用,实现与城市经济社会发展深度融合。强化信息网络、数据中心等信息基础设施建设。促进跨部门、跨行业、跨地区的政务信息共享和业务协同,强化信息资源社会化开发利用,推广智慧化信息应用和新型信息服务,促进城市规划管理信息化、基础设施智能化、公共服务便捷化、产业发展现代化、社会治理精细化。增强城市要害信息系统和关键信息资源的安全保障能力。"并在第三十章"开展试点示范"中明确提出要"继续推进创新城市、智慧城市、低碳城镇试点。"

4. 庞大的网民群体为智慧城市的运行提供了参与主体

大数据专家涂子沛说智慧城市建设具有三个要素:政策配套、技术支持、市民参与。[①] 政府是城市的管理者,为智慧城市建设提供政策支持。信息技术作为核心推动力量使智慧城市的建设从规划变为现实。城市居民作为城市生活的主体,同时也是智慧城市的服务对象,居民的参与和使用才能使技术释放能量,使智慧城市从空中楼阁到落地生根。李克强:大数据和物联网最终都要为"人"服务。城市是载体,生活在其中的市民是城市的主体。智慧城市可以通过信息技术,放大市民的智慧,形成群体智慧。市民就像是城市的神经元,通过网络的链接形成城市的网络,激发或重新配置城市资源,促进城市健康高效发展。神州数码公司已经开发出以市民为中心的城市公共服务平台,为城市生活打造了一个数字化的界面。市民以前需要出门排队办理的一些公共服务,现在通过网络即可在平台上办理。

根据中国互联网络信息中心(CNNIC)发布的《中国互联网络发展状况统计报告》显示,截至 2015 年 12 月,中国网民规模达 6.88 亿,互联网普及率为 50.3%,手机网民规模达 6.2 亿,占比提升至 90.1%,无线网络覆盖明显提升,网民 Wi–Fi 使用率达到 91.8%。每天,有相当于美国欧洲等发达国家人口总和的 6 亿多的网民,活跃在网络上,获取信息,发布信息,这构筑了智慧城市运转的数量庞大的民众基础。

---

① 涂子沛:《数据之巅》,北京中信出版社,2014 年版,第 197 页。

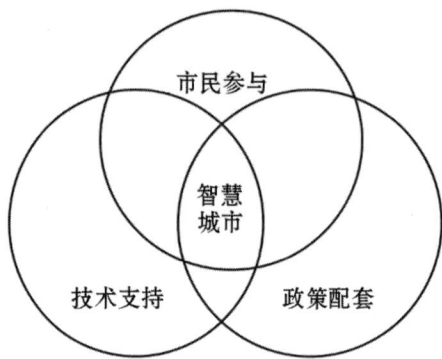

图 1　智慧城市建设的三个要素

二、现阶段智慧城市建设面临的挑战

1. 突破行政体制的藩篱

从城市发展建设的经验可以看出城市的发展离不开政府的力量,要靠行政的方式来调配城市发展所需要的各种资源,在某些情况下地方政府都无能为力,要靠上级甚至中央政府来协调解决。所以在智慧城市已经成为各国大城市发展方向的今天,推进智慧城市建设要处理好以下三重关系:地方政府与上级或中央政府间的关系,政府各相关部门间的关系,政府与技术企业间的关系。

首先,上级政府或中央政府能否与地方政府在建设智慧城市上达到理念契合、规划协调、实施步骤一致,是智慧城市成功建设运营的基本前提。这需要各级政府部门协调配合,某种情况下要以达成目标为原则,适当突破行政级别限制,特事特办。

第二,根据我国行政体制设置结构,政府各公共服务部门间各自分管,各有体系,分别掌握数据。公安部门掌握居民的基本数据,税务部门掌握居民的经济数据,交通部门掌握城市的交通运营数据。这些数据互不联通或很少联通,数据的挖掘利用不够,没能发挥出充分的效益。智慧城市的理念需要的是以市民各项需求为导向的扁平化的政府。智慧城市的建设需要相关部门间打破利益壁垒,形成良好的内部机制驱动,达到将来实现互联共享的模式。在这一机制的基础上,创建共建共享的数据中心,为智慧城市的运营提供数据基础。

第三,处理好与企业的关系,要求政府应对以下两方面的问题。首先,建设智慧城市需要大量的资金投入,单靠政府投入显然不现实。这就需要政府处理好与企业的关系。政府最大的资源不是资金而是政策和数据。政府要利用行之有效的政策激发企业积极性,焕发市场活力,用市场的方式,驱动智慧城市的建设。科技与资本的共同作用才可推动智慧城市的变革。另外,政府要适时适当的公开数据资源,为科技企业提供开发工作的素材。李克强总理指出:"目前我国信息数据资源80%以上掌握在各级政府部门手里,'深藏闺中'是极大浪费。"这句形象的比喻,指出了政府下一步工作的方向。

2. 高端前瞻的规划与建设

智慧城市是以土地为载体、以人为核心、以技术为先导的复杂系统,而不是简单的新技术、新系统的构建。因此,智慧城市设计应该是一种包含制度和技术两个层面的顶层设计。近年来,国家发展改革委、科技部、工信部等有关部门都分别从政策制定、技术研发、试点示范等不同方面开展了相关工作,并研究起草了《促进智慧城市健康发展的指导意见》。国务院在相关文件中指出:加快智慧城市建设。在有条件的城市开展智慧城市试点示范建设。目前,国家层面上对智慧城市发展的宏观政策已经日益清晰,并且逐步出台促进我国智慧城市健康发展的指导性文件,从国家层面加强统一规范和宏观引导,统筹研究智慧城市发展的重大问题,协调制定政策措施,完善智慧城市评估办法,组织开展国家层面的智慧城市试点示范工作。

当前,推广智慧城市建设面临以下二个问题:一是地方政府对中央精神落实不够,对信息化工作重视不足,缺乏有效的规划,某些地区和部门出现重复建设,造成资源浪费。二是由于政府机构的信息化建设多是委托技术公司来完成,各个公司采用的施工标准及技术系统并不完全一致,整个行业缺乏完整、统一的城市信息化的标准体系。因此,政府各部门间的信息沟通不畅通,信息孤岛的现象比较严重,妨碍信息化数据系统综合效应的发挥。

总之,推进智慧城市的建设需要全面的战略规划、要搭建智能运行中心、要挖掘利用行业的解决方案、要建造 IT 基础架构。

3. 保障国家信息安全,保护公民隐私安全

科技是把双刃剑,给国家带来社会效益,给企业带来经济效益,给人们生活带来便利,同时也埋下了信息安全隐患。智慧城市的高效运转依托于网络信息基础设施等硬件系统,同时也离不开运行于硬件设备体系上的各种软件系统,以及存储在云计算服务器上的数据系统。因此,智慧城市的安全运行要从这三个方面加以考虑,构筑安全管理机制。党的十八届四中全会要求建设职能科学、权责法定的法治政府,完善网络安全保护方面的法律。推进智慧城市建设,必须进一步明确安全责任制,从管理制度、设备审查、系统防护、信息保护、建设运维、标准规范等多个维度系统建立保障措施。在项目设计阶段要充分考虑信息安全方面的问题,做到项目系统与网络安全保障系统同步设计、同步管理。在项目实施阶段要采用安全可控的硬件设备,重要的涉密数据要与外网实现物理隔离,确保要害信息设施和信息资源的安全。

三、在北京城市副中心建设布局中发挥智慧城市的作用

建设北京城市副中心已经成为国家战略重要组成部分,中央高度重视并指出:建设北京城市副中心,不仅是调整北京空间格局、治理大城市病、拓展发展新空间的需要,也是推动京津冀协同发展、探索人口经济密集地区优化开发模式的需要。北京市委指出:规划建设北京城市副中心是国家大事,也是北京实现更高水平、可持续发展的历史契机。要以最先进的理念和国际一流的水准设计建设,成为城市建设的典范。智慧城市这一未来城市的发展理念与模式也在两级政府的考虑范畴。在城市副中心的规划建设中发挥智慧城市的作用应从以下几个方面加以考虑。

1. 加强组织领导,制定统一建设标准体系

智慧城市建设是一个牵涉到多个重大项目并行推进的系统性工程,必须建

立起一套面向多项目的一体化管理机制,进行统一建设,统一运维,统一管理。这样在项目的事前、事中、事后全方位、一体化的管理,才能保证项目的执行质量,保证项目的可持续性,保证智慧城市建设顺利进行,信息充分整合,才能在充分掌握综合信息的前提下对智慧管理做出前瞻性的决策。

建议成立智慧城市建设领导小组,统筹各项工作:顶层规划设计、制定信息化建设标准体系、监督各部门项目推进情况、动态调配资源与人员、项目完成质量评估与验收。

建议成立智慧城市建设专家顾问组,建立专家决策咨询机制。各相关部门按照职责分工,负责相关领域任务的细化和落实。各委办局建立相应的推进机制,按照全市统一部署,负责本领域智慧城市建设工作。(见图2)

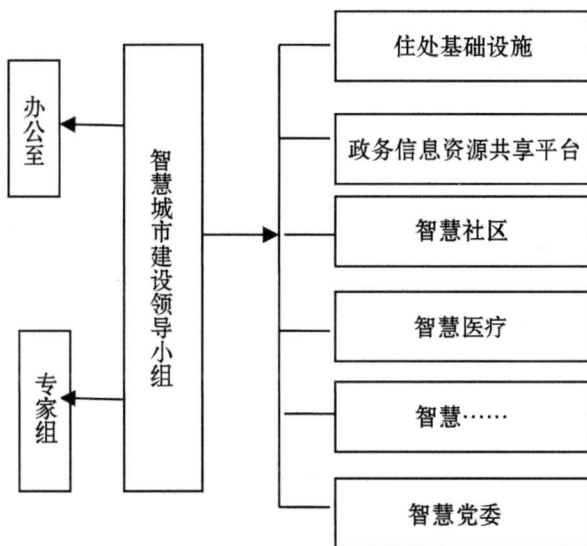

图2 智慧城市建设领导小组组织架构

2. 拓宽融资渠道,保障资金支持

智慧城市的建设及建成后的运营维护需要大量资金的支持,单靠政府财政投入难以保障,需要激活社会力量,共同投资、共同建设、共同受益。① 建议成立智慧城市建设资金保障机制,建设资金可从以下三个方面筹措:一是政府财政投入;二是运用各种投融资模式,引导企业、创投、运营商等社会资本积极参与建设;三是成立智慧城市建设应急基金,对某些技术成熟,但是资金暂时不到位的项目予以支持。

3. 实行项目管理制度,完善项目实施流程

在智慧城市建设过程中推行项目管理制度,严格按照实施流程操作,有利于保质保量完成建设任务,有助于智慧城市的运营与维护。建议采取以下项目管理流程:首先由经信委牵头组织相关领域专家学者对项目的技术方面进行审核。其次由财政局牵头组织相关领域专家学者对项目的资金方面进行审核。如果以上审核都通过,此项目才可批准实施。整个申请和审核过程要在智慧城市领导小组的监督下进行。

4. 培育科技人才,为智慧城市建设提供智力支持

智慧城市的建设离不开高科技人才的辛勤工作,善用人才、留住人才,是项目实施的必要条件。如何用好人才,留住人才,充分发挥其主观能动性及聪明才智,应从以下三个方面着手:一是要完善人才引进及用人机制,提升信息化专业人才待遇,拓展信息化从业人员发展空间,落实高层次人才引进优惠政策,完善工作环境和生活配套设施,为人才队伍建设打牢制度基础;二是与高校及科研院所合作,搭建产学研合作平台,借助专业院校的优势,为专职队伍做补充;三是利用科学有效的激励机制,调动人才队伍的责任感和使命感,帮助其在完成智慧城市建设项目的同时实现自身的价值。

---

① 单志广:《开拓健康的中国特色智慧城市发展之路 》,信息化研究,2014 年 12 月 3 日。

Study on the effect of smart city construction on the governance of super large cities

Yang peng yu

Abstract: smart city is a new city form in the information age. It represents the development of high efficiency and intelligence. It is in accordance with the idea of innovation, harmony, green, open and shared. This paper will take the Beijing city deputy center building as an opportunity to explore the role of smart city construction on urban governance.

Keywords: Smart City; Urban sub center; Big city disease